教育部人文社会科学规划基金项目"融合文化下新闻价值的评价体系重构
——基于价值哲学视角"（项目编号：17YJA860014）资助出版

回到新闻
——"深度融合"的逻辑进路

毛毅 著

BACK IN THE NEWS

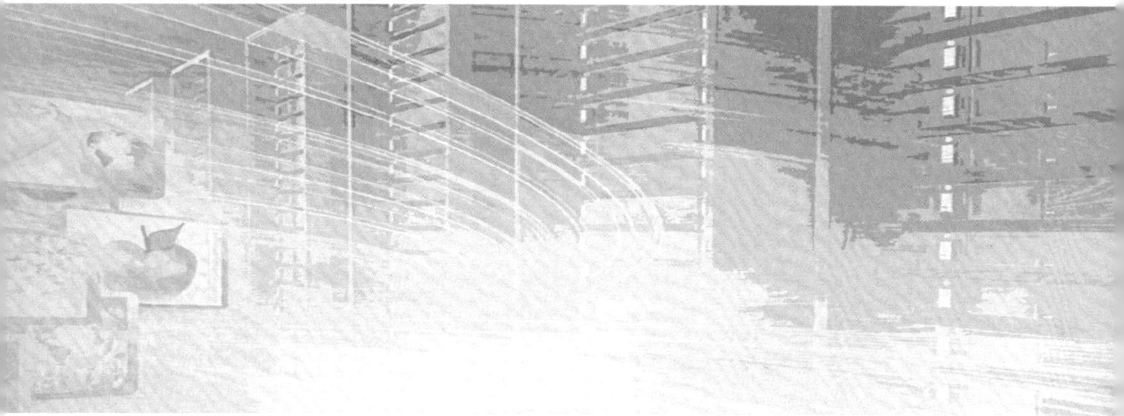

武汉大学出版社

图书在版编目(CIP)数据

回到新闻:"深度融合"的逻辑进路/毛毅著.—武汉:武汉大学出版社,2021.4
ISBN 978-7-307-22276-2

Ⅰ.回… Ⅱ.毛… Ⅲ.传播媒介—研究 Ⅳ.G206.2

中国版本图书馆 CIP 数据核字(2021)第 071716 号

责任编辑:陈　帆　　　责任校对:汪欣怡　　　版式设计:马　佳

出版发行:武汉大学出版社　　(430072　武昌　珞珈山)
（电子邮箱:cbs22@whu.edu.cn　网址:www.wdp.com.cn)
印刷:武汉邮科印务有限公司
开本:720×1000　1/16　印张:15.5　字数:228 千字　插页:1
版次:2021 年 4 月第 1 版　　2021 年 4 月第 1 次印刷
ISBN 978-7-307-22276-2　　定价:58.00 元

版权所有,不得翻印;凡购我社的图书,如有质量问题,请与当地图书销售部门联系调换。

前　言

自21世纪初期，蔡雯教授第一次引进"媒介融合"概念至今，中国的学术研究与业界实践已经走过了近20年的坎坷历程。毋庸置疑，"媒介融合"理论的引进对新闻传播研究学界来说是一次极为重要的学术视域拓展。尽管在关键词"融合"的理解与使用上至今还存在异议，但由该概念引发出来的多元研究视角，已经超越传统新闻传播学的学术范围与研究框架，人文视域与哲学思辨开始愈来愈深地影响传播问题的研究，客观而言，"媒介融合"的研究为新闻传播学开拓出了一片全新而鲜活的问题场域。"媒介融合"理论的思辨与探索，不但改变了传统新闻学研究对象的狭隘性，更对新闻研究理论的创新及人文视角的研究空间开拓，起到了巨大的推动作用。

尽管如此，但当我们冷静地反观关于"媒介融合"汗牛充栋的研究成果时，不难发现，悬置在"应该"与"是"之间的逻辑差距仍横亘于学界与业界之间，从而使学者在关于"媒介融合"本质特征与变革路径的认知上，呈现出强烈的矛盾性与冲突性。从人本主义的逻辑范式角度而言，"应该……"往往被指涉为关于传播本质性的价值预判及超越时空的引导范式，是人类理想化的价值认知表达；而"是……"则是将传播理解为现实社会境况之下的世俗存在，是否定或有意忽视抽象价值预设的一种需求呈现。相对于理想化的价值认知而言，"是……"的现世性特征往往指某种具体时空制约之下的妥协与价值蜕化。在理想与当下之间，"媒介融合"作为承载着历史与未来的现实理解，原本应该是以人的主体性为基调的媒介实践，从而在动态的历史生成性视角上探求现实传播进步的可能性，是一种"善"的总体性倾向。但很遗憾的是，技术逻辑范式下的"融合"实践仍在挤占着传播"应然"之中的价值逻辑，人在不断退缩。

现今，当"新闻是人，新闻学是人学"的理念成为某种共识之后，"媒介融合"仍然基于技术逻辑范式展开纯粹的工具理性的思维指导实践，这本身就是一个悖谬，注定无法从根本上扭转物的宰制力量。有学者认为，"媒介融合"并不会改变新闻的实质，新闻依旧需要职业记者的发现和挖掘，依旧需要职业编辑的加工和编排，依旧需要通过媒体到达，让受众接触到。诚然，随着互联网及手机媒介的普及，以技术为中介的传播构成了今天"人之为人"的必要的形式条件，但并不意味着我们可以将这种外在条件视为"人之为人"的根本原因。《人类简史》的作者赫拉利认为，人的意识是人工智能无法企及的。从新闻角度而言，我们应该最大限度地捍卫人的意识的独立性，而不应以"客观的、量化的、概括的"方式去侵蚀人类的"主观的、价值的、生动的"思维形态。正是基于此，背负着技术逻辑与商业理性的"专业主义"，无论如何"改头换面"，都无法承担起维护"意识"的重任，只会不断加剧人类精神的整体衰退。

毋庸置疑，传播蕴含着主体性存在的内在价值，而人本身就具有媒介的传播特质。从这个维度来说，将"媒介融合"从技术决定论视角下解救出来，从作为技术的"融合"，转向到作为主体性存在的生活实践与价值建构的"融合"，显得尤为紧迫。与此同时，互联网技术的极大发展，从现状而言，不同平台的媒介为人类提供了一个充斥着碎片化新闻的传播环境，然而，具有反讽意味的是，也正是互联互通、充满包容的数字化技术，又为人类提供了一个具有整合特征的传播语境，人不仅是传播节点意义的存在，更是这种语境构成的核心关键。它提供了"媒介融合"的现实可能性。更为重要的是，人的关键性作用的凸显让我们能以人的主体性存在去重新理解交流与互动在"人之为人"中的意义与作用。

以"交流与互动"作为理解"融合"，进而指导"媒介融合"实践的出发点，使得研究得以跨越不同的社会语境、不同的媒介形态，而具有更为宏观的历史视野。人的传播在历史脉络中越发清晰而凸显，动态生成的传播合作与协同关系的建构与转型，又为未来刻画出可供人类想象与追寻的途径与方向。可以想象，以人的主体性为中介，勾连起传播的"应然"与"实然"，人不仅存在于传播之中，而且也是通过传播得以存在。由此，人成为立足当下、展望未来的能动主体，这不仅为"媒介融合"研究注入了一股生气，也是赋予其实践可能性与可为性的关键价值内驱力，更为重要的是，人的加入也为"媒介融合"的实践寻找了一个切实可行的使力对象：建构人与社会的良性互动、具有公共精神内涵、充满人本主义价值理念的传播内容，即"新闻"。

在媒介融合背景下，"新闻的回归"，并非狭义层面理解的"内容为王"，而是以"人的回归"为底色，是人本主义精神在传播层面的重新张扬。这种"回归"将会集中映射于新闻业的内容理念转型之中，从"事实的报道"到"价值的形塑"，从"竞争的假设"到"信念的回归"，从"受众的需求"到"社会的良善"。本质而言，"融合"实践的一切努力就是重新树立起新闻的人本主义理念。在此基础上，新闻媒体的"融合"路径可以从三个维度加以改造：第一，超越大众传播观念的客观性价值观念的束缚，从人及人与社会互动的价值建构维度进行哲学观念上的超越；第二，以人本主义内核改造新闻专业主义，从"是真"的事物层面转向到"求真"的价值层面；第三，以人的价值质疑与意义反思为基础，为新闻报道注入"否定性"的价值因子，从而将宏观意义层面的人文关怀落实到新闻具象化报道过程中的关怀。

2017年初，本研究刚刚启动就受到了教育部人文社会科学研究项目的资助，作为项目主持人，笔者对"媒介融合"的理论内涵及实践方向进行探索，沉淀成这一本小书，以期抛砖引玉，所论肯定有许多错漏，论证不当之处，恳请大家批评指正。

毛毅

武汉黄家湖

2021年2月

目 录

绪论 历史视角下传播变迁的逻辑进路 ………………………… 1
  一、"传播变迁"的两种理论视角 …………………………… 3
  二、从"递进"到"否定"的视角转变 ………………………… 14
  三、"否定式发展"是"传播变迁"的逻辑必然 ……………… 21

第一章 "媒介融合"理论研究的向度及反思 …………………… 28
  一、"媒介融合"理论研究的向度 …………………………… 29
  二、对"媒介融合"理论的反思 ……………………………… 38
  三、主体性忽视下"媒介融合"理论的逻辑悖谬 …………… 46

第二章 "媒介融合"何以可能？ ………………………………… 51
  一、三种理论视角"底层逻辑"的辨析 ……………………… 51
  二、"融合"是"媒介"内生的力 ……………………………… 55
  三、"媒介融合"的逻辑起点与逻辑终点 …………………… 65

第三章 "媒介融合"还是"媒体融合" …………………………… 72
  一、多维视角下"媒介融合"的可能性与现实性 …………… 73
  二、"人"与"人的集合"的四种互动形态 …………………… 84
  三、实践路径：内容"求真"与渠道"多元" ………………… 93

第四章 "求真"逻辑下融合生态的构建 ………………… 100
- 一、"融合"实践中的生态问题 …………………………… 100
- 二、互联网逻辑下大众传播"生态系统"的解构 ………… 103
- 三、"求真"价值逻辑下"融合生态"的建构路径 ………… 113

第五章 传统媒体的"媒介融合"：何以可为？ …………… 130
- 一、"媒介融合"的行动主体：商业媒体还是传统媒体？ …… 131
- 二、传统媒体"融合"的环境与现实演变路径分析 ………… 141

第六章 融合4.0："求真"逻辑下"回到新闻" ……………… 154
- 一、媒体"融合力"：概念、内涵与特征 …………………… 155
- 二、媒体融合的现实路径：回到新闻 ……………………… 165
- 三、"求真"逻辑与"融合力"建构 …………………………… 174

第七章 "人媒共生"视角下新闻回归的现实路径 ………… 185
- 一、"人媒同在"背景下新闻"在场"的现实紧迫性 ………… 186
- 二、"人—媒体"共生下新闻"在场"的逻辑向度 …………… 200
- 三、新闻"回归"的价值基础与现实路径 …………………… 220

主要参考文献 ……………………………………………… 235

绪论　历史视角下传播变迁的逻辑进路

在历史的长河中，媒介自身所蕴含的"融合"内涵逐渐被遮蔽起来了，以至于今天的我们将媒介的"融合"内涵视为媒介发展的外部目标，产生了本末倒置的问题。有趣的是，虽然传统媒体在互联网语境下步履蹒跚，甚至陷入困境难以自拔，却仍然乐观地将其归因为暂时性的技术滞后而导致的发展瓶颈。在科学主义的思路框限中，外在于媒体的"多元渠道"被理解为一种有效手段，而新技术的引入与效率提升的可量化与可识别性又为媒体绘制了一幅清晰可辨的未来发展蓝图。由此，以技术更新为基础的"多元渠道"的"融合"转型实践路径成为媒体的核心议题。从经验主义看来，技术视角的媒介发展具有一定"合理性"，因为从传播变迁的历程来看，技术确实是媒体发展的重要推动力量。沿着技术发展的历史线条，我们能极为方便地识别出媒体沿着从低级到高级、从简单到复杂的轨道，逐步"递进"发展的过程。

然而，从"递进"的视角来理解"融合"，却无法回避隐含其中的某些疑问：媒介发展历程中被指认的"合理性"是否等同于"合价值性"？如果将"融合"理解为技术的产物，那由谁来引导意义与价值？如果技术主宰了"融合"的进程，那是否意味着人的意义需要到技术里面去寻找？如果人将其生活的意义与价值交给技术，那"融合"到底是为谁而来？与此同时，在上述问题之中，还隐含着一个充满哲学思辨意义的问题：人的意义或价值是否必须"发展"？这些问题，需要将人与媒介技术的关系统合起来思考，如若仅从技术发展的维度，而将人的主体性排除在外，乐观地将"媒介发展"作为"融合"的必由之路，则难免陷入"技术统治人性"的危险境地。这同时也隐藏着一个巨大的意义危机与价值黑洞：人生意义要到机器和技术里面去寻找，关乎价值的文化都要臣服于技术，人性在机器的碾磨下灰飞烟灭。波斯曼认为，技术逻辑时代"不是减少愚昧、迷信和苦难，而是让我们去适应新技术的需要"。①

然而，当我们跳脱出"技术递进"视角，回归到"传播目的"层面上展开思索，也能极易发现当前媒体融合实践中所存在的"因果倒置"问题。从传播的目的来看，"传播"不仅仅是一种信息传播与到达的物理性状态的描述，更为核心的是人与人、人与社会之间所存在的某种意义与价值关联。如果寄望技术引导价值，以技术逻辑推动"渠道融合"，不仅无法整合不同群体之间的价值冲突，反而会导致社会结构之间愈加松散，甚至在不同群体间筑起一道道"防火墙"，群体之间的价值隔阂与意义冲突愈加难以调解。"历史上不同时期和地点产生的社交媒体形形色色，但它们都是一条共同的线连在一起，即它们都是建立在人与人之间分享信息的基础之上的。"②故而，"媒介融合"理论绝非一种组织机构层面"物理性"的渠道扩展所能达到的，必然要求我们反思"传播与媒介"中内在的价值逻辑，打破技术逻辑意识束缚，将"传播内容"的意义功能重新树立起来。

毋庸置疑，将传播目的内涵中的意义与价值功能重新树立起来，这不仅需要今天的媒体能够向前看，理解互联网技术发展背后的传播生态逻辑，更需要能够向后看，以一种回溯性视角梳理传播活动中人与人交流与互动行为背后的意义建构与价值追求。在传播中，意义与价值必然需要依附在符号性内容之中，因为符号是意义的载体。"媒介融合"的落脚点只能是以公共性为内涵的"新闻报道"来推动，从而在"新闻"生产与传播中，通过技术连接起的"多元渠道"，最大限度地激发人与社会关于意义与价值。但这里所理解的"回到新闻"并非"内容为王"的另一种表达，也不是指"专

---

① 尼尔·波斯曼. 技术垄断：文化向技术投降[M]. 何道宽, 译. 北京：中信出版集团, 2019：78.

② 汤姆·斯丹迪奇. 从莎草纸到互联网：社交媒体2000年[M]. 林华, 译. 北京：中信出版社, 2015：7.

业化新闻回归"的另一种说法。"内容为王"是媒体在技术逻辑与用户需求之间的一种妥协的产物,而"专业化新闻回归"则又有一种对大众传播时代"曾经辉煌"的恋恋不舍。从宏观新闻活动上看,新闻不仅仅是一种专业性的传播活动,而是和社会发展与时代思想变革紧密联系在一起的。因此,"回到新闻"不仅强调媒体应该将"融合"的实践重心放到内容层面予以考虑,更需要媒体跳脱出大众传播的"新闻"概念的束缚,回到人类传播史角度去剖析新闻的本初目的。

一、"传播变迁"的两种理论视角

互联网时代下,"向前看"成为社会的主导意识,人们期盼新技术能带来新生活。在此背景下,从历史维度"回溯式"地去考察传播的变迁似乎显得有点不伦不类。然而,传播中关乎意义与价值的交流与互动的内在素质,又必然需要我们能从历史发展的脉搏中加以澄清辨识。因为缺失了传播起源的核心关键,就无法辨明传播的终极归宿,更不用说去遵照历史规律了。在"媒介融合"的大背景下,媒体借助技术进行传播关系重构的同时,对于"融合"的价值逻辑到底是什么的学理追问也愈来愈多元与深刻。部分学者通过交叉视角的观照,将"媒介融合"置于不同学科的研究领域,为我们展现出了该理论所蕴含的多维价值逻辑。这种追问也启发我们沿着历史维度的视角予以审视,通过将"媒介"进行回溯考察,将其可能的逻辑内涵架构于历史与现实的两个维度之上,可能让我们能更清晰地识别出"媒介"与"融合"之间所存在的关联。

(一)"合形态性"与"合目的性"

"融合"是基于人的意义追寻而附加在媒介上的一种原始能量,这种能量在不同的人与人的关系架构中,在不同文化语境、意识形态、技术形式等层面中,呈现出不同互动形态与意义空间。马克思认为,人是类存在物。在类的概念下,个体的人具有与社会、自然交流的能力,也具有在

"我—你"的传播结构中,形构"类同"意识的能力。由此,将"人之为人""人的集合""集合的人"中所蕴含的个体性、社会性、价值性的意义建构的传播发展轨迹予以思考,从而梳理出基于人的传播变迁的逻辑路向。另外,"融合"这种关乎人类意义建构的价值内涵能否被现实媒体所接纳,并将其纳入媒体实践活动予以考察,这取决于我们能否重新审视交流与传播的观念,从而避免延续那种将大众传播与人际传播割裂理解的思维困境。

1. "传播"的两种理论视域

"传播"这个术语历来是学者争论的焦点。弗兰克·丹斯对120种传播定义进行了归类,认为"人们试图让传播的概念替我们负担过多的责任"①。然而,"传播"作为传播研究的"元理论",也是我们理解媒介活动的基础。社会学家库利把"传播"看作社会形成的基础,认为社会的本质在于交流和互动。库利乐观地认为,"媒介可以使社会有机团结在一起,传播技术使社会成为一个整体"。②显而易见,库利理解的"传播"强调其"形构"能量,即"传播"能够通过某些内在素质,调动外在的力量,去建构或规定"自我"和"社会"的形成与模式。简言之,传播决定了"自我"和"社会"。然而,当传播涉及人的"主体性"而非"主动性"时,上述定义所产生的风险就非常高,技术更新与制度形构深深影响了我们理解"传播"的路径:工具的利用与渠道的掌控。显而易见,将"传播"置于结构主义视域,必然会遗漏人的主体性发展中的积极潜能:反思与协商的能力。皮尔斯从符号学的角度去思考,认为"传播"是人与人之间观念或意义的传递过程。在这里,人与人之间意义与观念的传递被视为传播的核心内容,而且从概念的隐含意义层面来看,皮尔斯的"传播"意指一个"过程",强调传播是"主体之间精神上或思想上的互动关系……是'两个心灵间的相互沟通'"③。

不难看出,二者关于"传播"的理解视域截然不同。前者具有明显的结

---

① 埃姆·格里芬. 初识传播学[M]. 展江,译. 北京:北京联合出版公司,2016:6.
② 胡翼青. 西方传播学术史手册[M]. 北京:北京大学出版社,2014:53.
③ 赵星植. 皮尔斯与传播符号学[M]. 成都:四川大学出版社,2017:79.

构主义倾向,强调"机制";而后者则从"意义"层面展开,将"传播"理解为"过程"。"机制"是能够更新与发展的,"过程"却强调活动本身。从实用主义角度来看,"机制"具有不断发展的特性,这与人们对社会发展的理解路径是一致的。由此,与之相配套的一系列"手段或途径"也能获得更新或"向上"发展,人们能从某些"标准"中识别出这种"发展或更新"。然而,从"过程"角度而言,"过程"是行为活动持续进行下去的某种状态描述,在这种状态中,行为者在可期望的目标指引之下,相互关联或相互影响。不言而喻,"过程"意指某种持续不断而又动态关联的传播状况,难以进行"量化"标准评判;与此同时,传播的"过程"也可能是一种"阻断、停滞、倒退、反复",即它的向度并非线性的。由此,从两个视域的"传播"概念阐释中,我们完全可以延续其中未尽的意义解读,也能顺理成章地推断出两者之间所具有的思想分野与冲突。

从研究上看,传播变迁及规律并不存在于传播活动之中,而是存在于解释者的理论视角之中。基于研究主体的能动性,"横看成岭侧成峰,远近高低各不同",在不同的视角中,"传播变迁"可以被理解为一种传播结构与体制的演变历程,并表现为"传播形态"的更新过程;也可能被视为指向意义与价值的一种"传播目的"的调整与变动。从"传播形态"更新的角度去考察,媒介技术的更新与迭代必然会被视为"传播"形态发展的表征。由此,以技术变迁路径的媒介形态变迁与发展研究将会成为"传播"研究的核心议题。然而,技术逻辑视野下的"传播"变迁,因受制于技术形态的"横截面式"的理解桎梏,不得不将具有"纵向维度"的"传播互动"意蕴有意或无意地遮蔽起来,"因为它提供的关于现实与社会互动的信息非常有限"[①]。延森认为,人的主体性地位不能动摇,"人类不仅占据着技术为中介的关键位置,而且还是后者的原型"[②]。延森将"传播"拉回"交流"的本

---

① 埃里克·麦格雷.传播理论史——一种社会学的视角[M].刘芳,译.北京:中国传媒大学出版社,2009:38.
② 延森.媒介融合:网络传播、大众传播和人际传播的三重维度[M].刘君,译.上海:复旦大学出版社,2015:4.

质,从意义与价值互动层面为我们展示出了传播变迁的另一种观察视角。

2. 人与技术:传播目的与传播形态

在沿着意义与价值的历史道路上行进,我们看到了口语时代中的传播主体的"在场"性的意义交流与共识构建。文字时代以降,"去场"式的交流使得内容的解读歧义丛生,奥古斯丁认为,交流中的"解释者不能陷入技术困境,在传输内容的过程中不受干扰,否则就是沦为文字的奴仆,而不是获得灵魂上的自由"①。技术力量介入交流,拉大了人与人之间的隔阂,人类不平等的关系由此开始产生,掌握文字的一方成为交流的主宰,并最终垄断了知识。知识被垄断,决定了社会定义权的归属,即谁能规定人的价值与意义的"合理性"。随着技术的发展,机构化媒体与社会、文化、政治等层面产生了千丝万缕的联系,人的主体性却逐渐被模糊化,"现代媒介有这样一个效果:即将人的主体性和记忆这些脆弱而缥缈的东西外在化,将其变成一种可以任意回放的永久形态。为了降低这种外在化转换的难度,我们付出的代价就是——将人变成媒体中的幽灵"②。传播中的人的主体性模糊与泛化,为实现权力层面所需要的"价值整合"提供了最为便捷的方式,无论这个"价值"是商业目的还是权力意图,均是一种人的意义被异化、被殖民化的表现。

然而,技术的发展也相应地改变了人的认知方式,莱文森认为,"有了技术之后,人就变了,人就从进化的产物变成了进化和变革的生产者,就从现存世界的理解者变成了新世界的创造者"③。媒介技术的发展是基于人的主动性的理性选择的,其发展动力来源于人,任何媒介都是补救了前

---

① 彼得斯. 对空言说:传播的观念史[M]. 邓建国,译. 上海:上海译文出版社,2017:100.
② 彼得斯. 对空言说:传播的观念史[M]. 邓建国,译. 上海:上海译文出版社,2017:241.
③ 保罗·莱文森. 思想无羁——技术时代的认识论[M]. 何道宽,译. 南京:南京大学出版社. 2003:15.

一种媒介的功能不足。在互联网走入我们每个人的生活时,我们发现曾经被媒体整合的"价值共识"却在无尽多的观点与解读中被逐渐摧毁。如果说口语时代的人享有最完整的意义交流,那么在文字时代到来后,这种完整的意义交流开始产生技术隔阂。而步入印刷术以降的大众化时代,人的意义已经从"主动生成"变成了"被动决定"的,"在真实情况的简化图上存在的是人类的真实,也就是'我们头脑中的图景'"①。互联网的到来将这种主动性意义权力重新交给了人,但是在每个人都拥有意义与价值诠释权的状况下,意义互动所内含的人的"类同意向"的传播关系也就被瓦解了。互联网时代的意义是一种"复数"性质而非"复合"性质的存在。价值丛生的境况背后是"传播"逐渐失去了"社群建构"的基础作用。"社群"的疏离将人抛入价值对抗的话语场域中,一种新的焦虑也油然而生,因为"只有在共同体中,个人才能获得全面发展其才能的手段,也就是说,只有在共同体中才可能有个人自由"②。

从这个意义上看,从口语、文字再到互联网技术,似乎每一次技术的发展在莱文森看来都是一种媒介发展之中传播功能的逐步完善,呈现出一种媒介技术发展的"人性化"规律。然而,传播是人与人之间的交流行为,在这种交流中,除了信息的传递,更重要的是人与人之间的意义建构与共识形成,以及基于此交流目的的传播反思。然而,当我们转换视角从传播所蕴含的人的意义追寻过程来看,媒介的发展则更像是一种"否定",对旧有媒介传播价值的一种否定,从而使传播变迁呈现出一种基于人的价值反思,进而否定、取代的过程。从媒介功用层面而言,新媒介逐渐弥合了因传播关系之间所存在的时空鸿沟,弥补了旧媒介功能中的某些缺失与不足。然而,从媒介外显的功用层面转换到媒介的目的层面,即交流中的话语互动与意义建构中,媒介的发展却是一种对旧有媒介的传播价值的一种

---

① 伊丽莎白·诺尔-诺依曼. 沉默的螺旋:舆论——我们的社会皮肤[M]. 董璐, 译. 北京:北京大学出版社, 2013:152.

② 马克思,恩格斯. 马克思恩格斯选集:第 1 卷[M]. 中共中央著作编译局, 译. 北京:人民出版社, 1995:119.

否定，从而在历史维度中彰显为一种"否定之否定"的发展轨迹。

3. "既否定又发展"的变迁历程

如果将视角落在信息传播范围与到达程度，则会重点考察"媒介"的传播效用，"媒介"也被理解为"中介"，是一种"物的逻辑"的观念认知。但如果将视角落在"传播之中的意义互动与共识建构"，则需要从人参与传播的目的性维度去思考，这必然要将"媒介"与"意义"进行总体考察，关注对话与交流的质量，更关注这种交流与对话所引发的意义互动与价值建构，其重点落在传播的现实目的与价值目的之间的匹配性，是一种"主体性逻辑"的理解倾向。

由此，在人的传播活动中，理解"媒介"的视角是依据"物的逻辑"还是"主体性逻辑"会引起截然不同的媒介观念认知。"物的逻辑"与传播形态演变规律有关，"主体性逻辑"与主体意义追求与价值构建的目的有关，前者是外显的、可识别的、能量化衡量的；后者是内敛的、抽象的、与价值判断有关的。传播是一个立体多元动态发展的结构系统，执于一端难免偏废，无论采取何种视角，注定无法窥见全貌，只有立体而多元地整合理论视域，将传播中的"媒介"置于一个整体结构中才有可能全面理解。

从"整合视角"出发，"媒介"发展中的规律与目的共同决定了人的传播活动是一种既否定又发展的特征，"否定"是对传播目的上的偏差与倒置的批判，"发展"是放在媒介技术的人性化趋势层面上理解。一言以蔽之，人的传播活动内蕴着两种价值逻辑，人在"意义追求"中的传播媒介发展历程，既是依据"物的逻辑"的"合规律性"活动，又是依据"主体性尺度"的"合目的性"活动；传播的"合规律性"又"合目的性"，构成了人与媒介的独特关系，即"否定性发展关系"。

在通常的媒介研究中，由于经验性观念的限制，我们更多关注媒介功用性层面的规律性，人的主体性被排除在外，导致了主体性缺失的研究偏向，即人在技术面前的主动性能力的缺失。对此，波兹曼悲观地认为，"失控的技术增长毁灭人类至关重要的源头……它将瓦解人的精神活动与社会关系,于是人生价值将不复存在"①。与之相反的是,莱文森质疑这种观点,他乐观地认为,人可以对技术进行理性的选择,能够主动去选择和改进媒介,"人的思想对环境的有机操作而形成的技术,就是进化史中的创新"②,由此,他将技术视为媒介进化的动因,核心是人的尺度。

(二)"人性化趋势"中的逻辑错谬

莱文森"补偿性媒介"与"人性化趋势"理论产生的背景,恰值数字化时代来临之际,传播生态环境与媒介功能定位发生重大转变之机,故而引发诸多国内外学者的关注与思考。从传播角度而言,"人"的主动性成为传播变迁的核心因素,将曾经超越"人性"的技术力量降格,在人与技术的博弈中,人是主动且理性的。这种论断很大程度上符合了数字化变革背景下社会对技术与人的关系的猜想,"人性化"一词更是为媒介注入生命活力而受到热捧。由此,莱文森在诸多学者中脱颖而出,成为名誉全球的传媒大师。

1."人的尺度"中的"需求"逻辑

媒介的演变与更新是"人性化"趋势的产物,换言之,人是决定媒介使用与传播发展的核心关键,这充分体现了莱文森的媒介发展观。从主体性角度而言,人是具有主动选择能力的,人性的力量在媒介发展中起到关键作用;从媒介发展的角度来看,新媒介都是对旧媒介功能缺失的补救,从而,媒介功能越来越符合"人性"需求,也呈现出明显的"人性化"发展倾向。在莱文森的传播发展理念中,媒介技术成为承载人类理性的物质表征。在媒介技术变革历程中,人类感知世界的模式与角度也在作相应调整。关乎人类的思想更新、文化发展、艺术进步、情感表达及信息传播也

---

① 波斯曼.技术垄断:文化向技术投降[M].何道宽,译.北京:中信出版集团,2019:作者自序.
② 莱文森.思想无羁——技术时代的认识论[M].何道宽,译.南京:南京大学出版社,2003:115.

在媒介发展中被赋予了一种新的途径、新的尺度。与此同时，人类的信息需求与价值渴望的不断更新，必然会催生对媒介功能的新的期盼，并将这种期盼注入"因人而生"的媒介技术中去。

从传播变迁的角度而言，莱文森的理论将人与技术从绝对对立的视野中解救出来，技术的发展绝不是简简单单的"技术问题"，而是人"理性而主动"选择的产物。在"补偿性"理论中，莱文森似乎将人的主动性选择视为传播变迁的核心动力因素，这不同于技术逻辑，也不同于价值逻辑，而是一种人的主动性之下的"需求"逻辑而引发的传播变迁，其本质意蕴是"人性化需求"推动传播的"递进发展"。媒介的进化源于技术与人的主体性之间的某种"平衡"之上，从而在经验主义与批判主义之间开辟出"第三条道路"，"进化、知识和技术的相交，是人类生存的驱动力"，[1] 媒介进化因人类理性的存在而获得"合理性"，"理性的涌现可以被看成从非故意演化到有意识的、定向演化的过程……进化之进化通过技术而实现了"[2]。

2. 缺失价值维度人的"意义诉求"的考量

传播技术在发展，人寄望于交流中的传播目的却渐渐遥远起来。尽管在技术的进程中，人获得意义的能力在逐渐递减，然而人毕竟是具有主动性的，尽管一定程度上"限制了我们的选择，但技术带来的这些影响并不是不可避免的……我们依然可以选择，起码在我们需要的时候"[3]。人的主动性选择行为必然寻求更多能实现传播目的的支持因素，这些"支撑因素"就是媒介技术发展中对旧的媒介的一种"补偿"。这种"补偿"的观点将人类的理性选择视为媒介演化的动力，任何一种后继的媒介都是对前一种功能

---

[1] 莱文森. 思想无羁——技术时代的认识论[M]. 何道宽, 译. 南京: 南京大学出版社, 2003: 序言.

[2] 莱文森. 思想无羁——技术时代的认识论[M]. 何道宽, 译. 南京: 南京大学出版社, 2003: 72.

[3] 莱文森. 人类历程回放: 媒介进化论[M]. 邬建中, 译. 重庆: 西南师范大学出版社, 2017: 157.

上的补救，肯定了媒介的进化是人的主动性的选择结果，是为了满足人的需要。简言之，媒介是人的尺度。

莱文森将人的主动性提炼出来，为我们进一步思辨提供了有益的理论向度。然而，这种观点却难以解释一个现象，即为什么媒介渠道越多，人的意义却越贫乏，价值认知越碎片化。如果按照"补偿性媒介"理论来看，媒介的发展应该是一种逐步消除障碍的过程，即人的传播目的逐渐实现的过程，最终能实现人的意义追寻的终极目的。人的传播是为了通过识别"自我"而确立人生意义，在技术发展中，这种传播目的却显得越来越难以实现。因为技术只能保障信息的到达，却在人对内容的解读上的作用有限。意义是源自解释者基于自己的立场，同被理解对象进行的一场相互理解或"视域融合"的过程，"视域就是看视的区域，这个区域囊括了从某个立足点出发所看到的一切"[①]。

意义的产生与理解不仅仅需要内容的到达，更需要主体之间的解释能具有某种接近性或类似性，由此，才有可能实现人的意向性之中的意义解读。从这个角度而言，"补偿性媒介"观点将人的主动选择性考虑进来思考人性化趋势下媒介技术的功能性演化，但在解读意义与价值层面上，却难以观照人在主体性意义追求中的内容价值与传播结构关系的转变。可以说，"人性化趋势"的传播发展也存在极端的可能性，即专门针对人的"需求"而展开的一场对意义与价值的围剿。

3. 欠缺主体性中"理性反思"能力的思考

从传播变迁的角度而言，不难发现莱文森理论中隐含着某种"妥协与调和"的思想倾向，即通过将人的"主动性"与媒介技术的"递进发展"关联起来。技术与人的对立甚至对抗关系，得到调和。但是"主动性"与"主体性"并不能画上等号，人有可能因"主动性"选择而损害到"主体性"存在，

---

① 伽达默尔. 真理与方法[M]. 金汉鼎, 译. 上海：上海译文出版社, 2004：476.

也有可能在某些"被动"的状况下获得"主体性的澄明"。时下,商业媒体以数据分析描绘群体"画像",以激发欲望的方式来引诱人类,从而使人陷入"本我的冲动"之下的虚假主动性迷失之中。尽管莱文森的理论出发点是"人的理性",但对传播关系中的"理性"并未过多涉及,而是将"理性"与"需求"联系起来。吉登斯认为,人会以"反思"来监控其行为活动,这才是"理性"的,反思性是以理性化为基础,是"行动者对自身活动的根据始终保持'理论性的理解'"①。莱文森指涉的"理性"似乎并未将"反思性"结合起来。其次,媒介技术发展的"人性化"趋势,似乎也隐藏着一种可能性:技术成为"人性"的表征。莱文森在语焉不详的"人性化"趋势中,乐观地认为,媒介技术会为人服务。然而,在数字化技术侵入生活的现状中,技术也有可能全面排挤"人性"的空间。最后,人的传播活动具有"自反性"的特征。借助语言,人类获得了自我反思的能力,而这种能力也使得语言本身以及人的传播交流与话语互动中蕴含着这种"自反性"。在传播关系中,人类的"自我反思"是主体性存在的基石。从媒介发展的历程来看,人更多的是以"反思"来表达对技术的"否定及质疑"。这也意味着,在传播历史变迁中,"反思"以及"否定"贯穿传播发展的整个过程,并成为传播发展变迁的重要因素。

4. "合目的性"考察应追溯人的"否定"历程

技术必然会带来人的认识视角与传播观念的变化,从而人的意义也并非一成不变的,而是随着时代发展而有所变化的。人的意义的时代特征并非意味着关于人的意义追寻的内核也相应改变。人的意义在变,然而支撑起人的意义的本源力量却没有改变,仍然是基于人的主体性意识上的"自我"。从苏格拉底的"认识你自己"到康德的"人为自然立法",从孔子的"三省吾身"到孟子的"万物皆备于我",从老子的"见素抱朴"到庄子的"吾

---

① 吉登斯. 社会的构成——结构化理论纲要[M]. 李康,李猛,译. 北京:中国人民大学出版社,2016:3.

丧我",从陆九渊的"发明本心"到王阳明的"心即理",中西方哲学思想历经几千年的思索,纷纷将"自我"即人的意义追寻中的起点,作为哲学的最高目标。

然而,从历史维度来看,人的"认识自我"却随着技术逐渐进步而愈加难以触摸。从口语时代之前人的动物性存在状况开始,人在"自我"的基础上追寻意义就呈现出一种逐渐削弱的演变态势,如果说口语时代人与人的"实时在场",将"自我"锚定在传播关系的架构中,"我"与"你"的交流是一种对待性的主体存在前提,这个时候的"自我"是最完满与丰富的。那么从文字创立以来,人在交流中的主体性存在就开始显得若隐若现,逐渐被"虚拟化"了,卡西尔所说的"人是使用符号的动物"已然变为"人是基于符号而存在"这个层面了,"人类不是科技轨迹的终点,而是中点,恰好在生命和制造品中间"。① 人在意义追寻过程中的艰辛与无奈意味着唯有"反思"以及对现状的"否定与质疑",才能为自我发展寻求到出路,这并非意味着人的发展存在某种静止不动的终点,而是一个"过程"、一个持续发展下去的动态进程。这不仅是人的主体性存在的需要,也是人"与时俱进"所必需的内在素质要求。

从这个角度来看,人类传播中的意义追寻呈现出一种"否定性"推进的过程,即每个新的传播时代所蕴含的媒介传播价值与相应的传播关系都是对前一个时代的"否定",这种"否定"是一种基于"人的主体性"为评价标准的,即以人作为一种"生命体"展开的对前一阶段传播的"质疑"与"拒绝"。在这个角度上,作为评价标准的人,并非绝对的个体存在,而是人或者"人的集合"。通过对人类传播目的,即认识人的存在意义,进行宏观视野的考察,我们将这个"否定性发展"的过程分为三个过程:前文字时期的"求同",文字与印刷时期的"是真",后文字时期的"去真"。在这个三个阶段中,每一个阶段都是对前一阶段传播目的的一种"否定",人类传播活动在这种否定进程中逐步发展。上文所说的"合规律性",可以将其视为

---

① 凯文·凯利. 科技想要什么[M]. 熊祥, 译. 北京:中信出版社, 2011:37.

传播媒介的人性化发展趋势中的演变规律，那么"合目的性"则需要追溯人的传播交流史中所产生的"质疑"与"拒绝"，以及基于"否定"中的传播演变。

二、从"递进"到"否定"的视角转变

"递进式"的理解倾向是以技术范式为底层逻辑。技术发展模式套用在对新闻演变的理解上，必定会建构出新闻媒介从低级到高级的发展路径，新闻形态成为研究的核心议题，而关乎意义的传播内涵则被悬置起来。在传播中，人始终是基于"全面而自由"的主体性目标参与传播，从史前时期直到互联网时期，这个目标都是存在的。尽管随着时代的发展，这个目标的表现形态有所变化，但本质上，人的主体性精神内核却从未消失，只是在特定历史时刻有所遮蔽或模糊。从人的主体性意义追寻的传播目的角度去理解传播活动，无论是从广义还是狭义层面上看，传播活动均呈现出一种持续否定中发展的态势，从广义上看，传播活动总体上是沿着人类传播价值目标的变迁路径，即从"求同"到"求真"的发展历程；而从微观上看，特定类型的传播活动同样呈现出基于人的"反思与否定"的传播目的变迁与调整的过程。例如，作为专业化内容生产与传播的新闻活动，就呈现出新闻传播目的的不断被否定，新闻机构不断加以适应和调整的过程。

(一)"媒介即讯息"中的"否定"因子

麦克卢汉认为"媒介即讯息"，也就是说媒介技术形态承载着能被人解读的"讯息意义"，因为意义是关乎主体性的，这意味着媒介不仅仅表征为传播工具或手段，而且还能成为意义活动的精神载体。媒介最重要的作用就是"影响了我们理解和思考的习惯"。媒介的表现形态不仅是外在技术性的，而且也是能够作为内容表征而引发传播的。麦克卢汉认为，人类历史上有三次起着关键影响作用的技术革新。第一次是文字的发明，将人丰富而立体的感官压缩为视觉作用，并且也导致了丰富多彩的生活陷入一种线

状结构,"使我们卷入一整套相互纠缠的、整齐划一的现象之中"①。第二次是印刷的推广,不仅进一步加快了感官失衡的进程,而且将人从分离的状态中整合到大众中,印刷"造就同质化社会人的威力值在稳步增长;……造成了似非而是的隽语'大众头脑',形成了公民组成的军队那种大众尚武精神"②。第三次是电报的发明,预告了电子时代的来临,电子媒介使人有可能回归到整体思维的前印刷时代,人类重新"部落化",相比口头传播时代的部落化,重新部落化是社会文化螺旋式的上升与前进,是人的更高层次的全面发展。

在三次技术发展中,麦克卢汉构想出了一个基于人的感官延伸发展的媒介进化历程,从部落化、非部落化,再到重新部落化的过程,人的思维与感官能力在这个过程中也对应呈现出一种"立体—线性—整合"的发展过程。基于该视角,麦克卢汉的媒介发展历程的观点提供了极为有益的理论价值,通过将人类的传播目的,即基于"认识自我"中的意义追寻,作为核心关键去梳理人类传播活动的变迁。在此过程中,我们发现,随着媒介技术的发展,在意义追寻目标上,后继媒介并非仅仅是一种"补救",还是对前一阶段的"否定"表达。这种"否定"的动力来源于两个方面。其一,人的生物性满足与精神性追求之间冲突;其二,人的"自我实现"与"人的集合"之间的冲突。前者聚焦于人的内生性的矛盾,后者将人与社会文化之间的冲突与对抗作为核心点。由此,人的传播活动就在人的内生性矛盾与社会文化的主体性意识中展开不断的博弈,而媒介就在这种"否定之否定"的动态中获得发展。

"在每个明显过渡的时代,人们都在无声而被动地实践着一套正在过时的习惯和感情模式……然而人类并非全然无声地照习惯办事。"③在人类

---

① 马歇尔·麦克卢汉. 理解媒介:论人的延伸[M]. 何道宽,译. 南京:译林出版社,2011:106.

② 马歇尔·麦克卢汉. 理解媒介:论人的延伸[M]. 何道宽,译. 南京:译林出版社,2011:128.

③ 怀特海. 观念的冒险[M]. 周邦宪,译. 南京:译林出版社,2014:11.

的传播活动中，不仅有适应传播技术更新而形成的习惯，也同样有着对传播习惯予以反思与批判的部分，而激发起人对传播的那种正当的不满的因素则是一种基于人的主体性的批判精神，这种批判性的基础便是"认识自我"中渐次成熟的价值自觉，正是人的这种价值自觉，促使着人或"人的集合"展开了对传播目的的批判视角，促使着传播功能的进一步发展，推动传播的"否定性发展"的进程。当然，在这种"否定性"中，人是直接主体，因为，"人之为人"的意义追寻决定了对传播对象进行批判的作用，如果缺失了这一核心动力，传播的"否定进程"的终点将无法得知。与此同时，在人的发展中所形塑出来的各种"人的集合"，他们同样具有主体性，也需要在传播中追寻他们的目标，由此，人与"人的集合"展开了多重维度的互动，在这种互动中，作用于传播上的批判力量此消彼长，从而共同推动着传播的"否定性进程"的延续，也导致每一个时期的传播价值呈现出某种特定而普遍被感知的目的性。

(二)传播变迁中的"否定"历程

在媒介技术发展中，文字对传播产生的影响最为直接，从传播目的实现的角度来看，人与人的交流应该是有所指的、个性化的、自由开放的、无阻碍互动的。然而文字的发明却将这种"真正的交流"予以剥夺，"文字……假装对特定个体表示关爱，但实际上却对交流的对象不加区分"①。文字带来了思想的限制，将人类的理性置于符号的枷锁中，柏拉图通过"洞穴寓言"警醒人应该走出洞穴，去拥抱真理，而不应该在媒介化的影子中被蒙蔽。文字是超越个体"在场"的，是没有人情味冷冰冰的存在，将人与人之间关乎意义与价值认知的交流设置障碍。真正理性交流的那种即时的、有明确对象、交互性的对话应该摒弃文字。

从西方先哲的观点出发，文字的发明对传播活动的影响意义深远，超

---

① 彼得斯.对空言说：传播的观念史[M].邓建国，译.上海：上海译文出版社，2017：73.

越时空的传播活动因文字而得以可能。回顾整个传播史历程,大致可以以文字为基础区分为前文字时期、文字时期与后文字时期三个阶段。前文字时期是指文字发明之前,人类的传播活动只能依靠口口相传的方式进行。而文字时期,是指以文字为主要意义符号载体而展开的人与人、人与"人的集合"之间的传播交流,这个时期最为重要的标志是新闻机构及专业化内容的逐渐成形。后文字时期,则指超越文字及衍生形式的多媒体形态呈现内容的时期,即从电子媒介技术到互联网技术的这段时期,传播形态多样带来的传播渠道多元。

1. 前文字时期:价值共识下的"求同"

前文字时期是一个极难把握的人类发展阶段,更多的理解还是基于学者从技术视角展开的文字批判。然而,在文字发明之前,人与人的交流是一种口语交流,当我们去思考这种交流方式时,主体"在场"是这种交流的一个重要标志,传播活动依靠人的身体与意识的同时"在场",才能保障人与人的交流的顺利进行。由此,在口语传播时代中,人的传播参与是一种整合性的关系架构,身体、意识、场域同时在支撑着内容之间的流动,而基于内容的意义互动也更为明显与直接。与此同时,"口语交流几乎总是以单一事件的方式发生,而且其内容只在关注此事的人中间分享"①,在"关注此事的人"之间的分享过程中,说者与听者处于同一意义交流空间中,人基于自身的价值意图进行内容分享与话语表达,这也为一定程度上的"价值共识"的形成奠定了基础,"语言之所以得到发展,最可信的原因是要借语言建立社会纽带"②。

"价值共识"的形成基础是传播主体之间"意见"碰撞并"同意"达成一致的价值倾向。"同意"意味着人能理解其中的意义内涵,并且这种内涵是

---

① 彼得斯. 对空言说:传播的观念史[M]. 邓建国,译. 上海:上海译文出版社,2017:54.
② 汤姆·斯丹迪奇. 从莎草纸到互联网:社交媒体2000年[M]. 林华,译. 北京:中信出版社,2015:22.

每个人所共同享有的。因此,从这个角度来看,前文字时期的传播活动的最主要的目的便是一种基于社群的"求同"意义生产的过程。无论是某种神秘性内容,还是人的日常生活的对话,人与人交流的基础就是类似于胡塞尔所说的"绝对而纯粹的同一性"的主体而发展出来的"共同主体性"的呈现。由此,在前文字时期,人与人的交流是一种没有分割的、全面的意义互动过程,而在此过程中,人与人之间的传播交流并非仅仅限于信息传播,也同样需要在交流中寻找自我位置与社群归属。

2. 文字时期:价值整合下的"是真"

文字时期是指文字发明之后直到印刷术出现而形成专业性媒体机构的这段时期。文字的发明使得远距离传输成为可能,也使得人与各种对象之间的"不在场"交流成为现实。传播技术的发展,必然会导致"人间事物的尺度变化、速度变化和模式变化"[①],而这种变化也将前一个时期的传播目的予以"否定"。如果说口语时期的传播目的是基于"求同",那么以文字为代表的各种传播活动(包括新闻)的传播目的就是否定"求同"的,因为在失去了主体性完整"在场"交流的基础上,"价值共识"只可能是以一种由上而下、压制性的方式予以实现的,与其说是"共识",不如说是"整合"更为恰当。

"价值整合"作为传播活动的核心目的,需要让人对其传播的内容确信无疑,而在文字强大的繁衍力背后,基于"人的集合"所需要的"价值观念"被巧妙植入各种文本中反复出现,不厌其烦地传播着某种"客观事实"。由此,口语时期传播所具有的主观性的价值诉求逐渐被置换为客观的"事实呈现"。在此过程中,"求同"被异化为"是真"的传播表达。"是真"意识成功灌输到人们的头脑中,意味着人将主动性探求"真实"的权力拱手交出,媒体成为"真实"的中介组织。自此之后,主观感受的"真实"被异化为一种客观描述的"真实",人丧失了"真实"的诠释权,而只能依托某些组织由上

---

① 马歇尔·麦克卢汉. 理解媒介:论人的延伸[M]. 何道宽,译. 南京:译林出版社,2011:18.

而下的"传播",至此,"真实"成为一种社会资源而被权力所垄断。

这里有必要简单谈下"真实"的关系,以及"真"的观念中所蕴含的内涵。"真,便是现象符合实在,这种符合的程度有多少之分,有直接间接之分"①,从这个意义上看,"真"是一种主观认知与客观实在之间的"符合"程度的关系指称。由此,在这种关系中,人的判断与感受是"真假"区分的途径。然而在"是真"逻辑之下,真实的"主动性"被"实在性"排挤掉了,"真实"成为超越感觉知觉而独立存在的"实体",是"不以人的意志为转移"的。由此,"真实"就像"上帝"一般,成为人的观念中的"实在性"对象,尽管人无法去亲身感知,但信仰证明他们存在。至此,"真实"成为一种稀有的资源被牢牢掌握在部分人的手中,媒体成为"真实"的代言机构。尽管,在生活中人能感受"真实",然而我们却天然地将其一分为二,一份是生活中的意义体验,一份却是媒体呈现出的遥不可及的"真实"。诺伊曼认为:"真实实际到底是个什么样子,是没有意义的,只有我们对真实的假设才算数,只有这种假设决定我们的期待、希望、努力、感觉,只有他们主宰我们的行为。"②

3. 后文字时期:多元价值下的"去真"

后文字时代,是指超越了文字的独占性时代,而开启了通过多种呈现形式、多种形态媒介技术,综合调动人的立体感官能力的时代。麦克卢汉认为,"电力技术与我们的中枢神经系统直接相连"③,而将此前的一切由媒介而导致的感官分裂,偏重视觉、线性思维的人重新整合了起来,人得以回归整体思维。然而,人从文字时期被分裂的状态中整合起来,并非意味着人因此拥有了整体性的权利,因为"一旦拱手将自己的感官和神经系

---

① 怀特海. 观念的冒险[M]. 周邦宪,译. 南京:译林出版社,2014:265.
② 伊丽莎白·诺尔-诺依曼. 沉默的螺旋:舆论——我们的社会皮肤[M]. 董璐,译. 北京:北京大学出版社,2013:152.
③ 马歇尔·麦克卢汉. 理解媒介:论人的延伸[M]. 何道宽,译. 南京:译林出版社,2011:89.

统交给别人,让人家操纵——而这些人又想靠租用我们的眼睛、耳朵和神经从中渔利,我们实际上就没有留下任何权利了"①。

必须承认的是,从电力技术一直到现在的互联网技术,媒介已经将很大一部分信息权力交给了社会大众,从莱文森的人性化趋势理论来看,这种技术的发展也是人的主体性意识发展需求的自然结果。主体性意识的发展,带来了"认识自我"的迫切诉求,而媒介技术的发展也逐渐扩张了人"认识自我"的话语空间。在此基础上,人必然要面对媒体"是真"的价值逻辑,这种逻辑是建构在"由上而下"的观念推行,而在网状连接的传播结构中,媒介技术赋予了个人一种对抗此种价值逻辑的话语空间,由此,在人的主体性"自我实现"的逻辑中,定然会聚焦于这种"真实"的垄断权的批判与质疑层面,从而导致了基于原始传播目的的第三次"否定",即以"去真"否定"是真"。

后文字时代,最明显的传播特征就是"多元"。让人疑惑的是,这种"多元"并非一种整体之下的多元视角,而是一种充满对抗与否定的价值表达。这与我们常说的"和谐"具有本质上的不同,"和谐"是一种整体视角中的"和"的状态,是一种向心式的价值认知而形成的某种"凝聚",并非以抹去个体间价值差异为前提基础。而"多元"不仅意指不同视角下的意义理解,可能基于历史、文化、地理等语境上的价值认知的差异,更蕴含着不同价值观念之间的一种相互否定、相互冲突的状态。"多元"带来了意义对立、价值冲突,而似乎难以将其整合到一个体系之中,如果说"多元"代表了每个个体"与众不同"的价值诉求,那么,"多元"最后不可能形成"百花齐放、百家争鸣"的良性互动状态,而只会沦落到"为否定而否定"的价值虚无中去。

4."去真"之后的再一次"否定"

从传播中来看,"去真"意识必然导致"多元",人需要"多元"来表达

---

① 马歇尔·麦克卢汉. 理解媒介:论人的延伸[M]. 何道宽,译. 南京:译林出版社,2011:89.

主体性的意义观念，但无约束的"多元"却无法承载起人的主体性崛起。在特定历史背景下，"多元"能够"为我所用"，以其利刃撕开封闭压抑、死气沉沉的意义空间；然而，"多元"却不能"为我所有"，也就是我们不能把"多元"视为主体追寻的唯一目标，它只能是手段、方式、途径，绝不能是目的、终点、彼岸，否则只会让人陷入无限轮回之中。在今天互联网的传播状况之中，"多元"与"意义"构成了一组循环论证的悖论：以对抗、否定表达"多元"，却丧失了自我的主体意义；以主体意义为目标，却焦虑在"多元"的对抗环境之下。

人的原初性传播目的，似乎在当下被拆解成了"意义碎片"，人的"实现自我"的理想被"满足"与"个性"的欲望填充，人失去了"自我"。海德格尔给了我们希望，他认为："当人本质上已经是主体，人才有可能滑落入个人主义意义上的主观主义的畸形本质之中。但也只有在人保持为主体之际，反对个人主义和主张社会是一切劳作和利益之目标领域的明确斗争，才有了某种意义。"①由此，我们似乎又可以预想到再一次"否定"的可能，这个可能就立足于人在主体性保持中去追寻"人之为人"的意义层面，面对"多元"背后的分裂、对抗、虚无展开一场新的"反思与否定"。

三、"否定式发展"是"传播变迁"的逻辑必然

从有人开始，传播就一直存在。在漫长的人类发展的过程中，传播形态与组织结构在变，内容观念与关系格局也在逐渐调整，在这种变化之中，传播的价值内涵也在相应调整。麦克卢汉清醒地认识到了传播媒介中所承载的人的目的，从而将媒介视为人的身体的某种感官延伸，从这个意义来看，媒介技术与人的传播目的之间存在着复杂而多元的基于生态视角的传播关系形构。莱文森将媒介技术视为人性化作用的结果，将技术的发展与主体性的选择联系起来。然而，我们从更为宏观的视角，跳出媒介本

---

① 海德格尔. 林中路[M]. 孙周兴，译. 上海：上海译文出版社，1997：89.

身存在的视野限制，将传播与人的意义追寻联系起来，就会发现，尽管从技术层面是一种逐渐人性化趋势下的创新，但传播价值定位却在发展中不断被"否定"。这种"否定"的产生，不仅仅是对传播终极目的的一种追寻，也受制于当时的社会文化环境。

(一) 人的价值诉求中的"否定因子"

人是具有复杂性的生命体，人有主动性，可以自己选择去创造自己，人拥有创造自己的能力，这种能力就是基于人的主动性上的一种不断质疑，不断否定，进而不断追寻生命意义的内在冲动。传播是人与人之间的交流，人在追寻自我意义的过程中，必然也会将质疑与否定施加于传播活动之间，由此也形成了传播活动中质疑与否定的内在价值逻辑内涵，进而促使传播朝着人的方向前行。然而，传播关系的联结特征也意味着人的主动性追求，不仅有人的内在驱动，也受制于关系形态下的"人的集合"的内在约束。由此，传播活动中的"否定"，不仅因人的意义而发生，也会因"人的集合"的价值诉求而推动。

在上述三次传播目的或者传播价值的"否定"过程中，呈现出两条相互交叉的发展轨迹。第一条轨迹显示出了从动物到人，再到社会成员，然后又回到人的历程。第二条轨迹则呈现出了三次"否定"中发展起来的传播交流的意向性特征，即从初民时期的"求同"到组织化传播中的"是真"，再到主体性崛起之后的"去真"的过程。从这个角度来看，在这三次"否定"中，形成了人、"人的集合"、媒介、传播之间基于价值内涵与诉求的动态互动的传播关系建构，在多维度的互动形态下，人的主体性意识始终是传播变迁的决定力量。因为无论是在"求同""是真"还是"去真"的"否定"发展中，我们均能感受到人的价值诉求与意义追寻，由此也推动着传播价值呈现出"共识""整合""多元"的发展路径。

"求同"意识中的"价值共识"建构，我们可以将其理解为一种否定"动物性"而实现"人性"的内在价值动因，人与人基于口语交流，逐渐形塑出类似老子口中的"小国寡民"的部落状态。从历史发展来看，只要存在部落，必然会随着逐渐扩张而形成某种文明形态的初始国家体制，在这种结构中，必然会否定基于口语交流而逐渐形成的部落化的"共识"状态，由此开启了从"共识"到"整合"的传播时代。

在基于"价值整合"目的的传播活动中，最为核心的目的便是消除"多元"价值，尽量构建起具有"整合性"的价值认同体系。关于中国古代传说中黄帝战蚩尤的神话故事，有人认为是一场文明与野蛮的对抗，但不可否认的是，黄河流域的中国人，整合了苗人部落，为华夏文明的形成奠定了基础。文明"把学术与政治机构相联系，既反映出学术权威和政治权威的平衡，也反映出将破裂的世界修复为一个整体的理想"①。从这个角度而言，文字时代的组织化传播，特别是政治体系中的史官体系以及思想体系的经典文献，是"价值整合"的重要基础。早期是基于制度化的史官体系来实现传播，到了后期，随着专业化新闻传播机构的出现，这种"价值整合"功能就让位于媒体了。

"价值整合"体现出了民族性、制度性、控制性的特征，可以说是文明得以实现的基础。然而从另一个角度而言，这种"整合"的得以实现，正是需要忽略人的价值诉求的。当技术赋予了人一种传播的主动性之后，"是真"的传播与个体的意义产生直接冲突。由此，开启了一场人与媒体之间的话语权斗争。"否定"成为传播动力，在"否定"客观真实中，也展开了对异质性观点的"否定"。从目前来看，这种"否定"的核心目的并不是促使自身或社会的"发展"，而是呈现出"否定就是意义"的价值认知倾向，也就是说，人的价值通过"否定"而存在。

人是需要意义延续与价值更新的，如果将意义建构在"否定"之上，生活的意义就只能在不断"否定"的过程中生成，并将一直持续下去，直到否定包括自己在内的全部世界。从这个层面而言，在否定的过程中，渐次形成的"意义碎片"与"价值虚无"就像是一个"黑洞"，将人与社会拖入其中，

---

① 陆威仪.哈佛中国史 早期中华帝国：秦与汉[M].王兴亮，译.北京：中信出版社，2016：227.

吞噬人的生存与生活诉求。然而，从另一个角度来看，这种因"否定"而导致的"价值黑洞"也必定会成为"否定"的对象与目标，这也预示着"去真"的传播活动会再一次经历"否定"的到来。

(二)"媒介融合"本质上是具有"否定式发展"特征的

媒介不仅仅是人与人之间的交流中介，也是社会群体得以整合价值观的重要载体，更是承载着人的主体性意识的工具和手段，在此基础上，具有丰富而立体的关系架构、渠道扩张、内容流程、整合意义的媒介因传播历程中"人"及"人的集合"的主体性意识的相继崛起与对抗的"否定性"而获得发展。因此，仅仅从技术维度来思考传播活动，我们只能看到技术在创新之后的媒介形态的丰富性，而无法识别出在传播进程中的一种"反向力"，即回归"人性"的精神力量。技术必然是累积向上发展的，而基于人的主体性意识却是一种"回望式"的质疑与反思。可以说，技术是面向未来的，而传播却是需要回归过去的，这与老子所说的"反者道之动"的观点有点不谋而合。从这个意义上看，历次传播的"否定"是人在不断回望过去中对当下传播活动的一种反思。

人使用技术是为了实现真正意义上的"自我实现"。从传播角度而言，人希望回归到毫无障碍、没有噪音的"在场"传播之中去。可以说，人使用技术的目的就是消除技术带来的传播隔阂，从而让人的多元特质能够尽情展现。尽管这是一个颇具悖论意义的论调，但却是真实存在的，"正如阿多诺所说，尽管人们之间存在着让人羞愧的分歧，但唯一能超越这些分歧的就是从这种分歧中获得快乐，这才是交流的理想境界"①。毫无疑问的是，目前的"多元价值"并未让人们获得交流的快乐，在一切皆虚无的持续"否定"中，这不仅动摇了社会层面的共同性基础，更损害了人的主体性意识的明晰表达。

---

① 彼得斯. 对空言说：传播的观念史[M]. 邓建国, 译. 上海：上海译文出版社, 2017：47.

人需要社会存在,不可能重回到史前时期以一己之力对抗恶劣自然状态中去,而社会也需要人,否则就失去了发展的动力。在"人媒共生"的展望中,共同体的形构绝非外力可为,如果以政治利益、商业目的而将人"捆绑"在一起,这不是"传播"的本原目的。尽管利用技术可以实现"同在"的外在形态,但其中所存在的冲突、对抗,甚至隔绝的价值立场绝非是"物理式"的"类融合"能够消除的。

正是基于此,"深度融合"绝不可能是前一阶段"媒介融合"的"延续体"或"升级版",而是具有"否定"特征的思维转变,是一种将"人媒整合"转变为"人媒共生"传播状态回归的过程。这不仅是对技术逻辑之下的"整合"观念的一次集中"否定与反思",也是将"传播"从工具属性的思维桎梏之中解放出来,将其回归到内在的"能力"层面,交还给人。

"融合"从本质上就具有"人"的回归的传播内涵。人与媒介融于"共生体"的新生态之中,这也喻示着"人媒共生"的"融合"进路的核心关键不应在"融合"之上展开,而应围绕"媒介"中所具有的"否定"内涵,去思索现实层面的转型实践。故而,对于如何理解"媒介"中所内含的基于人的主体性价值追寻以及在传播过程中的反思与质疑,就至关重要。正因为媒介融合的基始是人,故而围绕"媒介融合"与"深度融合"之间,我们也可以做大胆的假设,即"深度融合"意味着一种对前期"媒介融合"实践活动的一次"否定式发展"的延续。

(三)"否定性"视角下"深度融合"的逻辑内涵

如果我们将"深度融合"视为对前期融合实践的进一步"深化",也就是将"深度"理解为一种前置修饰语,那么"深化"仍是"递进式"思维观念的表达,从其本质而言,仍是肯定"融合"的技术逻辑,一种量化积累的理解。然而,从传播目的的"合价值性"角度而言,"融合"的核心内涵,或者其最重要的使命是将"人"重新置于传播聚光灯之下,这是颠覆式的转变,也是传播本质内涵的一次翻转。这明显与"深化"所呈现的内涵有着天壤之别。正是两者之间存在本质区别,故而"深度"绝不可能是一种"延续",而是一种"否定",是传播上的返璞归真,否则"深度融合"就失去了价值基础,也绝不可能实现真正意义上的"融合"状态。

从词义来理解,"深度"意味着一种"向下或向里延伸的方向",也暗含一种"逐渐触及事物本质的程度",而从我们日常的理解来看,"深度"也能够表达人的某种专注或全神贯注的精神状态。基于此,结合"人媒共生"的新生态结构,我们可以将"深度"理解为三个层面:在实践方向上,逐渐向"人"靠拢,回到"生活";在实践目的上,应努力促使媒体回到传播的本原目的之上,凸显"对话与互动"的交流内涵;与此同时,"深度"也意味着一种专注的态度或人的精神状态,故而媒体也应以"人格化"特征专注于意义与价值领域的开发与引导。

具体而言,"深度融合"是基于反思与质疑的又一次"否定"的表达,其转型的焦点是"人",这也意味着"深度融合"要走的路应该与之前的"融合实践"有本质差别,毕竟两者所具有的价值诉求也是截然不同的。"人"的回归,彰显了"深度融合"的三个潜在施力层面:回归生活、回归传播、回归价值。对于媒体而言,"深度融合"必然昭示了一种危机共存的可能性:"回归生活"暗示了"人媒共生"生态结构中的传播理念的转型,"共享渠道"意识向"共生内容"意识的转变;"回到传播"则强调媒体应该破除"大众"定势,展开特定对象之间的"互动与对话",这也暗含了"平台型"架构的无能为力;"回到价值"则道出"深度融合"的本质在于"价值引导与建构",媒体应专注于此,心无旁骛地推进"人类命运共同体"的建设之路。

在这个过程中,人的丰富内涵与价值诉求被极大地调动起来,而基于人的"命运共同体"本质也在社会互动中渐次清晰起来。由此,"深度融合"所带来的是一种肯定过程、尊重生命、凸显个性、弥合分歧的传播意识形成。这种意识并非"是真"价值目标的延续,也不是"去真"意识中个体性价值博弈中的意义断裂,而是"人媒共生"生态系统中自然而然催生出的"求真"意识。因为,只有"求真"意识的形成,才能够消弭"个性化"与"共通性"之间的矛盾性,从而为"共生"奠定基础。人是独特的生命体,也是社会成员,这必然要求人能通过传播活动将自己纳入具体的社群,以互动协商的交往为途径去实现基于人的价值立场的自我实现,而"求真"的意向性与价值性内涵正是将不同主体纳入一个具有"共通性"的传播场域进行互动交流,由此,"深度融合"的几个维度的"回归"只能落实到能够承载意义与价值诉求的载体之上,即内容。以媒体内容推动"共生环境"之中的意义协商,以新闻报道激发社会大众维护"共生系统"的稳定安宁,以对话互动凝聚"价值共同体"的社会力量,只有这样,"深度融合"才能落到实处,而不再是个假想的概念。

将传播回溯到主体性目的层面,以及肯定反思与质疑的"理性"存在,希望能从宏观层面将"媒介融合"从技术决定论视角下解救出来。正是基于此,对传播变迁的历史考察,对主体性发展中的"理性"能力的思辨,我们认为,将"融合"置于人的生活实践与意义空间去理解数字化背景下的新闻变革,才有可能突破当下的传播困境。作为20世纪末产生的学术概念,"媒介融合"理论持续引发国内外学者热议。然而,在长达20多年的讨论中,"媒介融合"概念的内涵与外延的理解却越来越模糊。很难想象,一个没有形成定论的理论能引发如此大范围的新闻实践活动,这不能不说是个奇迹。从这个意义来看,从理论本身展开推理,澄清其中所存在的逻辑错谬,显得尤为紧迫。

第一章 "媒介融合"理论研究的向度及反思

马克思指出，"理论只要说服人，就能掌握群众；而理论只要彻底，就能说服人。所谓彻底，就是抓住事物的根本"。① 由此，媒介融合的理论思辨，必须从"概念"的逻辑根本上展开探究，再将理论放到历史语境与实践活动中予以考察，才能把握其内涵与外延变动的规律性与现实性。"媒介融合"现实的困顿或许会更加促进学界业界的研究力度与探索深度，特别是 5G 技术的强势推进，对媒体融合的价值基点、边界消融、用户体验、业务平台、融合思维、传播格局等正产生全面影响。曾经所预想的"智媒时代"可能会成为现实，这也意味着媒介生态环境面临再一次的重构，传播格局的社会性调整在所难免。

在此种背景下，"媒介融合"会不会被重新定义？"需求主导"的融合进程会不会被改写？媒介的传播边界是否会继续扩大直至消融……随着结构化的传播环境变迁，传播的作用和影响越来越强，我们均能直观地感受到这种变化带来的生活层面的转变。反之，我们也能深深感受到当前业界的"媒介融合"底层价值逻辑中存在的各种冲突与矛盾。因此，重新审视媒介生态变迁的时代背景、超越技术驱动产业融合的研究视角、理解"互联网思维"带来的传播结构的重组与调整、回溯"媒介融合"理论中所包裹的价值逻辑与动因力量，以一种"本体论"的哲学视角重新回到"融合"的本质探

---

① 马克思, 恩格斯. 马克思恩格斯选集：第 1 卷[M]. 中共中央著作编译局, 译. 北京：人民出版社, 2012：9.

索与特征剖析,显得尤为必要而紧迫。

一、"媒介融合"理论研究的向度

20世纪末以来,学界对"媒介融合"热议不断,常有新论。2014年,"深度融合"作为国家战略被正式确定下来,希望进一步推动"媒介融合"转型深入,摆脱"合而不融"的"加法"逻辑。在此之后,媒体融合进程虽有起色,但仍存在新旧冲突、技术主导、突出需求、工具思维的实践现状。在具体实践中,媒体以明显的技术范式为底层逻辑去指导媒体内容的生产与传播,表面上各种新技术、新概念让媒体看起来无限风光,而实质上却举步维艰、骑虎难下。归根结底,尴尬的现状恰好证明了我们并没有摸清"融合"的实质内涵,仍在"媒介更新""渠道融合"两个维度找出路,以追逐技术更新与营造全媒体矩阵为切口,然而却忽略了传播中"融合"的精神内涵,缺乏互联网背景之下"人媒"关系的形态演变,致使"深度融合"进程难以切实落到实处。

英国前首相丘吉尔在《第二次世界大战回忆录》里说过:"你向后看得越远,就能向前看得更远。"向前是一种生存本能,而向后却是一种处事智慧。在未知的前路上探索,是人类进步的根本动力,但脚步的坚定与执着的基石却建立在回望来路的审慎与思索上。既然出现了问题,如抱着不撞南墙不回头的心态,必定头破血流。鉴于此,我们有必要稍稍停下来,去思考为什么大张旗鼓的"媒介融合"实践并没有产生质的提升。如果说"媒介融合"是一种手段或途径,那么它作用的对象到底是什么?希望达到的目标又是什么?如何去衡量"媒介融合"实践的效果?……这些问题在实践之初可能会被一种暂时的兴奋所遮蔽,时过境迁,在当前的传播困境中,这些问题又悄无声息地浮现上来,萦绕于心。

要回答这些问题,我们不得不先把"媒介融合"理论置于现实传播场域与历史语境演变的思维向度之下进行梳理,以求能从中找到解题的关键钥匙。由此,我们需要回到理论本身,梳理出"媒介融合"理论发展的大致图景及其不同理论侧重的逻辑框架,并就其进行学理层面的反思。

(一)"媒介融合"的技术路径

"媒介融合"概念最早始于1983年美国学者伊契尔·普尔(Ithiel Pool)所提出的"传播形态整合"的初步构想。他颇有预见地指出,一种被称为"各种模式整合"的过程正在模糊媒体之间的界限,"一种单一的物理手段,无论是电线、有线电缆,还是无线电波,可以承担过去需要几种方式才能提供的服务内容;相反,过去任何一种媒介提供的服务,无论是广播、电视、报纸,还是电话,现在可以通过多种不同的物理手段来提供。过去存在于一种媒介及它的用途之间的一对一的关系正在消失,概括而言,这就是不同媒介形式融合的涵义"。① 1992年,全球第一份电子报由《圣何塞信使新闻报》创办,紧接着中国的第一份电子报也由《杭州日报》于1993年创办。1999年《今日美国》就把印刷媒体和USA today.com合二为一,开启了早期的报网融合。2000年,在美国佛罗里达州的《坦帕论坛报》、WFLA—电视8台和TBO.com网站一起搬入一座新的新闻中心,采编人员深度整合,互通有无,报网台实现融合式发展,被认为是媒体融合实践的先驱。②这个时期,"媒介融合"的理论视角聚焦于不同媒介传播形态的整合,"融合"被理解为媒体技术的发展和传播渠道边界藩篱的打破,并被认为随着电视、网络、移动技术的不断更新,新闻媒体的传播活动终将构建出一体化的融合传播平台。

坦帕的融合实践开启了传播技术融合与媒介功能再造的探索路径,这也成为"媒介融合"概念的理论切口和思维出发点。普尔教授所意指的"媒体间的整合"的逻辑动因正是传统媒体在面对以新技术为底层逻辑的新兴媒体的崛起中所承受的竞争压力。早期的传统媒体在信息平台和内容优势

---

① 黄旦,李暄. 从业态转向社会形态:媒介融合再理解[J]. 现代传播,2016,(1).
② 徐天博,余跃洪. 媒体融合的发展脉络与主要逻辑[J]. 中国社会科学报,2019(4).

尚在的前提下，介入技术运用，整合新兴媒体是其必然的选择。从社会维度来看，在新技术迭代更新的背景下，从技术角度理解"融合"符合当时传统媒体的直观体验。在充分利用自身既有的信息平台和资源优势的前提下，传统媒体介入、整合新兴媒体是在当时传播语境下较为清晰的传播实践路径。

在这一时期，学者的关注点主要落在互联网平台及数字化传播的技术视域内，一些学者就直截了当地承认，"融合"这个概念是对新技术变迁的一种回应，或者反过来，"融合"是理解和研究当下新媒介技术的一个新视角。[①] 美国密歇根州立大学的研究团队认为，将视频、音频、文本和数据等多种媒体内容及其相应的功能设备整合到一台单一设备上的技术融合是媒体融合的精髓，而移动终端（主要是智能手机）技术的日新月异正使得这种媒体融合发挥越来越大的优势。[②] 不难看出，各种技术手段的整合运用成为"融合"的主要前进方向，罗杰·菲德勒认为"融合"是"将两个或更多种的传播形式集合为一个整体的任何媒体"。[③]

基于技术向度的理论思考，"媒介融合"的目标似乎锚定于整合各种新技术力量从而构建出信息传播的"多媒体"平台。在此底层价值逻辑影响下，"跨媒体""全媒体""融媒体"等新闻媒体的具体实践活动基本与互联网技术更新及新媒体演变的发展轨迹相向而行。在此过程中，新兴技术似乎成了一种稀缺资源被媒体纳入传播效果的考核层面予以审视，而伴随着对新媒体传播中所呈现出的多元化、立体化、社交化的传播活动的认知，新闻媒体也逐渐希望能通过技术上"做加法"，以获得多元性与立体化传播关系建构，从而带动传播效果的"增益"。从现实层面来看，技术指向的融

---

① 黄旦，李暄. 从业态转向社会形态：媒介融合再理解[J]. 现代传播，2016(1).
② 徐天博，余跃洪. 媒体融合的发展脉络与主要逻辑[J]. 中国社会科学报，2019(4).
③ 罗杰·菲德勒. 媒介形态变化：认识新媒介[M]. 明安香，译. 北京：华夏出版社，2000：22.

合实践活动为新闻媒体提供了极为重要的外部力量,尤其在数字化、社交化、平台化的传播背景中,技术力量对传统媒体的推动与业态重构的作用无疑是巨大的。

但技术作为一种融合的外部力量无法承载传统媒体的意义生成与价值共识建构的功能,因为技术无关乎意义,它只是人类为了达到目的的手段之一,如将技术融合理解为"媒介融合",只会导致表面化、浅层次的技术使用,而陷入"技术决定论"的逻辑怪圈。其实稍加思索,我们就会发现,我国的"媒介融合"探索基本就是延续"渠道思维"下的技术整合路径展开的。传统媒体从自身的业务操作层面予以观照,将"融合"置于传媒组织架构、信息生产的资源整合与调度、新闻产品的传播渠道与呈现表达中,进而展开新闻传播学教育变革及从业者职业素养提升等,尽管业界也注意到其他维度的融合思考,但现实情况却是,技术这艘"此岸之舟"仍是其思考的重点,对于融合的"彼岸"究竟是什么,他们却无清晰认知。

(二)"媒介融合"的用户视角

在技术逻辑下,"媒介融合"的主要目的就是以"内容传播"为核心点的,多种技术力量加在"内容"上以实现"融合",其实质就是聚合媒介平台以打通"内容渠道"。有学者认为,"与媒介融合相关的不是技术,而是思维定式、管理模式和新闻编辑室的文化"[①]。这种观点将"媒介融合"理论逻辑进行了有益的修正,研究视角逐渐从外部转移到媒介内部组织架构与内容管理关系层面上,具有一定的积极意义。然而,我们也能非常容易识别出其中所存在的逻辑悖谬。从大众传播理论来看,传者与受众经由信息传播而建构出可以被识别的传播关系,在此种关系形态中,传受各自具有较为清晰的活动范围与边界分割,肯定"媒介融合"中媒体内部组织文化并非出于互联网语境下颠覆性力量的影响,而是大众传播观念在技术逻辑下

---

① 奎恩. 融合新闻报道[M]. 张龙,侯娟,曾嵘,译. 北京:北京大学出版社,2015:78.

的一种修正与改良,其本质仍是"渠道思维"的延续,不过是审视视角发生了改变。在这个问题上,美国传播学家詹金斯清醒地认识道,"融合是一种拼凑产物——体现出各种不同的媒体技术之间的草率组合关系——而不是一个完全整合在一起的系统"①。他反对将融合看作一种技术驱动而形成的"在一种设备上汇集了多种媒体功能的过程。事实上,融合代表了一种文化变迁,因为它鼓励消费者获取新信息并把媒体内容联系起来"②。

詹金斯从文化角度将媒介融合、参与性文化、集体智慧三个概念联系起来思考,并从较为宏观的历史情境中,将融合理解为"新媒体和旧媒体相互碰撞、草根媒体和公司化大媒体相互交织、媒体制作人和媒体消费者的权力相互作用"的文化场域。"融合文化范式要抓住矛盾中的媒介图景,运用政治经济学派和文化研究的视角,努力应对媒介生产与消费之间的变化关系。"③由此,技术范式所忽视的用户,在融合文化范式中得到极大重视。融合不只作用于技术层面,它还作用于用户层面,是主动性的个体与其他人、媒体、社群所形成的社会互动之中所促成的媒介产业的融通发展格局。

从某种意义上看,詹金斯洞悉到了文化作为深层价值力量对融合进程的影响。"媒体文化本身就是一个相互争斗的地带"④,这种争斗不仅表现为不同利益组织的话语权与传播权的协商对抗上,也表现为媒介融合进程中的内部组织重构与外部价值观形塑之上。作为隐秘的决定性力量,文化不仅决定着媒介融合的成败,从更深入的角度看,更是以价值诉求的文化表达决定着社会的共识构建。将"融合"放入文化的宏观视野中考察,需要

---

① 亨利·詹金斯. 融合文化:新媒体与旧媒体的冲突地带[M]. 杜永明,译. 北京:商务印书馆,2012:47.

② 亨利·詹金斯. 融合文化:新媒体与旧媒体的冲突地带[M]. 杜永明,译. 北京:商务印书馆,2012:31.

③ Jenking H. Fang. Bloggers and Gamers Exploring Participatory Culture[M]. New York:NYU Press, 2006.

④ 凯尔纳. 媒体文化——介于现代与后现代之间的文化研究、认同性与政治[M]. 丁宁,译. 北京:商务印书馆,2013:37.

理性关注并思考融合进程中的消费者需求及公民的价值诉求的表达,"参与文化源自核心的民主前提。它假设一切公民都拥有在这个世界上留下印迹的权利,拥有发言和向他人表达观点的权利,在集体或个人层面上拥有左右那些影响他们生活的机制的权利"①。与此同时,由于文化的价值互动及其所呈现出的意义震荡,也昭示着"融合并不意味着最终的稳定和统一。它作为一种持续性的统一力量发挥作用,但却总是保持动态变化的张力……关于日益显著的融合并不存在永恒不变的法则,变化的过程远比这些复杂"②。

詹金斯的《融合文化》一书,从学理层面为我们展现出了一个复杂而变化多端的动态融合进程,并肯定了消费者在其中的决定性力量,认为融合是"消费者在他们的日常生活中把各种媒体整合到一起"③的需求表达,从而推动"我们关于自身与媒体关系思维方式的一种变迁"④的融合文化进程。简言之,詹金斯将融合的推动力量放在了消费者的需求层面,寄望于需求驱动"不同媒介整合"的文化范式变迁过程,将融合的主导权放到了消费者手中。从某种角度而言,詹金斯的"融合文化"彻底跳出了技术范式的框限,将"融合"视为一种传播者与用户之间动态博弈的结果,并且将这种博弈关系从内容层面上升到权力层面进行理解。然而,詹金斯虽然对参与性、互动性及群体智慧予以强调,却未能从公共性、价值性以及话语权对抗的复杂历史、经济、政治因素予以审视,仍然具有鲜明的基于传播环境中"使用与满足"理论的烙印。有学者指出:"詹金斯对媒介融合所抱持的技术乐观主义,认为媒介融合的过程是一个媒介和传播产品服务线性的、

---

① 亨利·詹金斯. 融合文化:新媒体与旧媒体的冲突地带[M]. 杜永明,译. 北京:商务印书馆,2012:14.
② 亨利·詹金斯. 融合文化:新媒体与旧媒体的冲突地带[M]. 杜永明,译. 北京:商务印书馆,2012:41.
③ 亨利·詹金斯. 融合文化:新媒体与旧媒体的冲突地带[M]. 杜永明,译. 北京:商务印书馆,2012:2.
④ 亨利·詹金斯. 融合文化:新媒体与旧媒体的冲突地带[M]. 杜永明,译. 北京:商务印书馆,2012:56.

同质的、平整的展开过程,并不符合实情。"①

不可否认的是,詹金斯的融合文化的理论向度,跳出了技术视角下媒体组织内部"内容生产环节"的理解视域,从而将"融合"置于媒体与消费者更为复杂的互动关系与需求融合的层次上加以考虑。并且,詹金斯跳脱出了媒介技术的逻辑局限,而逐渐将"融合"理解延展至用户与消费者层面,为融合研究提供了新的观点。更为重要的是,文化研究范式将参与式文化中的用户主体性提炼出来,作为理论研究的核心,为"媒介融合"理论注入人的主体性因素,打通了一条从宏观意义上理解媒体与社会融合的理论研究路径。

(三)"媒介融合"的社会视角

媒介的发展不仅仅与技术有关,更与传受互动、意义传播、价值形塑等更广阔的社会实践有关。如我们从中观层面的媒介间的融通汇聚,或者从微观的融合新闻生产实践活动等角度思考媒介融合,缺失了从宏观层面的社会变迁、意义诠释、价值协商、共识构建的融合思考,就意味着我们失去了把"媒介融合"进行本体回溯式地考察视域,即将"媒介"及其与之相关的概念放到历史语境、技术哲学、政治制度与社会文化层面进行拷问,进而获得关于"媒介融合"的全新理解。

实际上,当我们跳出相对孤立的业态实践层面,从更为宽广的社会层面予以考察,就会发现"融合"的学理探索,不仅关乎技术、用户,更与传播、符号、价值、共识、社会等相关理论领域交叉流动。曼纽尔·卡斯特从技术带动社会重构的角度,认为"技术决定论的困境可能在于问错了问题,因为技术就是社会,而且若无技术工具,社会也无法被了解或再现"②。"正如机构多样化而最终无法控制自身的生命一样,技术也同样不

---

① 黄旦,李暄. 从业态转向社会形态:媒介融合再理解[J]. 现代传播,2016(1).

② 曼纽尔·卡斯特. 网络社会的崛起[M]. 夏铸久,王志弘,等,译. 北京:社会科学文献出版社,2001:6.

能完全被个体或联合的力量所控制。"①将技术力量从媒介使用层面提升至社会变迁视域进行理解，媒介融合的考察就难以框限于微观的内容生产及其渠道扩张层面，而需要从更为宏观的网络社会予以探索。

丹麦学者延森在其所著的《媒介融合：网络传播、大众传播与人际传播的三重维度》一书中则是另辟蹊径，通过从传播思想史中追问"传播"的本质，进而将媒介融合置于一系列"元理论"之下，将符号学、现象学、心理学、社会文化、控制论等相关学科纳入研究视域，为媒介融合以及其背后的数字化媒介传播搭建了一套全新的理论框架。他认为，"传播可以被视为一种先天综合把握事物共通之处以服务于实际目的的前提"，而"媒介是知识的生产和散播的重要资源，它使得知识跨越时空，遍及社会个体"。②延森以哲学推论般的方式，将媒介、社会、个体统摄至传播的内外两个维度予以考察：内部视角考察媒介的传播内容即"知识"；外部视角则关注人类具有的"先天综合"能力，并将内外视角聚焦于"把握共通事物"这个前提条件上。由此，延森并未直面"媒介融合"，而以一种"柳暗花明"式的反思追问为我们呈现出了媒介中所隐含的"融合基因"，从而将"媒介融合"纳入不同文化语境、社会制度、传播实践中，基于人类先天的能动性探索世界而产生的"知识"共通与交互融合的内在动因。

立足于现实实践基础，延森"从作为技术的媒介，转向作为实践的传播"的理论思维出发点将媒介划分为三重维度：人际传播与人的身体；大众传播与模拟技术；网络传播则是一种"整合前两重维度的数字化网络技术"，是一种"拓展了人类在社会与物质世界中行动自由程度"的元技术。在元技术的影响下，传播再次拥有了人际传播中互动与多元化的交流模式的特征。③可

---

① 詹姆斯·罗尔. 媒介、传播、文化——一个全球性的途径[M]. 董洪川, 译. 北京：商务印书馆, 2012：239.
② 延森. 媒介融合：网络传播、大众传播和人际传播的三重维度[M]. 刘君, 译. 上海：复旦大学出版社, 2015：42.
③ 延森. 媒介融合：网络传播、大众传播和人际传播的三重维度[M]. 刘君, 译. 上海：复旦大学出版社, 2015：74.

见,第三维度的"元技术"蕴含了融合不同时空语境传播活动的内在动力,为哈贝马斯"公共领域"的形成奠定了空间基础,从而破除了现代性社会结构所内含的"二元对立",并催生出一套与之相关的媒介体制,可以提供全新的认识世界、思考社会的准则和方法。延森以数字化的元技术为逻辑起点,构想人的身体、大众媒介、数字化信息技术最终会在未来融合一起,"它们无孔不入,融合进普通的事物、人造产品、自然环境和文化环境,数字媒介也许不再被我们视为媒介?"①媒介物质整合在一体化的平台上,以实现"世界作为一种媒介"的未来融合状况,而我们就生活在其中。

为实现三维媒介的融合,延森抛出了一个宏大而深远的思索问题:"媒介给人类、文化和社会带来了怎样的影响;反过来,人类、文化与社会又是如何影响着媒介?"②要回答这个问题,仅仅立足于媒介业界实践与内容生产现象描述,恐怕永远也无法给出令人信服的观点。从某种角度而言,延森将"媒介融合"置于一种人文哲思领域的审视与反思,呼吁传播学研究应该在新的视角下回到"元传播""元理论"的考察。苏格拉底围绕着"认识你自己!"这一著名箴言,把哲学拉回了人间,让哲学重新关注"人"的问题。延森的《媒介融合》一书似乎也在回应这种研究视角的转换,他敦促我们重新回到"传播""媒介"等概念的诠释,从人文学科的丰富给养中逐渐摆脱大众传播理论的套路束缚,有意识地通过"元理论"拷问,对学科基础概念进行溯源、清理和重构。这需要我们"重新理解传播及其技术是如何嵌入人的生活,重新界定人的存在及人与社会、物的关系,讨论传播与人存在的意义,才能有真正的独一无二的传播理论,才能与哲学元理论发生关联,才有资格与其他学科尤其是人文社会科学对话"③。

---

① 延森. 媒介融合:网络传播、大众传播和人际传播的三重维度[M]. 刘君,译. 上海:复旦大学出版社,2015:67.
② 延森. 媒介融合:网络传播、大众传播和人际传播的三重维度[M]. 刘君,译. 上海:复旦大学出版社,2015:167.
③ 胡翼青. 重塑传播研究范式:何以可能与何以可为[J]. 现代传播,2016(1).

二、对"媒介融合"理论的反思

通过梳理"媒介融合"理论,将不同研究向度的观点联系起来比照,我们能较为清晰地辨识出研究重心"由内及外"的研究视角"外延"的轨迹。在技术范式中,"融合"被理解为借助外部技术力量去实现媒介组织间的整合、技术使用与媒介平台的再构,进而聚焦于媒介内部的组织重组及内容资源的分发与控制。随着理论深度的发展,以詹金斯为代表的传播学者进一步将研究视角"外延"至消费者的利益与需求层面,主张用户在媒介融合推进过程中的关键作用,认为用户的需求融合是整合媒体的驱动力量。将"媒介融合"的理论基点建构在传受关系层面,从宏观上开启了人与媒介互动关系建构"融合"的研究向度。丹麦学者延森将"媒介融合"提升到更为宏观的高度予以观望,超越了传统线状传播环节的理解桎梏,令人信服地将"媒介融合"的研究路径以"元理论"的追问,对传播基本概念进行溯源和反思,将"媒介融合"置于不同历史语境、社会制度、技术实践等领域进行探索,其宏大视野跳出了传播学的理论束缚,以极大热情将"媒介融合"置于人文学科的思辨空间之中,由此将其研究视域"外延"至复杂多元的社会文化层面。

然而,深入思考上述理论向度,这些研究虽然提供了不同维度的理论剖析途径,但从微观的现实层面却令人难以理解。首先,"融合"的技术论调明显过于武断,同时也具有强烈的乐观主义倾向。这种观点已经被目前媒介融合的实践证明行不通。而用户视角下的融合文化的理解向度,虽然对技术论有所修正,但过于强调微观用户的参与互动,失去了宏观层面的历史语境与社会关系架构,呈现出一种颇具功利性的研究取向。延森的研究将"融合"扩展到一个极为宏观的层面进行理解,然而在面对具体"融合"实践中却难以找到行之有效的改革突破口。其次,从本质来看,传播就是人与人之间所发生的信息传递。人是传播中的核心因素,然而,人并不是用户,从语言哲学角度来看,"用户"是一种集合表达,是基于生产消费关系而想象出来的群体。维特根斯坦认为,"想象一种语言就意味着想象一种生活形式"①。在生产成本的控制下,生产者不需要真实的个体,产品能够最大程度销售出去,并获得最大化利润才是需要考虑的。"用户"不过是基于经济逻辑而构建出来的想象体。从上述"融合"的研究向度来看,虽然肯定了用户与消费者的主动性,但未涉及真正意义上的生命存在体——人,由此导致了"媒介融合"的研究现状呈现出较为明显的局限性与滞后性。最后,传播活动是与意义建构有关的,具有强烈的价值内涵,无论是日常生活中的人际交往,还是媒体的新闻文本,均依据一定的价值定位与立场展开,因此,"媒介融合"也必定是一个具有价值意涵的理论。然而无论是技术论、用户论的研究维度,均难以较为全面地触及传播活动中的意义建构过程,而只是错综复杂的意义场域中的某一个环节。尽管延森的思考将意义与价值拉回到传播研究的范围之中,但过于宏观,难以让人切中要领。不难看出,在上述研究向度中,价值与意义的研究内容并未明确,致使"媒介融合"理论呈现出一种无目的或泛目的倾向,这也导致媒体的"融合"实践缺失了明确的改革目标与效果评价,而具有一种"短视性""盲目性"的运作特征。

  理论研究与实践操作并非绝对存在先后次序的因果联系。新闻活动的发展向来都是理论与实践并行而前,虽不至于完全契合,但也能基本符合实际。而"媒介融合"理论研究与现实"融合"实践之间却存在如此大的心理差距,学界与业界对"融合"的理解存在某种本质性的认识鸿沟,这不能不引起我们的关注。从宏观层面看,互联网语境下,"融合"必定是媒介发展的归宿与终点,而人的现实需求与社会的共同价值建构也需要一个能"融合"的媒体业态推动社会的良性发展。从微观层面看,具体新闻媒体的"融合"进程需要富有前瞻性的理论指引,能契合传播环境的变动轨迹,反映人与社会的价值诉求,进而达到凝聚社会共同体的目的。由此,从更为全面的研究维度去思考"媒介融合",并能为新闻传播活动描绘出具有现实指

---

  ① 维特根斯坦. 哲学研究[M]. 涂纪亮,译. 北京:北京大学出版社,2009:11.

导性的"融合"路径,显得格外重要。

从这个意义上看,有必要对目前"媒介融合"的研究向度进行剖析,以提炼出不同研究视角而导致的偏向,并理解此种研究偏向与具体实践"不适应性"之间的因果关系。或许,破解"媒介融合"的钥匙就藏在这种"不适应性"之中。

(一) 多义概念之下的思维混乱

对已有研究进行考察发现,上述理论视角都分别对"媒介融合"概念、融合的基础动因及可行性路径、融合的未来前景等问题作出了分析,提供了颇为有益的研究基础,但问题也是明显的。Media Convergence,国内的主流翻译为"媒介融合",有学者通过追溯"convergence"一词,发现该词最早源于科学领域的使用,"如 1713 年英国科学家威廉·德汉谈到的光线的汇聚或发散"①,其意义大致类似于中文的"汇聚""相交"。随后该词逐渐走入新闻传播领域的研究视域,作为"媒介融合"理论推广的重要学者普尔于 1983 年,在其著作《自由的科技》中,立足于技术力量可能导致的媒介形态整合的理论设想,而提出了"传播形态整合"(the convergence of modes)概念,此后大量西方学者开始频繁使用"convergence"一词,这似乎成了表达"媒介融合"的专有用词。

基于"convergence"的最初意义的追溯,我们大致可以将该词理解为一种不同源头的事物通过"汇流"而成为"一个整体",在这个意义层面上,似乎更重要的是表达事物的物理性的整合并汇聚成一体的过程,因为从英文词汇学角度来看,该词由"con"与"verge"构成,"con"作为词缀,表示"共同"的意思,"verge"作为词根是"接近;倾向"的意思,所以"con + verge"大致表达了"共同接近一个方向"的意思。基于此,"convergence"翻译为"集合""整合""汇聚"则更为恰当。

---

① 宋昭勋. 新闻传播学中 Convergence 一词的溯源及内涵[J]. 现代传播,2006(1).

我国"媒介融合"作为一种正式的学理性概念最早是由蔡雯于 2004 年在美国进行富布莱特项目研究时引入国内。然而，国内学者在引述"媒介融合"概念时，直接参考英文资料还不够充分，大多来自已有的中译本，①缺失了英文文本所内含的历史背景与文化语境，存在一定程度的词汇误用的问题。与此同时，得益于中国特定的地理板块与集权体制，中华文明在发展的历史长河中，在面对其他文明的撞击与对抗中，都顽强地排斥或吸收了他种文化。历史上的三次文化大融合，儒家主流文化不仅没有萧索退化，反而呈现出旺盛的生命活力，通过吸收、同化、拒斥其他文明，造就了唯一没有断代的文化发展奇迹。这为中国学者提供了坚实的历史背景与文化自信，在翻译"convergence"一词时，更愿意赋予该词一种本土化的意义延伸与拓展。而从中国媒体的发展现实语境来看，特别受美国经验学派的理论影响，学界与业界在衡量媒介发展中更倾向于从物质基础、技术手段、生产形态等角度理解传播，故而"技术驱动媒介变革"的发展路径更易于被接受，而媒介的"整体传播观"与"集团发展化"具有内在的逻辑关联，也使得媒体更注重从吸收技术力量、同化竞争对手意义上去理解"融合"的理论意义。由此，在词义理解、历史语境与现实影响的基础上，"媒介融合"一词从引入我国伊始就背负上了先天的歧义性特征。

不同理论视角尽管能为我们提供不同的观望维度，但同时也让我们对"融合"一词所包含的多元意义使用产生疑惑。从传播研究的语境中考察，不同研究视角所包裹的"融合"一词的意义内涵似乎不尽相同。媒介技术视角下的"融合"似乎更应该翻译成"整合"；詹金斯所理解的基于消费者需求而导致"媒介融合"，理解为"汇聚"更为恰当；而延森所设想的"融合"可能更偏向于"趋同"一词的意义。不难看出，"融合"一词的多义特征不仅加大了学理层面理论剖析的难度，也易使业界对"融合"产生简单化、浅表化的理解，更为严重的是，富有歧义的"融合"概念，会产生直观而武断的认

---

① 郭毅，于翠玲. 国外媒介融合概念及相关问题综述[J]. 现代出版，2013(1).

知误区,即将"媒介融合"这项帽子根据组织主体的需要随意安放,致使原本就疑窦重重的媒体实践又蒙上了一层浓雾。有学者曾直言不讳地指出"媒介融合是一个危险的词语",因为它有太多不同层面的意义,"是迄今为止最难把握的概念之一"。①

(二)"分离"现实背后的实践困境

有趣的是,尽管"融合"一词歧义丛生,难以把握,但大多数人似乎坚信"融合"是必然的,是媒介发展趋势的必然结果。对于传统媒体而言,"融合"是媒介必须走的路,有学者认为,"随着我国新兴媒体快速发展,有效利用新技术、新应用创新传播方式,实现媒体深度有机融合,优化传播效果,将成为创新的常态"②。而现实情况却是,至今为止我们仍然没有一个具有典型意义的媒介融合的成功案例。与此同时,学界也逐渐跳脱出传媒业务层面及对"媒介融合"前景预测层面的框限,开启了更加丰富多元的批判视角,将传播的技术背景及社会文化语境内涵作为思考未来传播形态变迁的重要出发点,"由于社会语境在传播中的重要地位,未来的传播形态将更加突出'人'的因素,可以称其为'人联网'和智能传播",呼吁传播形态的发展应该回到"人的逻辑"原点之上,并以一种厚重的人文情怀精神提出一个发人深思却充满悖论的质问:"人的价值到底会由于机器而得到解放,过着牧歌般的生活;还是会成为机器的奴隶,不用劳动进而失去了人的价值?"③这个极具哲理性的疑问警告人类,技术是一把"双刃剑",并告诫我们在畅想融合的美好前景时,应该将人的价值现实作为基石。

从上述学者的论断来看,无论是肯定还是质疑,希望还是迷茫,都是

---

① 转引自郭毅,于翠玲. 国外媒介融合概念及相关问题综述[J]. 现代出版,2013(1).

② 黄楚新. 深化媒体融合需多方合力而为[J]. 青年记者,2019(5).

③ 陈昌凤. 未来的智能传播:从"互联网"到"人联网"[J]. 学术前沿,2017(3上).

对"媒介融合"这个充满悖论却面临尴尬现实境况的一种回应。"媒介融合"就像一个神圣而充满希望的信仰,指引着一批又一批的学者与传媒人奋发进取。但现实却是残酷而无奈的。回顾媒体的"融合"进程,两次明显的媒介融合实践,并没有带来"融合"以实现媒介一体化的传播转型目标,反而更像是新旧媒体"分道扬镳"式的分离与脱钩的发展历程。

从中国的"融合"实践历程来看,一直以来,根植于传统媒体心中"技术崇拜"的思维定式,总把新旧媒体之争的现实压力归结为技术因素,而忽视了两种媒介形态中所存在的先天基因的本质区别。由此,以技术为抓手的"媒介融合"不仅没有从业务层面实现原本的"融合"目标,反而加剧了两种业态媒介之间的分离与区隔。从1992年《杭州日报》开办我国的第一张电子报开始,传统媒体追逐技术之路就一直没有停止。2009年第一批报纸微博@杭州日报、@南方都市报、@新京报入驻新浪,同年第一个传统媒体客户端"南方周末"上线,2012年大批传统媒体启用微信公众号……

传统媒体的"技术融合"之路不可谓不积极,然而从历史维度去思考,也能发现传统媒体基于技术呈现出两种明显相左的发展倾向,无论哪种发展维度,均难以与"融合"挂钩。在传统媒体内部,新旧媒体之间由于先天基因不同,逐渐表现出"分离与区隔",并且随着时间推移,这种分离的进程也越来越快。在"媒介融合"实践早期,新媒体被理解为传统媒体传播渠道的补充,只是为了扩展传统媒体的传播范围。如早期报网融合中的电子报,把报纸版面移植到网络,采取"报网同构"的"浅表式融合",实质是传统渠道思维的延伸,目前此类实践基本都宣告破产。第二种融合倾向就是通过统一的中央式传播架构统摄各个媒体平台。现实中,新旧媒体之间不仅没有产生"融合",不同平台的内容隔阂反而越来越深,离我们期望的"媒介融合"相去甚远。

"媒介融合"的现实的悖论存在也激发了学者展开研究视角的反思。有学者认为媒介融合的"讨论的语境过于狭窄,理论资源不足,只能在实务操作层面精耕细作、指点方略"①的现象需要改变,也有学者通过对"媒介融合"的相关文献研究进行分析后发现:"很少文章对媒介融合的基本理念进行介绍,有些文章只是介绍国外媒介融合的研究状况,或者对媒介融合的前景进行预测,或者仅仅站在传媒业的角度来思考问题,这有很大的片面性和局限性。"②甚至有学者对"媒介融合"本身提出了质疑,认为"所谓的媒介融合或许只是我们把媒体做大的一种借口。换言之,并不存在什么真正的媒介融合",坦言媒介融合概念只是一种未来展望,"在未来的一段时间里,如果要想实现中文意义上的媒介融合,恐怕是很难的"。③

(三)"人的缺失"中的理论危机

笛卡尔曾在《方法谈》一书中说道,应该"把怀疑作为科学和哲学研究中首要的决定性的行动"。从1983年普尔提出"传播形态融合"的初步构想之后,"媒介融合"就是一个跨越具体的时空界限,没有确定的理论边界、没有固定的研究对象、没有典型的实践范例的概念存在,它突破了传统传播理论的时代背景限定,超越了文化语境中价值空间局限,也在时空跨越中逐渐模糊了研究指向与研究意义的准确定位,似乎是一个"无所不包却又难以实用"的理论概念。可以说,"媒介融合"能意指任何媒介实践,却又没有明确指导意义的"泛化"理论。从上述不同研究视角,毁誉参半的研究现状也可见一斑。

因而,在面对技术高速发展的今天,把握时代发展趋势,紧跟社会前进步伐固然重要,但更为重要的是厘清媒介的未来发展方向,思辨人、技术、媒介、社会之间的关系架构调整或重构,重新思考"媒介融合"的逻辑动因、价值原点、内容思维等层面的理论基础。由此,我们应该挣脱媒介

---

① 黄旦,李暄. 从业态转向社会形态:媒介融合再理解[J]. 现代传播,2016(1).
② 陶喜红. 2006年传媒发展研究综述[J]. 当代传播,2008(1).
③ 刘宏,孟昭瑞. 对媒介融合的反思[J]. 东南传播,2016(2).

业态发展现象层面的思维束缚，以延森式的"回到传播"的理论路径开启"媒介融合"未来道路的思辨与探索。

通过对上述理论研究现状进行重新审视，现有"媒介融合"研究强调了技术力量，肯定了基于媒介与用户之间的关系构成与融合形态变迁，也以一种具有反思意味的视角延伸，将考察点回溯到"元传播"层面探索"媒介融合"的社会形构变迁。这些研究均提供了有益的视点。然而，当我们将"媒介融合"的研究视角延伸至"元理论"的哲学层面，去追溯本体论意义的"传播"与"媒介融合"之间所具有的价值关联时，由于"关注点上移"，我们可以很方便地跳出经验意义上"传播"理论的思维限制，而回到更为本源性、基础性、关键性的本质探索，从而赋予"媒介融合"理论更为宏观的社会历史与文化语境的考察维度。从某种意义上看，这就是一种从"物"回到"人"的思维转换，但也是这种思维转换，让我们看到了"媒介融合"中"人的缺失"与"主体性的忽视"，将人排除在研究视域之外，或者说将人的主体性存在以及"融合"原本内涵的人与人之间复杂多元的价值互动力量进行消解，而赋予"人"的附属性地位予以忽略甚至漠视。

帕斯卡庄重宣布："人只不过是一根苇草，是自然界最脆弱的东西；但他是一根能思想的苇草……所有的尊严就在于思想。"①互联网的伟大变革之处在于人与人主动地相互连接，共塑价值，推动着人类生存境况的提升，技术的、社会的、体制的、文化的变迁无不是以"人"作为逻辑起点和价值终点的。而反观"媒介融合"理论研究现状，已经在物质性的理解和应用上耗费了太多的发展潜能，进步迟缓，导致理论危机。但从另一个角度来看，这种理论困顿的现状也昭示着一种机会，即将"物"与"人"的视角互换，从人的层面来理解"融合"，这也意味着从人的目的、人的本质、人的价值维度去理解"媒介融合"。"你需要这样行为，做到无论是你自己或别的什么人，你始终把人当目的，总不把他只当作工具。"②

---

① 帕斯卡. 认识一根会思考的芦苇[M]. 郭向南, 编译. 北京：北京联合出版公司, 2017：204.

② 康德. 道德形而上学探本[M]. 唐钺, 译. 北京：商务印书馆, 2016：46.

三、主体性忽视下"媒介融合"理论的逻辑悖谬

媒介环境学者保罗·莱文森认为,"媒介的进化源自人的选择"①。人类利用技术创造了信息融通的传播空间,并基于此物理空间而逐渐形塑出不同以往的心理意识与价值定位。"融合"意指不同特质的生活空间之间的信息互动、思想交流,进而相互渗透、相互理解而融为一体的过程。这不仅强调了信息空间的存在必要,也暗指空间中的意义生成、价值共享是融为一体的关键因素。同时,人是历史性的,人的意义并非由外部力量直接决定或"赋形",而是通过自己的价值诉求与存在感知来确定,这种具有本质属性表达特征的意义建构,使得时间性成为人之为人的本质方式。康德认为:"人的认识本质上是能动的……只有通过主体运用自己的直观形式(时空)主动地进行规范或整理才有可能。"②换言之,对象必定是建立于感性之上并可以通过直观来检验的,其对象必定处于时空关系中。从这个意义来看,"媒介融合"作为研究的对象,必定是以人作为研究起点的,缺失了主体,而仅仅思考认识对象,必然会导致理论研究的偏差甚至悖论的产生。

(一)注重"形式整合"而忽视"价值融合"

有研究认为,数字化技术是媒介融合的驱动力,带来媒介形态的融合以及内容资源的整合。智能技术的渗透对媒介发展及新闻生产带来了极大影响,在"多种媒介形态整合"的理论视角下,技术力量成为整合新旧媒体资源进而整合媒体内容生产资源的重要推力。这种思维逻辑极易产生对"融合"字面意义的追求,即为了"融合而融合",被动地追逐媒介形式融合

---

① 保罗·莱文森. 新新媒介[M]. 何道宽,译. 上海:复旦大学出版社,2012:46.
② 杨祖陶,邓晓芒. 康德《纯粹理性批判》指要[M]. 北京:人民出版社,2001:92.

的热潮,从而导致"悖论式"的融合现状,即媒介融合的进程是在逐渐构筑区隔。这种区隔表现在三个层面上:其一,从媒体角度而言,新旧媒体之间在进一步拉大传播形态的差异,从而渐行渐远。其二,从传播维度而言,技术推动的"形式融合"也进一步加剧了传统媒体与受众之间的话语隔阂与价值对立。其三,在"形式整合"的融合背景下,传播的主体性价值呈现出片面性的理解,并成为"技术整合"的武断对象,人的丰富多元的价值维度被一点点稀释淡化而缩减为一个刻板性的点。其中,不但公众的价值、受众的价值被片面化,甚至媒体人的价值诉求也被片段认知。更为重要的是,因为人的维度的视角缺失,也将"人作为社会成员"的文化价值背景给忽视了。由此,形式整合并未构筑起"媒介融合"的物质基础,反而对人的价值维度进行单向式的片面理解,也将"融合"所寄望的"价值融合"的目标无形地消解。

(二)注重"需求满足"而忽略"理解意义"

现行"媒介融合"实践活动以肯定用户需求为其核心目的,就如詹金斯所言的融合更是意指一种消费需求融合带来的文化变迁。但细究下去,"融合"所指向的需求与大众传播背景下的需求认知似乎并没有表现出明显的区分边界,以致我们很难辨析两个不同时期"需求"内涵的异同。从传播发展历程来看,跨入互联网时代以来,无论是传者、受众、渠道、内容等核心要素均有颠覆性的认知更新,然而"需求"概念却一直以某种"主观性的臆想"延续着大众传播时代的理解,具有明显的"换汤不换药"的概念误用特征。正是这种误用也导致"媒介融合"实践存在典型的逻辑悖谬。

由于对需求的理解基本上是大众传播时代的认知延续,而"融合"却是学界、业界基于技术发展背景下互联网语境变迁的对媒介发展的未来形态的思考。由此,大众文化与今天所处的互联网文化截然不可能同一,更与未来媒介所处文化语境有本质区别,将大众传播时代的受众认知套用到今天,显得格格不入,就不用说这种认知能指导"媒介融合"的实践活动了。如果说"需求"是经验主义与消费主义同构的媒介产物,是一种科学主义的学科发展与商品经济繁荣的产物，那么基本没有任何更新的"需求认知"能否指导新媒体文化语境中人的诉求转变或转移，仍是一个疑问。与此同时，根据詹金斯融合文化的理解，"融合"意指不同特质的生活空间之间的信息互动、思想交流，进而相互渗透、相互理解而融为一体的过程。在此过程中，"满足需求"的、以个体心理特性为定位的传播活动决然不可能实现整体性的价值同构与意义共享。海德格尔认为："意义就其本质而言是相交互生的，是主客体的契合"，相交互生是人的社会化存在基础，而"主客体契合"则言明了"人之为人""人何以为人"的意义构建途径，将"人"的意义剥夺至"用户需求"，是无法理解"媒介融合"的逻辑起点与价值追寻的。

(三)注重"关系联结"而忽略"共识建构"

"融合性"平台的建设及与之配套的内容资源的整合，赋予了传统媒体更为多元的叙事手段与互动渠道。在线状的传播流程认知中，媒体通过叙事方式更新与渠道扩展营造"联结力"，希望能逐渐将流失的用户拉回来。尽管，这种改变在局部上为媒体赢得了一定的市场份额，但其本质仍是"自我中心"的传播观念延续，即先进行传播，后构建关系。然而，基于互联网语境，社会关系的构建与信息传播活动却几乎是同时发生的，也就是说关系架构与信息传播是"一体两面式"的存在，这种存在体是以人为核心节点的，人与人交织出来的网状传播空间一刻不停地输送着信息又同时在信息中介化力量中延展出新的关系链条。从这个意义来看，肯定"传播"与"关系"存在某种前后次序的因果性联系是一种将其进行割裂的理解，并不符合互联网空间的语境意义与逻辑结构，而其中关键性因素的缺失是导致困境的主要原因，即将"人"视为"用户"。

由此可见，目前的"媒体融合"实践忽视了"人"作为主体在社会建构中所发挥出的结构性基础力量，从而导致将"融合"具有的"参与""互动""共识"的价值内涵，错误地理解为"联结"。联结是"1+1=2"的加法思维，而融合却是"1+1=1"的共识建构目标，这两者有本质的区别。尽管"关系联结"是基础性手段,但最终的目的是实现双向话语建构意义的共同体形成。杜威认为,"我们在世界之中,世界也在我们之中",社会不仅通过沟通、传递持续存在,而且简直可以说是生活在沟通和传递中,人们因享有共同的东西而生活于共同体,而沟通是使他们享有共同东西的途径。① 按照符号学家皮尔斯的"真知融合理论",人一旦追求意义,必然进入人际社会关系,追求符号真知,最后形成"探究社群",人追求真知的努力,是人类社会的生存价值所在。② 由此,"媒介融合"平台的"联结力"营造,可以看作实现皮尔斯"真知融合"目的的途径,但"联结"毕竟不是目标,如果在缺失了"共识建构"的基础上,仅仅为了关系而联结,必定会逐渐抽离了"融合"的价值基础,使"共识性"的融合目标成空。

(四)注重"统一架构"而忽略"和谐共处"

从业界的融合发展的探索中,尽管存在不同的融合模式和路径,但其目标基本一致,即在整合渠道的基础上,探索内容资源的调度与分发的整体思维,以实现"统一架构"的目标,最终为"现代传播体系的形成"奠定基础。从我国的融合进程来看,"统一架构"基本以"技术为动力、内容为核心"为原则,在思考新旧媒体优势互补最终一体发展的构想中,实现在内容、渠道、平台、经营等方面的深度融合。从规模效应的角度而言,"一体化"的融合构想一定程度上符合传播效果最大化的要求,但从另一个角度而言,"统一架构"的融合实践肯定了"统一"和"一体",却忽略了"差异"和"互补",是"全媒体""跨媒体"思维逻辑的延续。究其缘由,作为具体而个性的"人"被"用户"所取代,媒体从而为自己树立起了一个无差异的目标群体,虽说以个性化为核心路径,然而在实际操作中却不断将"人"所具有的共性情绪加以放大,从而产生了一个难以捏合的矛盾境况,即在"个性化"的维度中构建"同质化"的传播。

---

① 胡翼青. 西方传播学术史手册[M]. 北京:北京大学出版社,2014:11.
② 赵毅衡. 哲学符号学:意义世界的形成[M]. 成都:四川大学出版社,2017:247.

历史的逻辑是辩证的，只有通过充分的"差异"，才能达到真正的"和谐"，这也是"多元"一词的核心内涵。媒介系统作为社会生活的构成，必然也应该要符合历史发展规律，违背规律必然难以获得生机勃勃的"生命能量"。从"媒介融合"理论的价值内涵来看，"融合"并非"统一而同质"的传播建构思考，也应是肯定并推动以差异化、个体化为基础的主体独立性的张扬，进而建构起具有"和谐共处"的一体化传播空间。从古至今，我国传统文化历来强调"和谐"一词意指的"和而不同"的意蕴。"和而不同"不仅是中国的文化内涵表达，也是中国社会运作的政治基础、为人处世的前提和基石。儒家把"和"理解为"各处所位，生发有序"理想状态的实现基础和本源；而道家则从"一阴一阳之谓道"的思维中将"和"理解为"万物有别、阴阳相对、冲气为和"的至高境界。从这个层面上看，将"媒介融合"的理解放在"合"还是"融"上是有本质区别的，而这种意识定位是两种思维逻辑对立的表现，物的逻辑导致集合，而人的逻辑肯定和谐。

审视视角的转变必然会引发理论研究的底层逻辑的转变，进而导致理论的目标、路径产生颠覆式的转变。从物的逻辑到人的逻辑，意味着"媒介融合"理论研究的基石必然会被彻底消解，因为这是两种完全不同的切入角度。尽管两者可能有交叉重叠之处，但更多的是分离与矛盾。人们审视事物的角度决定了他会如何理解，进而如何决策与运用，对"媒介融合"理论的视角转化也必将会导致此种理解的转变。理论基石的消解可能会导致整座理论大厦的倾塌，或者我们也能通过历史维度的回溯，为这个大厦探明真实存在的基石。因此，要解决"媒介融合"理论的适用性问题，需要我们以追问式反思的途径，回到理论本源，去拨开蔓布其上错综复杂的枝枝蔓蔓。

第二章 "媒介融合"何以可能?

回到哲学的元理论去重新审视传播学的相关概念,需要将理论命题置于哲学方法之下拷问其存在的"可能性",即理论命题有无逻辑性与真实性。其基础步骤就是先辨析该命题的底层逻辑或核心逻辑,即"是何",找到这个基础,再沿着逻辑主线走下去,就能从满是歧路的迷宫中找到出路,由此也就具有了追问"为何"与"如何"的理论基础。

一、三种理论视角"底层逻辑"的辨析

目前,中西学者对"媒介融合"的研究有多种视角,与之相关,在业界也呈现出不同的融合路径与媒介转型模式。通过梳理,"媒介融合"研究大致呈现出三种辨析维度:以普尔、罗杰·菲德勒为代表的一部分学者基于技术—产业视角,认为技术整合媒介,进而实现产业融合的过程;以詹金斯为代表的学者立足于"消费者需求驱动融合进程",盛赞"数字文艺复兴"时代的来临;而延森等学者将融合锚定于"技术—社会"视角,将传播、技术与社会结构重构联系起来,赋予融合以社会动态变迁的结构性力量。一般而言,每一种理论维度都有自己的核心逻辑,而对于这种核心逻辑的破译则有助于快速辨析理论特征与本质内涵。从这个角度出发,对于"媒介融合"相关理论研究的核心逻辑的梳理与澄清将是我们进行思考的首要任务。

"核心逻辑"的澄清是一种将理论研究回溯到思考原点及推理基础的手段,是采取大幅度压缩和删削理论枝叶,以一种"直入根本""回到起点"的态度追寻理论本源的过程。从这个意义上看,对于"媒介融合"理论的核心

逻辑辨析，首先需要我们回到理论基础本身，即回答"是什么"的问题。在"是什么"的基础上，进而推理"为什么"与"怎么办"层面的理论延展与思辨方向。可以说对"媒介融合是什么"的回答，将决定整个理论架构与逻辑关系的稳定性与活力，进而影响"为什么要融合"以及"如何融合"等问题的逻辑正确性与现实指导性。由此，将"媒介融合"相关理论，回溯到"核心逻辑"层面予以剖析，不仅有助于形成对相关研究理论的正确理解，更重要的是能激发我们重新思考"媒介融合"的理论基石与思维向度的辨析，从而逐步将这个"充满多义的理论"进行研究范围与思辨对象的清晰与明确。从另一个角度来看，澄清其核心逻辑，也能有效遏制"媒介融合"概念的套用、乱用、混用的尴尬境况，起到正本清源的作用。

(一) "技术—产业"视角：融合是目的

带着这个问题，我们发现上述三种"融合"理论的核心逻辑即理论起点与推理基础各不相同。"技术—产业"视角的"媒介融合"理论，把"媒介融合"理解为媒介发展的"目的"，寄望于技术力量的推动力和整合力，将不同形态的媒体集合起来，以实现"融合"，其中，"融合"的实现是技术力量"将两个或更多种的传播形式集合为一个整体的任何媒体"。① 在这种思路下，多媒体内容及其对应的功能设备的技术性融合被理解为"媒介融合"的主要推动及实现手段，并被天真地认为，只要使用足够多的"手段"，最终一定能达到"融合"的目的。这种理解很容易导致对传播效果评价的简单归因，即将"目的"与"手段"主观性地理解为某种必然性因果关系。而在互联网时代下，各种新技术的更新迭代频率与传统传播时代相比不可同日而语，由此也极易使得业界将"融合"的心理预期差距简化理解为技术整合的力度不够大，程度不够深，从而导致业界陷入不断"做加法"的逻辑怪圈中。

从现实层面来看，在"融合是目的"的核心逻辑认知上，自然而然地会

---

① 罗杰·菲德勒. 媒介形态变化：认识新媒介[M]. 明安香，译. 北京：华夏出版社. 2000.：22.

将"融合"理解为一个"可以到达的彼岸","融合"仿佛是一个静态的、可预见的目标,而技术则如同是一种"黏合剂""催化剂",推动着不同形态媒介的无缝整合。在概念的运用中,甚至有人在简化逻辑与感性冲动下,将"技术"直接等同为"融合",而通说为"媒介的技术融合"。丹麦学者布鲁恩·延森认为,把"媒介融合"看成"先前诸种不同技术正经历着的无缝整合,并且逐渐融合成为共享平台的看法是不合适的……尽管此种腔调目前在研究、政策或是公共讨论中均十分流行"①。

(二)"用户需求驱动"视角:融合是关系

詹金斯坚决反对将融合看作"各种不同的媒体技术之间的草率组合关系",认为基于技术力量而形成的融合"仍将是一种拼凑产物……而不是一个完全整合在一起的系统"。②他从参与式互动以及集体智慧的层面,重新思考用户与媒体内容之间的关系形构,"设想如果利用我们集体的整套手段来为人们创建起不断扩展的各式各样的互动……以建立起一种关系"。③换言之,如果要理解"媒介融合",就不能框限于媒体机构及内容流程层面,而应将视角外扩至用户或消费者,从宏观的文化形态层面把握不同利益主体在"融合"状态中的相互联系与影响。从这个意义上看,詹金斯批判了"基于技术以实现融合"的"媒介融合观",而将"融合"指涉为"我们关于自身与媒体关系思维"层面进行诠释,并将基于"关系思维"的社会变迁从"融合文化"角度进行全局性的观照,断言"融合范式比过去的数字革命范式更为合理"。④

---

① 延森. 媒介融合:网络传播、大众传播和人际传播的三重维度[M]. 刘君,译. 上海:复旦大学出版社,2014:4.
② 亨利·詹金斯. 融合文化:新媒体与旧媒体的冲突地带[M]. 杜永明,译. 北京:商务印书馆,2012:47.
③ 亨利·詹金斯. 融合文化:新媒体与旧媒体的冲突地带[M]. 杜永明,译. 北京:商务印书馆,2012:120.
④ 亨利·詹金斯. 融合文化:新媒体与旧媒体的冲突地带[M]. 杜永明,译. 北京:商务印书馆,2012:45.

不难看出,詹金斯将媒介活动之中传受关系的建构与互动,理解为推动社会文化变迁的内在动力,而"融合"就在这个过程中逐渐实现。从传播层面来看,"关系"的核心逻辑定位已经意涉了"媒介融合"所内含的价值意蕴,较技术路径而言,扩展了人们对"融合"的理解深度。尽管"关系逻辑"肯定了传播的内涵,但缺陷也是极为明显的。"融合关系"的逻辑定位是以消费者、用户与媒体之间形成的传播结构为核心的,对这种社会结构的理解,是以某种先入为主式的角色分配来认知的,媒体与消费者或用户似乎构成了边界相对清晰的传受区分,具有一定二元论思维痕迹,媒体与受众在本质上不能互换,彼此相对独立,这种逻辑并不符合"融合"的价值意蕴。另一方面,互联网语境下的信息传播是一种"去中心"的关系构建,社会角色的存在只能依据某一刻的信息关系进行识别,这种关系角色并非固定不变,而是转瞬即逝的。但"关系"逻辑却似乎在描述某种既定角色之间的关系架构,呈现出将人进行"标签化"处理的倾向,从而解构了具有丰富内涵的生命体的意义追求与多元诉求的价值内涵。

(三)"技术—社会"视角:融合是过程

"从作为技术的媒介,转向作为实践的传播"的研究焦点转换,延森思索"一种交流与传播实践跨越不同的物质技术和社会机构的开放式迁移"①的融合过程。延森没有明确定义"媒介融合"这个概念,而是将其作为一种研究的前命题,阐述了所谓"媒介融合的三个维度":第一个维度是人的身体与人际传播,第二个维度是模拟技术与大众传播,第三个维度是数字技术作为"元技术"的逻辑而整合前两个维度的数字化传播。他认为,人的身体、大众媒介、数字化信息技术这三重媒介形态最终会在未来融合一起,整合在一个一体化的平台上,以实现"世界作为一种媒介"的未来形态。从这个意义上看,延森将"融合"视为一个"交流与传播的实践……跨越不同

---

① 延森. 媒介融合:网络传播、大众传播和人际传播的三重维度[M]. 刘君,译. 上海:复旦大学出版社,2015:41.

媒介平台……跨越不同社会与文化语境,成为想象与创造未来"①的进程。德维尔基于政治经济学立场,也将融合视为一种过程,他指出,"媒介融合是一个过程。新技术被容纳进现有媒介和大众传播文化工业之中"②。

"融合"是一个过程的研究定位,将社会、文化、制度、技术等因素统摄起来思考,为我们提供更为宏观的考察视角,极富启发性。但细究下去,这个"过程"似乎更像是一个通常意义上的"传播进程"的宏大描述,仍然具有一种线状的思维倾向,并没有从实质上帮助我们厘清"媒介融合"的关键性概念界定与使用边界。

总而言之,不同视域的学者在"媒介融合"理论阐述中,均赋予"融合"以不同的核心逻辑基础,由此也带来了差异化的探索视角与研究倾向。目的论视角的"融合"失之武断与自信,是一种"技术决定论"思维的延续;在关系论视角上,"融合"并没有解决传播结构的二元体系的束缚,仍是一种传受关系的直线思维倾向,呈现出一种"主动的受众"的研究定势;而在"过程"的逻辑定位下,"融合"似乎遥不可及,但又是正在发生,难以捉摸。毋庸置疑,无论将"融合"的核心逻辑定位于目的、过程,或者关系,都存在一定程度的思维困顿,难以切实指导现实实践。那么,它究竟"是什么"?要回答这个问题,显然需要更新我们的研究视角与学科领域,"要与哲学元理论发生关联"③,跳出大众传播的理论范畴,重新回到基础性概念本身的研究,才有可能发掘出新的研究视角去审视"媒介融合"。

二、"融合"是"媒介"内生的力

上述研究视角,将"融合"赋予"目的""关系"与"过程"的核心逻辑,

---

① 延森. 媒介融合:网络传播、大众传播和人际传播的三重维度[M]. 刘君, 译. 上海:复旦大学出版社,2015:中文版序言.
② 德维尔. 媒介融合[M]. 白金汉:开放大学出版社,2010:2.
③ 胡翼青. 重塑传播研究范式:何以可能与何以可为[J]. 现代传播,2016(1).

造成了一定程度的理论模糊与概念误用的问题，但也为我们提供了一种理论辨析路径，即依循否定辩证的思维方式，将不同视域中的"融合"底层逻辑予以审视，探寻理论假设与现实实践中所存在的各种动态张力与关系架构。与此同时，不同"融合"的逻辑基础考察也为我们深入剖析理论提供了重要参照。

通过回顾相关理论研究，"目的"具有某种"必然性"的媒介认识论倾向，即媒介的变迁历程是持续不断向前的，是从低级到高级的更新过程，发展是主基调也是核心特征。互联网时代所面临的困难无法阻碍媒介发展的前行，依靠技术整合与平台建构是能实现"媒介"有序发展进而达到"融合"；而"关系"则将融合视为一种媒介与消费者关系的"联接"的结果，在用户需求的指引中产生传受之间的关系互动与群体合作，从而为"媒介融合"提供基础动力；"过程"则将"融合"理解为一种基于社会技术与文化语境变迁的媒介的发展"进程"，是由技术、社会、文化等宏观层面的变迁而带动媒介发展的一种"开放式迁移"的过程。

尽管不同研究视角所隐含的"核心逻辑"有较大差异，但从理论描述中，他们均暗示了"媒介融合"中具有某种能动性的特质，均赋予了"媒介融合"一种"能量"的隐喻意义上的指涉，这种"能量"能以不同的形式存在，可以在"媒介"发展中与用户，或者宏观意义上的社会、文化、技术形成一定的相互转化、动态牵连的"动力作用场"。从上述理论的研究中看，无论是"目的""关系"还是"过程"的核心逻辑定位，"媒介融合"之中似乎存在着某种推力，都具有将理论对象之间进行勾连、接合、熔炼的内在驱动性。基于此，我们可以大胆假设，既然不同研究均肯定了"媒介融合"的动态性与转化性特征，暗含了"能量"的引申意义，那么可以将"媒介融合"理解为"媒介"具有"融合"这种能量，这种"能量"所蕴含的动力因素包括"媒介活动"以及"媒介活动"所基于的"环境场能"，并通过一系列具有强度、向度特征的"动力"作用于对象而产生影响。

从词源角度来看，无论是"融合"，还是"convergence"，均具有"汇聚""汇流""整合""集合"等意义，而这些意义通常是作为动词使用的，也就是说,"融合"的词汇意义本身就意指了一种动态性的"力"的内涵。尽管学者通常将"媒介融合"视为一个名词性的指称概念,但在论述理论过程中,常以主谓分开立论,即将"媒介"视为主语部分,而"融合"则作为谓语部分使用,理解的思路也多是从"媒介通过融合而施加影响于某物"或"已然融合的媒介施加影响于某物"层面出发。由此,"融合"一词仍然在本体上具有动力或推力或合力的"能量"暗示,无论将"媒介融合"作何种研究倾向解读,"融合"的动态性的"力"的意义暗示都是存在的。

(一) 逻辑分析:"媒介融合"的宏观与微观意义

从逻辑层面进行推理,也能有效帮助我们厘清"媒介融合"这个话语结构的逻辑关联。康德认为:"在一切判断中,从其中主词对谓语的关系来考虑,可能有两种不同的类型,要么是谓词 B 属于主词 A,是(隐蔽地)包含在 A 这个概念中的东西,要么是 B 完全外在于概念 A,虽然它与概念 A 有连结。"①通过利用康德"分析判断"与"综合判断"的逻辑辨析工具,对"媒介融合"之间的逻辑结构进行分析,就会发现存在两种具有矛盾性的解释路径:其一,如果"媒介融合"是一个分析判断,根据"分析判断"的特征,"融合"这个谓词是包含在主词中,是主词原本就具有的意义;其二,如果"媒介融合"是一个综合判断,在这种情况下,"媒介"并没有包括"融合"的概念。不难看出,对"媒介融合"这个概念采取分析判断还是综合判断的理解模式,不仅会产生两种截然不同的理解倾向与思辨角度,而且也会导致我们对"媒介融合"认知存在本质上的差异。从分析判断的角度来看,谓语部分的"融合"概念应该本就包含在主词"媒介"概念的内涵之中,是"媒介"原本内涵的属性之一。而从综合判断的角度来看,"融合"并不是"媒介"本身内涵的,是因为我们在认识过程中,逐渐将其附加到对"媒介"的理解之中,也就是说,"融合"是我们在理解"媒介"中被赋予的新的义项。

---

① 康德. 康德三大批判合集:上[M]. 邓晓芒, 译. 北京:人民出版社, 2009: 7.

由此，对"媒介融合"概念作何种判断直接影响我们对理论的认知维度。从目前的主流观点来看，似乎更倾向于认可正是新的技术环境与社会文化赋予了"媒介"以新的可能性与潜在能力，即"媒介融合"是一个综合判断。这种论调很明显是将"融合"视为社会技术更新与传播形态变迁之后的产物。新媒体时代与互联网语境将传统媒介推到了一个崭新的传播环境之中，传播主体要想适应这个环境，不仅要加强原本大众传播时代就具有的内容与渠道优势，也需要借助各种外在技术力量进行传播平台的改造与升级，以此来实现"融合"。不难看出，对"媒介融合"进行综合判断模式，其隐含意义认为"融合"是外在于"媒介"的，是一种超脱价值共识、社会语境与历史逻辑制约的人的决定性之外的客观产物。业界对此种论调已有不少质疑，此处不再赘言。

采取综合判断分析"媒介融合"概念，将"融合"理解为"媒介"在新的传播背景下所具有的附加属性的结果，具有难以自圆其说的先天矛盾，已被目前的学界研究与业界实践所证伪。那么，我们换一个视角，从分析判断维度进行理解，"媒介"本身就具有"融合"的内涵，这种理解维度与综合判断具有本质性的冲突。"媒介"的"融合"就是媒介本身属性的一个部分，由此，我们可以理解为，"媒介本来就具有融合属性"，或者"融合的这种状态本身就被包裹在媒介之中，是媒介多样性属性中的一个部分"。如以此思路延展去认知"媒介融合"，首先需要面对一个问题的诘难，即"既然融合是一种媒介内生的属性，那为什么直到今天我们还在呼吁融合"。此问题看似不可解，但细究下去，提问的思路恰好是上述观点的另一种表述，即"融合"与"媒介"相分离，媒介要发展，就需要借用各种外部技术力量"融合"去发展。麦克卢汉曾经提出了一个著名的论断：媒介是人的延伸。这个判断为我们打开了一扇极富启发意义的窗户，因为媒介具有"天生要把作者/读者、发送者/接收者、表演者/观看者等存在关系的两方联结在一起"[1]

---

[1] 马歇尔·麦克卢汉. 理解媒介：论人的延伸[M]. 何道宽，译. 南京：译林出版社，2011：序言.

的内在动能或欲望。施拉姆也谈到了"延伸"的媒介意义，他认为媒介就是传播过程中，用以扩大并延伸信息传送的工具。由此，沿着"媒介是人的延伸"的思路向前走，不难推出，从人与信息中介的关系来看，"中介"的存在让人延伸了"可接触性"的感官，但将这种"延伸"上升到宏观层面来看，媒介"延伸"的价值意蕴就在于具有能够建立人与人、人与社会的"交往"性的相互关系的能量。由此，媒介所内聚的这种"能量"，本质上就隐含了媒介天生就具有能够"融合"社会系统中不同主体的内在势能。

通过推理，我们能较为清晰地识别出"媒介"中所具有的双重意义内涵。一方面，"媒介"意指一种"中介化"的存在方式，能够将人与人、人与社会勾连在一起；另一方面，"媒介"也包含着某种能够支撑社会系统有序发展而将人聚拢起来的能量。由此，"媒介"一词具有较为广泛的概念所指，不仅包含"媒介"本身的概念，也涵盖了"媒体"一词的意义范围。在日常使用中，我们通常把这两个词汇作为特指概念而加以区分。"媒介"更多意指一种基于交流目的而发展出来的中介属性。"媒介"一词，最早见于《旧唐书·张行成传》"观古今用人，必因媒介"。在这里，"媒介"是指使双方发生关系的人或事物。西语 Media 一词来源于拉丁语"Medius"，意为两者之间。而"媒体"却是一种基于传播目的而形成的一定政治、经济、文化需求的组织化机构，如主流媒体；或基于一定技术而形成的传播信息的平台或渠道，具有一定的实体性特征，如电视媒体。正是由于我们为"媒介"与"媒体"设置了较为清晰的词义边界，才意味着上述问题所指称的"今日的融合"更多的是一种"媒体融合"的意义，并非"媒介融合"，是一种业界的基于技术提升需求的"媒体融合"，是一种微观层面的业界实践活动。

基于此，不难看出，无论是分析命题还是综合命题，均有一定程度的合理性，从分析角度而言，肯定了"媒介"本身所具有的"两者之间"的结构性力量；而从综合角度来看，"媒介融合"应该理解为一种"媒体融合"，是媒体在发展中缺失了部分"中介"作用，而需要借助外在力量进行结构调整、内容更新、理念升级，以此提升传播目的的实现可能性。由此，我们可以将"融合"从两个维度进行理解,而理解的基础是"融合"前置限定词的差别,即是"媒介"还是"媒体"。前者肯定了"融合"是"媒介"本身具有的内在动力,是一种具有先天意义层面的内在必然性,而后者则强调"融合"是时代传播语境发展的现实要求,为适应社会发展而进行的某种媒体改革,从这个意义来看,"媒体"不仅需要借助技术达到"多媒体形态的整合",更重要的是,要契合时代语境的内在变化,更新传播手段,反思内容传播中的关系形构与传播理念。

(二)文化分析:"共同体"价值自觉建构的中介化

从更为广域的视角来审视,文化的发展与变迁构成了基于特定语境下的人类社会生活与思想认知的变化历程,故而文化是一支破解人类发展脉络并展望未来的重要标杆,"它能解开的问题环节比其他任何概念都多"①。由此,将"媒介融合"放到文化视角下考察,不仅是有益的,而且也是破解理论核心逻辑的有力工具。当前,我们正处在"一个传媒化生存的时代,也是一个文化无处不在的时代,一个文化与传媒互渗、互补、互证的时代"②。浸润于传媒化的生存空间之下,我们与世界的联系被"媒介化"了,也就是说我们与物质世界、我们与社会的一切"交流"都被"中介化"了。尽管"中介化"一词似乎会让我们感到无力,似乎人的意义在"中介化"的媒介面前被剥夺殆尽,但当我们换到"人通过媒介来与现实接触"思路去理解"中介化"这个词汇,我们似乎又触摸到了麦克卢汉断言的"媒介是人的延伸"所散发出来的巨大魅力。曾戈提塔认为,媒介建构了我们的"世界和生活方式"③,但也承认,"因为作为我们同被呈现在我们眼前的

---

① 安东尼·吉登斯. 为社会学辩护[M]. 周红云,等,译. 北京:社会科学文献出版社,2003:190.
② 蒋晓丽,石磊. 传媒与文化:文化视角下的传媒研究[M]. 北京:华夏出版社,2008:1.
③ 曾戈提塔. 中介化:媒体如何建构你的世界和生活方式[M]. 王姗姗,译. 上海:上海译文出版社,2009:3.

现实之间的'介质',实际上媒体是'人的延伸'",并反问"有什么你所做的事情是绝对未曾经过'中介化'的呢?"①由此,"中介"一词在这里被赋予了一种人与真实的分隔,但同样也蕴含了只要生存于这个社会,每个人都在经历着中介化,价值和审美都深刻地受到媒介的影响和塑造。基于此,"中介"与"融合"似乎是一个硬币的两面。

费孝通从中西文化的差异角度,提出"文化自觉"这个概念,认为,文化自觉"是当今时代的要求,它指的是生活在一定文化中的人对其文化有'自知之明',并且对其发展历程和未来有充分的认识。从某种意义上可以讲,文化自觉就是在全球范围内提倡'和而不同'的文化观的具体表现"。②"文化自觉"首先是基于一定语境的人与社会的内在的明晰认知,对文化的历史变迁与社会作用有深刻的理解,由此,对这个概念的理解就可以回溯至"社会得以可能"的文化动态作用的基础层面。媒介以一种符号化的方式建构起人与人之间的桥梁,使得同一个文化社群的人拥有大致相同的实践意义。胡塞尔指出:"我是在我之中经验并认识其他人的,他在我之中构造出来。"③

从文化的共同性层面来看,黑格尔在解释人如何建立共同的文化世界,认为"'精神'恰恰体现在'我'和'我们'的交流之中,体现在特定社会的交往习惯中"④。雷蒙德·威廉认为,"一个共同文化的特征在于这种选择是自由的、共同的,或是自由的、共同的重新选择",并强调"任何文化在整体过程中都是一种选择、一种强调、一种特殊的扶持"。⑤ 在人类"共同体"的价值诉求中,媒介发挥了极为重要的作用。特别是步入互联网时代以来,"在场"与"不在场"的物理界限被技术逐渐消解,媒介在"共同

---

① 曾戈提塔. 中介化:媒体如何建构你的世界和生活方式[M]. 王姗姗,译. 上海:上海译文出版社,2009:9.
② 费孝通. 中华文化的重建[M]. 上海:华东师范大学出版社,2014:188.
③ 倪梁康. 胡塞尔选集:下[M]. 上海:三联书店,1997:916.
④ 彼得斯. 对空言说:传播的观念史[M]. 邓建国,译. 上海:上海译文出版社,2017:174.
⑤ 雷蒙德·威廉斯. 文化与社会:1780—1950[M]. 吴松江,张文定,译. 北京:北京大学出版社,1991:416.

体"意义上的文化形塑与价值建构中更是具有决定性的作用。在人类文化变迁的历程中,媒介的核心价值功用是促成"融合"而不是导致"分裂";不是建构出商业弥漫的阶层社会,而是将人与人趋向为价值融合的社会;不是搭建出社会对抗与群体孤立的社会,而是营造出一个具有价值共享与和谐文化的社会。也正是基于对文化的清醒认识,詹金斯自信地说道:"融合文化属于未来,但是现在它正在形成。"①

综上而言,数字化时代的媒介为我们构建出了以"中介化"为主要特征的"生活世界",我们生活其中,在媒介中辨识价值、理解意义、形成社群,尽管我们似乎在媒介中与真实越来越远,但媒介作为交流与传播的中介,从始至终都与"客观事实"并无直接关联,而更多的是关乎人与社会的意义与价值,这也是文化形成的基础。从这个意义上看,文化基于人与人共享的价值与意义的"融合"而具有生命活力,媒介以"一种内在的融合能量"促使不同历史与社会语境的群体进行意义碰撞与价值协商,搭建起了解释社群形成的基石。由此,"媒介融合"理论中规定性的目标或对象,不可能是技术,也不会是具体的媒体形态,而只能是价值。

(三)主体性分析:从"共相意义"到"共享价值"

传播史就是一部人的交往史。人要在这个世界生存,交往是必不可少的关键因素。尽管随着交往程度的加深,人的交往需求会与时代关联而产生变化,但需求的转变并不会阻碍交往所蕴含的原初性功用,即建立社会关系及确立自身位置。人只有意识到"必须和周围的个人来往,也就是开始意识到人总是生活在社会中的"②,传播才有基础。"交往"的诉求催生人类不断进行着媒介的更新,无论是语言文字、简牍书信,还是报纸电视、广播网络,均呈现出一种为建构"人的延伸"意义上的"人的自由"价值

---

① 亨利·詹金斯. 融合文化:新媒体与旧媒体的冲突地带[M]. 杜永明,译. 北京:商务印书馆,2012:374.
② 马克思,恩格斯. 德意志意识形态(节选本)[M]. 中共中央马克思恩格斯列宁斯大林著作编译局,编译. 北京:人民出版社,2003:26.

向度,即主体性的澄明。因此,媒介的产生与人的交往有莫大关系,甚至可以说,媒介就是人的"交往"得以实现的基石。人赋予媒介以"交往"功用性,"媒介"则承载着人所注入的价值内涵。在人类的传播活动中,媒介从产生起就具有了以"交往"为目的的工具理性逻辑,可以说,人的目的性为媒介注入了能动性因素,促成了媒介传播功能的实现。

交往的主体是人,但不仅仅是单个的人。人是时空中的存在,必然存在于一定的活动历程与实践范围之中。"交往"的存在,决定了不仅有个体的存在,也有群体、社会甚至上升至整个人类层面的存在。由此,主体与主体之间的相互联系与交互关系的形塑,其前提是以"对话"和"交往"中所呈现出来的"主体间性",即主体之间以相互理解与平等对待,以实现认同与达成共识。近代哲学史上的一场"哥白尼式的革命"中,康德以"人为自然立法"的宣言,高扬了认识的主体性,已然将主体间性蕴含在人的能动性与独立性的本质关系中;胡塞尔则基于"自我"的"自构"与其他自我的"自构"联系起来,认为我们生存于一个共享客体、共享环境、共享语言、共享意义的世界中。[①] 由此,当我们以一种哲学的思维考察"媒介融合"理论时,主体间性为"融合"提供了基础,也确立了方向。主体与主体、与群体、与社会的关系成为"主体"理解自我与世界的基础条件,而"主体"必然会融汇于基于价值理性的"共享"中去。

然而,主体间性仍然没有突破"自我中心"困境。人类具有一种天然的倾向,将我与他之间划定出一道难以逾越的意义鸿沟。主体从"我的视角"去看待身外的一切,包括"他人",由此天然地将"我与他""我与世界"的多元关系限定在一个线性的二元结构中加以思考。"以主客二元对立为核心的'镜子'隐喻在笛卡尔以来的近代哲学中逐渐成为普遍的思维方式,而这种思维方式也深刻影响着传播研究。"[②]"传者—受众"思维模式将受众视为隐蔽的、模糊的传播对象,而将传者的主体性予以清晰化、确定化。特

[①] 德尔默·莫兰. 现象学:一部历史的和批评的导论[M]. 李幼蒸,译. 北京:中国人民大学出版社,2017:198.

[②] 黄卫星,李彬. 传播:从主体性到主体间性[J]. 南京社会科学,2012(12).

别是步入工业社会,将受众"物化"以便核入资本运作中进行考量,凸显其作为人的感官层面,而压制或剥夺作为主体的"人的价值",从而抹煞其主体性。从历史发展的规律上看,这种压制是暂时的,主体定会通过抗争追求主体的永恒而唯一的目标,实现"人的自由"。技术进步推动社会文化语境的结构性转变,更新的媒介也为主体性的崛起提供了条件。从某种角度上看,"媒介"的更新似乎为主体性崛起提供了基础条件,但媒介变迁的核心驱动却是基于人的主体性意识的彰显为目的的。保罗·莱文森认为:"这些逆转无疑可以被看成是媒介自动的、必然的突变……然而,实际上,它们是人有意为之,是用人类理性煽起和完成的逆转。"①

"每一个自我主体和我们所有的人都相互一起地生活在一个共同的世上,这个世界是我们的世界,它对我们的意识来说是有效存在的,并且是通过这种'共同生活'而明晰地给定着。"②"交往与交流"是人的主体性得以彰显的根基,也是"共同生活"得以实现的基础。如果说科学技术的创新积累是文明发展的动力基础,那么"媒介"形态的变迁与更新则是促使文化逐渐回归,直到落实到"人之意义共相"维度上的。如果说文明是一种向上的物质发展,那么文化则是向后的精神回归。人的意义以及共同意义,本质上不会随着时代发展而变化,意义的呈现方式可能会与时代有关,但其本质核心是"人之为人的意义",是不会随着技术更新或社会变迁而有所改变的。丹尼尔·贝尔认为,文化是属于符号领域的,意味着文化与意义相关,其发展意味着一种逐渐回归,"不断回到人类生存痛苦的老问题上去"。③

基于上述分析,我们看到媒介搭建起"交往"的桥梁,也形塑出了各种基于主体的关系。传播过程的有效性是立足于每一个参与者的能动性与独

---

① 保罗·莱文森. 数字麦克卢汉——信息化新纪元指南[M]. 何道宽, 译. 北京: 社会科学文献出版社, 2001: 288.
② 佛莱德. 主体性的黄昏[M]. 万俊人, 朱国钧, 译. 上海: 上海人民出版社, 1992: 63.
③ 丹尼尔·贝尔. 资本主义文化矛盾[M]. 赵一凡, 等, 译. 上海: 三联书店, 1989: 41.

立性的主体性基础。"主体性的澄明"为传播超越个体、构建互动、实现融合，进而实现具有"共享价值"的人类主体性的宏大目标提供了最有效的保障。由此，"媒介"因人之理性而生，天生就被赋予了为实现"人的自由发展与全面解放"的内生性的价值动力，这种内生动力驱使着不同的主体进行对话与交往，融合价值与意义，进而参与到"人类命运共同体"的价值场域的构建，实现真正意义上的"人的自由"。

三、"媒介融合"的逻辑起点与逻辑终点

媒介从无到有，人的因素始终占主导地位。"人的思想对环境的有机操作而形成的技术，就是进化史中的创新。"①人类的媒介发展史就是一部不断超越时空束缚的历史，这种超越的背后是人类不懈的追求。人的主体意识的萌生与苏醒为媒介的产生与创造提供了原初动能。持续不断的交流与传播，主体构建出自我与传播对象之间的主客体关系，意识到自己在这个世界的位置。对待性思维以共享和对等为基础，但在传播发展中，争论与分离则成为媒介发展的主旋律。"每一种新的传播媒介都以独特的方式操控着时空，同时，每一种媒介都是以它自己的方式极大地影响着人类的知觉和社会结构。"②如果说传播的目的就是结束传播，这是传播所蕴含的内在的规定性。从媒介的角度而言，其存在基础是"区隔"与"分离"，那么"融合"作为媒介的内在性动力，必然驱使媒体朝着"不再融合"或"无需融合"的目标前进。

(一)"融合"的逻辑起点："人之为人"

"融合"是一种能量，是媒介所内生的，是基于人的价值诉求的一种内

---

① 保罗·莱文森. 思想无羁——技术时代的认识论[M]. 何道宽, 译. 南京：南京大学出版社，2003：115.
② 詹姆斯·罗尔. 媒介、传播、文化——一个全球性的途径[M]. 董洪川, 译. 北京：商务印书馆，2005：45.

在的蕴含"动力"。那么这个内生的"动力"的初始在哪,而又在哪结束。要回答这个问题,就需要回到"媒介"的本体论层面进行辨析,思考其作为"交往的介质"的产生来源和存在根据是什么,即对媒介本原的探索。亚里士多德认为,一切存在物都由本原构成,一切存在物最初都从其中产生,最后又复归为它。作为交流的中介,是人认识世界,文明得以传播的"桥梁"或"路",那么"媒介"的本原是人还是"文明"? 换言之,媒介的原始动力是来源于人,还是人的集合?

关于世界的本原的哲学讨论或许能给我一些暗示。通过梳理从古希腊哲学一直到当代哲学长达两千多年的探索历程,我们看到了一种认知的变化趋势,哲学家思考的重点逐渐从"作为对象的世界"到"作为认识主体的人",再到"人认识自身"的内倾化的研究视角转向,从而把"认识自我"的探究作为哲学的最高目标。从这个转向上,我们似乎可以从传播学者纠缠于"人、技术、社会、文化、制度"等布满疑云的媒介理论讨论中找到一个明确的方向,就是剥离掉媒介身上的各种附加属性,使人成为最后的"终极因"。

人是媒介的本原,那么媒介中所内在的那种原始的冲动来自哪里? 在交往与对话中,人一直都在试图确立一组看似自相矛盾的意识的存在,即"我是谁"与"我在哪"。前者意图以自省式的提问探寻出自我的独特主体性,而后者却在为自己寻找一个外在的参考坐标与心理归属,正是这种精神独立与群体归属的双重维度,让"人"通过向内与向外的交流冲动与交往行为,不断修正着"人之为人"的价值追寻与意义确立。彼得斯以一句充满智慧的话语描述了这种内在矛盾,"在我们开口说话之前,我们就已经由于共同的生存和生活方式而被捆绑在一起了"①。"人之为人"的内在冲突意识,为媒介注入了一股相互碰撞而又不够安分的驱动能量,媒介由此天然地具有了这种"分合为变"的矛盾性与冲突性,而这也为媒介持续发展更新注

---

① 彼得斯. 对空言说:传播的观念史[M]. 邓建国,译. 上海:上海译文出版社,2017:26.

入源源不断的动力。从这个意义来看,"媒介"的"分"与"合"的内在矛盾性,是人的矛盾性在传播中的呈现,"分离"与"融合"就是媒介所具有的辩证关系。在媒介发展史上,我们也能清晰地辨识出其中所存在的这股能量。

"人之为人"的意义追寻并非固定不变的。因为从时间维度来看,无论是社会还是文化,其主体必然是人,而具体的人的存在却是被限定在不同时间段之中的,也就是说,虽然原始社会的人与今天的人都是人,但两者却因时间的不同维度有着鲜明的区别性。人的意义追寻促使着媒介的更新,而媒介又赋予时间维度的人不同的价值认知与意义追求。前文字时期的人因生活在充满危险的自然之中,认识世界成为其重要诉求,由"我"的主体性身份确立,逐渐发展出一种对待性的意识。对待性的交流需要同时"在场",这也为"你时代"的到来奠定了基础。文字产生,媒介被赋予了能超越时空进行交流的基础条件,"不在场"交流成为传播常态,由此,人在"你时代"中所确立的"对待性"逐渐被"对象性"所取代,"他/她"成为传播的普遍对象。由于交流的"去时空化"特征,也使得泛化的"他/她"传播活动为"中心一体化"的信息格局提供了建构基础,至此,媒介的主体权利从人逐渐让渡到一体化的传播机构手中。互联网时代以来,技术的持续更新逐渐为媒介的主体性彰显注入活力,数字化时代中的主体性参与与互动关系的传播结构,重新召回了"我"的身份。但"我"的回归也意味着曾经"一体式"的传播格局的瓦解。人被不同的"我"区隔成一座座"孤岛",话语冲突甚至价值对抗的传播场域使人又回到了史前那个充满危险却不得不"各自为战"的生活境况中去了。

传播的发展、媒介的更新,特别是人的主体性中所呼唤的人性独立与群体归属的内在心理冲突,为"我""你""他/她"的个体的人整合到一起提供了动力源泉,而这也为"我们"的形成奠定了基石。"我们"以媒介为价值追寻的工具,而媒介也成为"我们"的价值载体。麦克卢汉认为,媒介即讯息,不同的媒介形态承载着不同的价值诉求,并逐渐构建起拟态的"我们",可以说,"我们"为媒介输入价值,而"媒介"又反作用于"我们"的价值认知,由此,"媒介的人"与"人的媒介"之间的边界逐渐消融,直到合二为一。从这个意义上看,借助"媒介"而构建起的"我们",为"和合为美,天下大同"的理想目标提供了基础性的保障与动力源头。

时间维度的"融合"思考,以"主体性的洞察"为前提,媒介与人相互影响,也相互建构。基于媒介史的角度,从前文字时期的结绳记事到移动化场景媒介的形成,人类已经经历了口语时期、印刷媒介时期、电子媒介时期、数字媒介时期、场景化媒介时期的变化。而在每个时期中,人与媒介一定是以共生形态而延展出人的价值维度。口语时期的人际交流构建了人与人的关系,印刷媒体与大众媒体则构建了人与社会权力的关系,数字媒体构建了人与文明的关系,场景媒介则构建了人与空间的关系。而这些维度的形塑则成就了今天的"人之为人"的意义与价值的建构维度。由此,"媒介"不仅定义了"人之为人"意义的形成,也成为"人之为人"价值追求的时代性保障。

(二)"融合"的逻辑终点:"集合的人"

如果说"融合"的起点是作为个体的人,那么"融合"的终点就是消解个体意义上的人。从这个意义上看,"融合"的目的就是基于"人的集合"为基础的"共同性考察"追求"集合的人"的状态实现。"媒介"是人的意义载体,这是基于时间维度的思考,那么在"共同性"所指称的社会、文化,甚至上升到价值观与命运共同体的层面,我们不仅看到了作为个体的人的层面,更看到了隐含在"共同"之下的权力冲突与利益分割,更深一层,也看到了价值观的形塑与文化传统的生存问题。

"人的集合"将人卷入了主体间的关系,如何"建构自己",如何"面对他人"成为主体进行交流表达的出发点,从宏观上观照,这也是社会与文化传播的基本动力。"建构自己"进而"肯定自己"的传播活动驱动着主体借用各种符号与价值载体进行着一种重复式的播报,以维持"人的集合"形态的稳定性与持续性。但受制于传播的效率与空间范围,这种重复必然以一种抽象化的精炼的文本修饰进行符号加工,将主体的人作为目标予以考虑,以求传播效果的最大化。与此同时,"面对他人"又为这种基于自身的传播空间形塑出了一种接受与拒绝的动态可能性,冲突、偏见、私欲、协调、整合、平衡、分配、构建……这些词汇均汇聚于传播空间,布尔迪厄以战场为喻,认为"一个场就是一个有结构的社会空间,一个实力场,一个有统治者和被统治者……一个为改变或保存这一实力场而进行斗争的战场"①。传播的整个进程充满着斗争、冲突、平衡和妥协,由此,"人的集合"将"人之为人"的意义定位模糊化、复杂化,在这里,意义并非基于传播的哪一方,而是取决于双方之间所形塑出来的关系形态,换言之,关系结构决定意义解释。

"人的集合"为基于"意义解释"的社会结构形成奠定了基础,媒介技术的更新则为社会与文化的形成提供了动力。伊尼斯从媒介技术的角度认为"在每一件工具里都隐藏了一个不被它的制造者和使用者所察觉的意识形态上的偏倚或行为倾向,由此它会控制我们对周围世界的认识和理解"②。"人的集合"所形构出来的社会结构反而将"人"的主体性吞噬,只留下为了特定的利益从外部强加在个人身上的那种"虚假的需要"。③ 由此可见,基于"人的集合"的文化、社会、政治、经济关乎利益和权力,就一定会内生出一种欲望、一种需求、一种态度,这驱使"人的集合"形构出的利益团队把控媒体,以便能尽可能地广泛传播与有效传播,从而树立基于一定社会政治基础的"共同体"的传播影响力。

然而,莱文森却从中重新发现了人的主体性因素,他认为人的理性和判断能力可以对未来产生正面的影响,"人必须扮演积极的角色。在这个意义上,这个逆转律不像亚里士多德的第四因或终极因,而是固有的命运、目标的终点,会随时冒出来供人去把握"④。"人的集合"产生的问题

---

① 胡翼青. 西方传播学术史手册[M]. 北京:北京大学出版社,2014:274.
② 哈罗德·伊尼斯. 传播的偏向[M]. 何道宽,译. 北京:中国人民大学出版社,2009:79.
③ 赫伯特·马尔库塞. 单向度的人:发达工业社会意识形态研究[M]. 刘继,译. 上海:上海译文出版社,2008:6.
④ 保罗·莱文森. 莱文森精粹[M]. 何道宽,编译. 北京:中国人民大学出版社,2007:191.

仍然需要回到"人"这个原点上加以反思,这也为"集合的人"即"共同体"的建立奠定基础。如果说"人的集合"与需求有关,那么"集合的人"则与价值有关。从这个角度来看,媒介作为一种抽象化的"中介"似乎难以承担起"价值引导"这个重担,必然也只能落到具象特征的媒体身上。传播关乎交流,媒介成为人的载体,而媒体则有关调配。媒体这个概念与时间无关,只与空间有关,因为无论是哪个时代,媒体均是作为权力的象征而存在的,只要存在人的集合,就一定有媒体存在的基础。由此,传播得更广、影响得更深的内在驱动力形构着媒体的结构与内容形态。

从上述分析来看,"人类命运共同体"的使命必然落到微观意义层面的媒体身上。区隔化的现实与分离的社会结构定然是媒体传播的现实条件,消弭隔阂则是媒体的重要目标。由此,从"人的集合"到"集合的人"的现实诉求必然将为"媒体"赋予"融合"可能性,而"共同体"的价值追求则为"媒体"的"融合"注入急迫性而构建其现实性。基于此,"融合"具有了可能性与现实性。可能性提供了"融合"的内在条件,而现实性则喻示着"融合"具有外部基础。

始于"人之为人",终于"和谐大同",是"媒介融合"的必然之路。

(三)融合的可能性:主体性与社会性的统一

"主体性洞察"追溯动力源头,而"社会性洞察"则指引前进方向。"媒介融合"缺失了哪一个维度都不可能实现真正意义上的目的,而只会以一种"类融合",甚至是"假融合"的形式呈现出来。因为缺失了时间维度的"主体性洞察",融合就失去了原初动力,基于时间而形塑出来的人的复杂性、主体的多元性均是"人之为人"的意义与价值构成,如果简单粗暴地认定"人"为"何物",就是对人的主体性身份的一种"异化"认知,也是一种以空间思维去观照基于时间维度的人的意义变迁与价值形塑,从而丧失了"融合"的原动力。而缺失了空间维度的"社会性洞察",多元性文化、复杂的社会结构将在单线条的"人"维度中失去"集合的人"的现实考虑,"融合"流于形式,从而失去了现实基础。由此,只有将融合的时空维度均考虑进来，以时间的"人"的思维作为"融合"基础，而以空间的"社会文化"的思维作为方向，才真正赋予了"媒介融合"的现实可能性。

那么落脚到今天的"媒介融合"的具体实践中，如何把握时间与空间思维来指导融合的具体进程？要回答这个问题，仍然需要回到"人之为人"与"人的集合"层面进行思考。在上述分析中，我们确定了"人之为人"与"媒介"有关，而"人的集合"与"媒体"有关，故而我们认为，"媒介融合"的理论探讨与实践活动，应将"肯定主体"与"正视多元"两个维度的思维路径统筹进来。"肯定主体"的融合路径需要我们对"主体性"予以重点关注，将"人之为人"的核心诉求加以提炼，并从抽象化"精神价值"与"生命意义"的核心诉求中去把握"融合"的内在动能；而"正视多元"则要求我们以相对整合性的观照视角去理解"人的集合"中所呈现出的多元诉求与话语冲突，并能尝试理解这种多元与冲突背后显现出来的不同价值基点，并以"人之为人"中所具有的"共通性"的意义作为审视的基础予以考察多元文化中的价值合理性，是基于"主体性"价值诉求而延展出来的一种肯定多元、摒弃分离、追求和谐的价值表达。既然"融合"需要"媒介"与"媒体"的共同作用，那么放在当下，谁能成为"融合"的主导力量与驱动载体，谁又能在现实实践中作为明确的理论思辨对象，这需要从历史变迁的维度予以澄清。

第三章 "媒介融合"还是"媒体融合"

根据上述分析，人的精神提升与主体发展同"时间"有关，而人与人之间所形塑出来的各种社会组织与关系架构则同"空间"有关。通过对"媒介融合"进行"回到本源"的理论解构路径，不仅将"人之为人"与"人的集合"作为横向与纵向两个维度引入媒介发展研究，为我们打开一扇新的窗户，更为重要的是，将人的主体性精神发展置于时空维度之中进行观照，也顺理成章地推理出"集合的人"的概念假设，并将其作为"融合"的最终目标，也在一定程度上厘清了"媒介融合"实践的活动目标与价值追求。正是因跳脱出了传播学科的理论限制，以更为宏大的理论视野，才能更为清晰地识别出"融合"的本质内涵与动力基础，并在历史规律与哲学思辨的基础上，探寻出"融合"的终极归宿。从这个意义来看，对"融合"起点与终点的思辨，是一种以人的主体性理解传播变迁的探索之路。

媒介始于人的目的，而终于人的融合，即"集合的人"。在发展的过程中，起点与终点所囊括的便是一部人类交往与对话的传播历史。纵观人类传播变迁，基于人的目的，媒介经历了多次传播变革，从语言的产生一直到数字化技术的传播推广，每一次变革都为社会进步带来了巨大的推动力量，引导着人类进入一个新的时代。其中，不同的人、不同的"人的集合"，基于不同的地理文化语境，从而导致了错综复杂的媒介博弈与话语冲突，媒介的发展进程也可能暂时受挫而停滞不前，甚至在某些极端情况下，还可能产生倒退。但从媒介史的视角来看，媒介一直都在持续推进，而其核心动力源于基于人的价值追求而产生的内在规定性，规约着媒介的发展路径与行进方向，并对某些偏离行为进行纠偏。

前景是美好的，但问题是目前我们应该如何正确认识媒介的发展，从而将蕴含于内的那种"融合能量"的内在逻辑性加以提炼认识，从充满变异性、反复性、分离性的传播现实状况中，正确地理解传播的发展趋势与路径选择。只有尊重历史发展规律，才能顺势引导"媒介融合"的良性发展。通观整个传播历程，人、媒介、关系、技术、信息、传播、媒体、新闻、社会、文化等领域均与媒介发展相互交杂、相互影响。研究视角是一种观点的表现，"每一门科学都是沿着特定的入射角进入人类生活当中的"[①]。故而在历史维度的媒介研究上，由于不同的切入视角，关于媒介史的论述大致可以划分为传播史、媒体史、新闻史等。这些研究角度之间各有区别又有所重合，导致思辨时常常出现意指的理论内涵与外延含混模糊，概念混用、借用甚至误用的问题较为明显。由此，在历史维度的考察上，我们仍然主张使用"超脱"的方式，即以极为抽象的方式，辨析媒介发展历程，以求探寻出隐现其间的"内在逻辑性"。

一、多维视角下"媒介融合"的可能性与现实性

"媒介融合"不仅要从宏观的层面去思考抽象的精神活动与社会变动，也需要从微观的传播实践活动中去把握具体的内容生产与组织架构。由此，我们既要宏观理解，又要微观把握，既要抽象思辨，又要具体指向。从宏观层面，我们需要思考媒介发生历史与各种传播活动，以此厘清理论所关涉的人、物、社会等内容；而在微观层面，又要求我们去思考作为机构化的媒体生产与新闻传播的历程，从具体的媒体实践中思考新闻生产与传播观念的形塑；而介于宏观与微观之间的大块领域，需要我们去思辨媒介、传播、媒体、新闻等交叉互动而带来的社会形态与文化变迁。从这个意义上看，单纯通过某一个具体的研究视域来思考这个具有整合性的理论

[①] 雷吉斯·德布雷. 媒介学引论[M]. 刘文玲，陈卫星，译. 北京：中国传媒大学出版社，2014：4.

构成，难免出现偏见与误解，特别是研究角度本身就是一种观点的表达，如执着于某一视角，也难免陷入"以自己影响规定的一些社会需求为依据，塑造出所谓的'社会的理由'"①的研究困境。"媒介融合"的直接动力源头在哪？"融合"路径如何选择？为实现"融合"，目前应该从哪个维度去思辨其可能性？要回答这些问题，需要从历史维度进行传播发展的梳理，从而在历史层面的可能性思辨中探寻出"融合"的现实路径。

历史是从过去到现在，并且指向未来的，这是从历史的时间性维度加以理解的；而历史也是关乎具体时代的人类活动的，也需要从特定历史发展的横截面上加以把握，这是从横向层面予以思考的。传播活动就处于纵横交错的历史发展的经纬脉络之上，如果从某一个维度去理解传播，必然难以综合评价这个立体多维的历史背景与传播发展之间的相互牵连而互为影响的关系。从这个角度来看，要理解"媒介融合"，我们也只有将其置于这个纵横交错的历史维度之中去剖析，既要从媒介发展的历程中寻找出规律性的价值存在基础，也要能从具体时空背景中去思辨其存在的现实文化意义。

沿着历史的轨迹去探索，必然会遇到"媒介""传播""媒体"与"新闻"这四个既相互关联又各有差异的四个关键概念。除此之外，我们还需要面对上述四个关键概念之间相互重合的某些衍生视角以及细分性质的专门史，如媒介社会史、报刊史、新闻文体变迁史等，但衍生性的视角与细分类的研究大致可以归入上述四类，在这里不予展开。基于四个关键概念，分别产生了对应的历史研究视角："媒介史"侧重考察作为传播"介质"的技术更新进程，以及这种"介质"产生的传播影响变迁，但随着研究深入，技术似乎成为媒介史的研究重点与主要对象；"传播史"侧重于考察人与人之间的交流与对话，重视传播内容与传播关系的研究；"媒体史"则注重不同时期的媒体组织架构的形成与传受关系的建构与互动；而"新闻史"更加关

---

① 安东尼·吉登斯. 社会的构成[M]. 李康，李猛，译. 北京：生活·读书·新知三联书店，1998：73.

注具体历史背景与文化语境中新闻内容生产及新闻叙事特征的发展与沿革。稍加分析，我们并不难总结出四种历史研究的区别，媒介与传播的历史研究更倾向于从历史的时间纵向维度进行把握，而媒体史、新闻史因其侧重历史具体时期的社会形态与文化语境，更偏重于空间横向维度的对比分析。

能不能把媒介作横向层面或者把新闻作纵向层面的理解？笔者认为这是不可能的，也是不科学的。因为如果把媒介放到横向层面，即具体历史背景中去思考，必定会与社会文化与机构权力等特定时期的概念掺杂交缠，而这些概念都与"人的集合"相关，从而导致把媒介所内含的抽象意义上的"人"的精神指涉给蒙蔽了，由此，"媒介史"就变成了另类的"媒体史"。同理，如果把新闻史研究带入传播或者媒介的纵向层面思考，也就淹没了作为观念的内容表现的时代背景与具象对象，比如，将"新闻史"称为"新闻传播史"就是不妥的，要不就是新闻被传播所泛化而失去了具体指涉，要不就是传播的原本意义被新闻所掩盖，实质还是一种具体的新闻史研究。

根据上述分析，媒介与传播都是与时间有关的，从纵向维度才能识别出其发展趋势，且二者概念内涵互有交叉，媒介的变迁是与技术更新相关的，传播关乎人与人的交流，是与关系形态建构有关的，由此，纵向维度的理论视角可以放在技术、关系的表征层面。与此同时，媒体与新闻只有在横向截面的空间意义上才有研究的价值，媒体与特定空间范围中的组织化生产模式有关，新闻是具体时空下内容生产与报道倾向的表达，故而内容组织模式与新闻观念认知是把握两者的关键钥匙。在纵向与横向维度的研究视角中，"人"作为统摄性的主体身份，将时空关系联系在一起。正是由于人所内在的时空统摄性，也构建出了在纵横脉络之间的基于"人"与"人的集合"而导致的媒介、媒体、新闻、传播之间的互动框架结构的形成。以人为核心的纵横互动，因其价值定位与互动倾向产生了社会、文化、权力、制度等背景性的理解维度，他们隶属于时空纵横结构之间的大块领域，并因其跨越时空结构，能相对自由地与四个维度的概念相互作用。

从"媒介融合"的理论研究来看，我们不仅需要考虑时间维度的技术变迁中关系形塑，也需要思量基于一定权力架构的组织形态与传播内容认知观念的构建与发展，更需要在纵横维度中去思考各种因素与语境之间的互动关系。基于此，我们可以将"媒介融合"置于四边作用的三维理论架构下予以审视：四边分别是"媒介—技术""传播—关系""媒体—组织""新闻—内容"；而三维指的是"纵向—人""横向—人的集合""纵横之间—互动"。具体见图3-1：

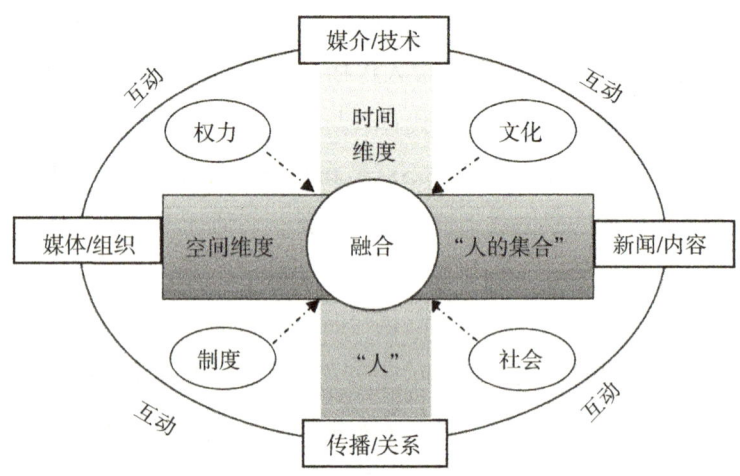

图3-1 "媒介融合"的时空维度研究图

"媒介融合"作为一种具有内在驱动性的传播实践探索，其内在的驱动性源自哪里，又是如何表征为具体实践活动的，这是上述理论模型建构的核心目的，希望以抽象的推理呈现出"融合"的价值内涵、现实规约及实践的逻辑向度。从模型来看，纵向"媒介—传播"审视作为"主体性的人"的内在规定性所形构出来的技术更新与关系建构；横向"媒体—新闻"理解具体时空范围，因"人的集合"的不同形态而产生的权力分配与观念形塑；"纵横之间—互动"维度思考基于"人"与"人的集合"所存在的动态博弈的语境背景下的文化演变与社会发展。

通过抽象推论,"媒介融合"的价值内涵,即可能性基础;现实规约,即可行性条件;以及"媒介融合"的逻辑向度,即实践的具体路径,在这个多维度立体的观照域中被凸显出来。纵向维度提供了"媒介融合"得以实现的可能性基础,这种可能性是因"人"的内在价值追寻与意义建构目标所决定的,即实现"人的自由而全面的解放";横向维度则指明"融合"实践活动必然要落在具体的传播组织架构与内容观念更新的层面之上,这是"媒介融合"的现实性的保障;互动维度则凸显了基于"人"与"人的集合"之间的价值互动的传播语境,从而产生了多维度的影响因素,进而会影响"融合"的可能性与现实性的存在基础与发展趋势,这也提供了关于"融合"实践的具体路径思考。

综上,纵向与横向的历史研究视角为我们梳理出了一个更为宏观的理论观照面,有利于从整合层面把握住"媒介融合"理论内涵与外延,不仅能从"技术、关系、组织、内容观念"维度思考其对"媒介融合"的推动力与反作用力,也能将这种"推动力与反作用力"置于文化与社会语境中的"互动",思辨"媒介融合"消解与建构的动态过程。

(一)"融合"的价值基础:基于人的技术创新与关系形构

人的关系是在互动交往中产生的。人只有通过交往与对话,"和周围的个人来往,也就是开始意识到人总是生活在社会中的"[①]。在交往和对话的过程中,是人的自我意识与主体价值确定的基础,这也成为推动"人"不断创新交往手段、营造坚实对话基础并追求传播效率持续提升的一种原始的内在动力基石。正式基于"人"所内生出的原动力,媒介与传播从一开始就已经承载了"人"所追求的"人之为人"的理性状态,即"主体性的明晰"的价值边界与"全面而自由的人的解放"。

[①] 马克思,恩格斯. 德意志意识形态(节选本)[M]. 中共中央马克思恩格斯列宁斯大林著作编译局,编译. 北京:人民出版社,2003:26.

在表意性语言符号产生之前，人与自然界的各种动物共同主宰着共享的生存环境。可以说，那个时期的人与动物只有物种意义上的区别，人就是动物。语言的产生，将人从"动物"中拉了出来，人认识到人与人、人与非人的本质差异，从而建构出一种人的价值自觉。"对话与交往"过程中的主体性表达以及与同时"在场"的传播空间建构，赋予了人以完整、平等的"使用媒介"的权利。麦克卢汉认为，面对面式的"现场式"传播，身临其境的传播行为使人的眼、耳、口甚至肢体同时受到刺激而处于一种和谐的状态，因而这一时期的人是完整的人。但是文字的产生却为这种完整性画上了句号。从此，人被区别对待，而作为媒介技术表征的"文字"则成为区分的标准，至此，人成了技术的对象。人被重新定义，传播权利也随之重新分配，人的主体性被技术驱散而成为媒介传播的对象与评价标准。由此，作为交流的"中介"，媒介在技术力量下被重新定义，成为"文明的载体、标志和形态，也是知识的载体和形态……媒介技术和形态的变化，改变并决定着知识的生产者、拥有者，同时也决定着知识的形态以及传播方式"①。

　　印刷术的发展使得媒介技术和传播渠道逐渐落到了社会少数人的手中，特别是广播与电视技术的更新，更是将传播权从个体的人身上夺走而成为专业化组织的独享之物。这种垄断的同时也改变了社会阶层、社会结构，改变了社会的组织形态，但更为重要的是，人的主体性已在传播中被异化，人不再被看作具有能动性的价值创造的主体，而沦落为"物"的对象。尽管"物化"的人失去了传播的主动性，但"交流"中所保留的那种自我意识的价值自觉促使着一种转变，也为技术的人性化发展趋势埋下伏笔。数字传播技术的发展形塑出来的数字化传播平台则重新赋予了之前被"物化"的主体以主动权，这意味着一种新的传播权力的重新配置，技术重新"为人所用"，技术"使人人获得平等的机会去获取网上全世界的公开信息"②。

---

① 林克勤，严功军. 认知传播学论丛：第二辑[M]. 成都：四川大学出版社，2016：4.
② 罗伯特·洛根. 理解新媒介：延伸麦克卢汉[M]. 上海：复旦大学出版社，2012：37.

数字技术壁垒带来的"知识鸿沟",以及被个性化、感官化、情绪化内容所导致的"意义鸿沟",不仅没有随着数字化平权的美好希望而弥合,反而让一定政治文化背景的"社群"组织有进一步分化的趋向。因文字产生而导致的"人的分离"悲剧,似乎又一次即将上演。与发明文字而导致的"分离"所不同的是,数字技术为"重新部落化"提供了肥沃的土壤。由于人的现实生活与虚拟生活的边界已被技术打破,人成为媒介,媒介也落在了每一个人身上,这种身份的倒置与互换为"重新部落化"构筑起坚实的壁垒,不仅在拟态生活层面,更是延伸到现实生活层面。跨越现实与虚拟的话语语境将人与人态度对立与观点冲突延伸到生活的各个角落,"人的再次分离"正在社会文化的现实生活层面形成。

基于上述分析,媒介的技术更新带来了传播关系结构的重构,进而导致人的主体性地位在历史维度中呈现出不同的变动性。这种变动性似乎沿着媒介技术的发展而产生不同的强弱程度与价值取向,而基于媒介的传播关系也在相应调整与重塑。尽管关系结构各有差异,人的主体性身份也有所不同,但我们也能从纵向发展的时间脉络中识别出基于人的价值目标而形成的某种推动传播发展的驱动力,这种内在的动力推动着媒介技术的发展与更新。从微观而言,人的价值诉求可能被技术暂时压制或阻滞,然而从整个历史进程来看,人的价值诉求却成为技术更新的直接动力。

从媒介技术的发展历程来看,前语言时期,人是"动物",步入口语时期以后,因对待性思维发展与"在场"的交流语境,人呼唤回了"人"的存在。文字技术的更新,人的主体性让渡给了超越时空关系的抽象指称,"抽象化"的符号逻辑迫使"人"与他自己进行"分离"。"分离"的后果却为大众传播营造了绝佳的"物"的对象,至此,人不仅被剥夺了神圣的主体性精神,更是沦为传播的奴隶。尽管人被"物化",然而人性之中基于交流的原始价值冲动并未完全泯灭,并成为技术沿革的重要动力。互联网技术的发展打破了沟壑纵横的传播边界,不仅突破了传受角色的固化角色限制,更是将虚拟与现实的传播阻隔予以消解,从而将"人"带入"泛媒介"的传播空间,每个人都是这个传播空间的节点,一张由无数人共同构建的无形大网将世界覆盖，人成了媒介，而媒介也是人。尽管"媒介人"的出现似乎得益于数字化技术中所彰显的人性力量，然而技术逻辑与商业思维的延续，仍有可能隐藏着一个潜在的危险，即"人的分裂"。主体性的回归将选择权交到了每个人的手中，不同的人基于不同的价值意义展开对抗成为可能，同时商业主义的鬼魅魔影并未离开我们，仍在不断挑逗着"人"的感官与情绪，这必须引起我们的警惕，也是"媒介融合"研究所应该予以重点关注的层面。

总而言之，基于技术更新的传播变迁上，可以清晰地识别人的主体性身份变动所遵循的"从物到人"再"从人到物"的某种轮回规律，而在这种规律中，我们也能辨析其变动背后所存在的"人"与"人的集合"之间的互动博弈与价值对抗的痕迹。乍一看，似乎是"东风压倒西风"或"西风压倒东风"的力量反复与此消彼长，然而深入去理解，尽管"人"的主体性追求可能暂时困厄，甚至倒退，但从整体而言，"人之为人"的价值诉求一直都是媒介技术更新与传播关系发展的核心主导因素。

（二）"融合"的现实基础："人的集合"的组织形态与内容观念

从媒介技术形态的演变历程来看，不同时期的主导性媒介形式是很不一样的。但基于对话与交往的传播活动却并非完全被主导性媒介所包揽，旧的媒介形式仍然占据着传播活动的大块领域。"人之为人"为媒介发展注入了共性价值内涵，而"人的集合"却带来了基于不同社会文化背景下的个性化呈现。基于不同的"人的集合"所共享的语境背景与社会结构形态，媒介的传播功能和活动空间，也会表现出极大的差异，这种差异具体体现在不同的传播媒体结构组织、传播思想与意识形态、传播制度与体系架构等层面。

从历史发展来看，时间维度的媒介变迁是绝对的，不可逆的，而在特定的历史时期，基于媒介的传播活动都有它存在的具体空间，是在特定时空中人类生活的整体展现。要理解这种特定人类生活，就需要将单个的"原子化"的人放到"人的集合"的层面加以整体理解，思考人的互为因果与连接沟通的"集合"状态。在这种历史背景下，如何理解人与人之间的传播活动，"不是仅通过调节讯息的发射和接收就能解决的，而是要对我们的'集体存在'进行总体上的重装调配，这是一个在世上如何为彼此留下生存空间的问题"。因为"无论'交流'是何意义，从根本上说，它是一个政治和伦理问题，而不仅仅是一个语义问题"。①

海德格尔认为，"世界向来已经总是我和他人共同分有的世界"②。人与人之间的传播活动的有效进行，是以他们共享的共有世界为前提的。共有世界通常是一种意义观或者价值观，以此为前提，传播活动才能有效进行下去。与此同时，不同的"人的集合"也必然会产生对不同"共有世界"的意义差异，这种意义差反应在具体交流活动中，可能会产生传播不畅、效率低下的问题。而从宏观上看，也是不同文化价值观之间的场域隔绝，甚至价值冲突与对抗的表现。由此，尽可能地弥合这种价值差异，扩张共享文化的范围，实现更大程度的价值认同，成为"人的集合"状态下传播的核心诉求。另一方面，不同的人构成的集合，必然会使得传播权呈现出先均分后集中的演变趋势，由此带来了人与人之间的不平等，而从不同的"集合"中来看，这种趋势也是存在的。在此基础上，真与假、善与恶、美与丑的判断，从根本上说，都是一种"人的集合"的价值认知，即意识形态的具体表现。

在此背景下，基于一定意识形态的传播组织，即媒体开始产生。媒体这个概念与政治制度、社会权力、文化背景有关，具体体现为传播形态的组织化架构及传播内容观念形塑上。如何将不同主体的人集合到某一个确定的意义解释域中，以实现权力关系的稳定以及社会结构的有效延续，成为媒体内容的主要生产目的。从这个意义上说，始于西周时期的木铎与宋代邸报之间的差异并不大，尽管传播的内容有异，但在对于媒体的传播功

---

① 彼得斯. 对空言说：传播的观念史[M]. 邓建国，译. 上海：上海译文出版社，2017：46.

② 海德格尔. 存在与时间[M]. 陈嘉映，译. 北京：生活·读书·新知三联书店，1987：146.

能及价值认知上基本一致。综观近现代新闻发展历程,无论是中国还是西方,其新闻媒体必定内涵某种意识形态,不管是新闻报道,还是新闻评论、通讯、特写等不同的体裁,其实质内涵都是基于特定价值观的文本生产活动。

基于以上所述,"人的集合"是不同类型的社会系统结构下的人与人的关联,故而在"集合"的现实呈现中已然经隐含了"分离与对抗"的潜在命题。在西方学术界,"阶级""社会性别"和"种族"作为研究人类社会与历史的基本分析范畴,也成为传播研究讨论大众传播产业与传播制度中建构社会权力关系的三个轴心。① 但从另一个角度来看,"分离"的意义与"对抗"的传播,必然促使媒体以弥合冲突、消解隔阂为目的的"整合"意识的形成,这是"人的集合"所内在的核心动能,即实现更大范围的"集合",在此过程中,新闻应是实现"集合"的"黏合剂"。默顿认为,大众媒介能实现社会整合,它具有符号聚合性,是一种集体性象征。② 在"分离"与"集合"的两难冲突中,媒体存在的目的是"求和",这是它的内在动力,尽管达不到绝对的"和",但只要有媒体存在,这个目的就会一直持续下去,而这也为"媒介融合"的实践赋予了现实性基础。

(三)"融合"的实践逻辑:"人"与"人的集合"的价值互动

传播发展进程并非一种单线条、一维式的简单演进过程。时间只能从开始一直延续下去,无法回头,也不可能逆转。传播变迁虽与时间有关,但其依循时间维度的发展历程中,却同时受到具有丰富内涵的"人"与多元形构的"人的集合"之间持续的价值碰撞、冲突、融合、分裂的动态互动进程的影响,使得传播发展有前进,也有停滞,甚至在某些特定时段内也会开历史倒车。

---

① 弗兰克·韦伯斯特. 信息社会理论[M]. 曹晋, 译. 北京: 北京大学出版社, 2011: 2.
② 彼得斯. 对空言说: 传播的观念史[M]. 邓建国, 译. 上海: 上海译文出版社, 2017: 324.

"人"并非生来就是"人",本能性的动物冲动不可能形塑真正意义上的人,而外在于人的客观世界也无法推动"人性"的发展,那么什么力量形塑了"人之为人"的价值自觉。从媒介史的视角,人基于传播活动而逐渐形塑出一种对待性思维,人把自己对人、对社会的价值诉求定位于一种基于关系的对象性意义表达,以求实现其心中的理想化目标。米德认为:"当个体通过交流发现他的经验为他人所共有,即他的经验和他人的经验属于同一共相时,他便超越了只赋予他个人的东西。当这一共相的殊相或实例适合于不同的经验视界时,普遍性便呈现了社会性。"①社会性的共相意义传播使人具有了思考、规划、创造的能力,也在这种"共相意义"的符号化过程中形成特定的人文思维,即"因文而人"的文化认知。从这个意义来看,人的本质追求形塑了"共享的意义"。文化因人的本质追求而产生,但同时文化也是一个人的生命展开与活动方式的价值语境,决定着"人之为人"的意义表达与价值追求。文化的根基是"人",不同的主体存在于同一个地理环境,建构出具有"共享"性的意义生活。因此,文化不仅具有一定的本土性与民族性特征,而且由于不同的主体存在,也必然导致一种"分离",而"共享"的意义生活却将不同主体包裹其中,存在一种"和而不同"的精神生活状态。由此,文化的本质特征是需要我们逐渐退回到"人"这个原点去理解的,是"不断回到人类生存痛苦的老问题上去"②。

"文化"是以人为本质的,主要指向精神性和意义性。而"人的集合"所建构的社会体制及其与之对应关系架构而逐渐发展起来的一套关于技术使用、生产方式和经济生活的规范则成为"文明"的基础,并随之发展出与物质生产相对应的精神生活。可以说,文化是先于文明而产生的,而文明也会影响文化的发展向度与意义建构。斯宾格勒认为,"文明是文化的必然命运",并意识道,"文化人的热情是指向于内的,文明人的精力

---

① 乔治·米德. 心灵、自我与社会[M]. 赵月瑟,译. 上海:上海译文出版社,1992:23.
② 丹尼尔·贝尔. 资本主义文化矛盾[M]. 赵一凡,等,译. 上海:三联书店,1989:41.

是发挥于外的"。① 文化与文明的产生基础不同，由此也使得两者有着不同的实现路径。相较于文化而言，"人的集合"成为文明扩展的原动力，物质生产与经济生活的不断积累为实现不同民族的融合提供了基础，而"人的集合"的存在状态，文明的"扩张的倾向是命中劫数，是某种有魔力而强大的东西"，而这种扩张性产生的事实就是"心灵即是它的外扩的补足物"。②

二、"人"与"人的集合"的四种互动形态

"人"是时间性的，"人的集合"是空间性的。从这个基础上思考文化与文明之间的互动，就会发现这种互动不仅是动态的，而且是极为复杂的。时间维度是关乎过程性的，空间维度是关乎结构性的，在过程与结构之间的互动中，"人之为人"的意义追寻不仅有进步，也有倒退，更有彷徨，而"人的集合"的扩展脚步也呈现出一种融合与分裂的二元形态的进程。在这个多维的互动结构中，社会层面"交往与对话"的传播活动，形构出了四种关系模态。厘清这些关系模态对于我们更加深入地理解"媒介融合"的可能性与现实性提供了更为丰富的语境层面的基础。

(一) 主体性：意义与关系

"人"与"人的集合"为这种互动提供了一个思考向度，即时空因素。文化的本质是人，从时间维度上看，文化变迁具有一种过程性，要么向前，要么倒退；而"人的集合"表现为"文明"，基于空间维度思考，"文明"也具有了一种结构力，要么融合，要么分裂与对抗。由此，在时空向度层面，我们看到了两个因素：过程与结构。

---

① 奥斯瓦尔德·斯宾格勒.西方的没落[M].吴琼,译.上海：上海三联书店，2006：30.
② 奥斯瓦尔德·斯宾格勒.西方的没落[M].吴琼,译.上海：上海三联书店，2006：36.

从过程来看，传播活动的主体处于复杂的社会文化与社会结构关系网络中，主体的意义追寻与"求真"意识只有在传播过程中才有意义。因此，主体的本质属性与价值特性是与传播过程及关系结构高度相关的。换言之，主体性意义是动态生成性的，而意义的动态性过程也赋予了不同过程的主体以不同的身份符号与价值认同。

从结构来看，"人之为人"的意义认知活动是一种以"人"为核心的传播过程，尽管以"人"为核心，但这种意义追寻必然需要在"人—世界"的关系中获得这种"意义"的客观有效性。与此同时，在这种意义探寻过程中，关系不可避免地会对主体施压，"假如我们不能谨慎为之，就很有可能失去自由"①。关系结构的形态会影响到主体的意义建构，进而成为人追寻意义中重要的制约力量。

由此，从传播主体的角度来看，"人"和"人的集合"的互动关系必然是发生在时空表征层面之上，即过程与结构。而在这种先天规定的框架内的传播活动变迁，也相应地呈现出与过程、结构相应的衍生特征，即意义与关系。意义是基于"人"的主体性认知的生存意图表达与价值思维模式，"人"的精神内容在传播活动中的一切符号性行为都包括在意义的范围之中。然而，意义并非锚定不动的，随着"人"的进一步发展，意义也伴随着这种发展而有所更新。与此同时，不同的"人"因其立场、地位、目的、情感的差异，意义也会随着主体性赋予目标的不同而不同。主体性的意义因过程的不同而不同，那么主体性的关系形构也影响到这种意义的生发与变形。在"自者"与"他者"的传播互动中，"以我为主"的思维模式将二者关系建构于某种"贬斥性"的基调之上，即"我才是对的"。然而，人的理性也会告诉这个"我"，没有"他"的存在，还有"我"这个主体吗？在这种对待性视角下，似乎因"以我为主"所树立起来的关系边界，却又在"我与他"的集合性关联中被部分消解。由此，在传播中，因对话与互动的关系联结带

---

① 肯尼思·J. 洛根. 关系性存在：超越自我与共同体[M]. 杨莉萍，译. 上海：上海教育出版社，2017：33.

来了"人"的主体性存在，人在关系中被建构。

(二)意向性：融合与对抗

媒介搭建起人与人之间沟通的"桥梁"，但这座"桥梁"能否必然实现人与人进行交流的目的，却难以定论。从社会层面来看，传播活动能否加强人与人之间的关系架构，进而实现某种意义上的融合，还是有可能会因交流不畅而导致社会结构的松散，甚至在人与人之间修葺起一堵高墙，产生隔阂，甚至导致对抗与分裂，这始终是传播研究的重要问题。人与人的"融合或分裂"状态是先于传播，还是后于传播，传播到底是促进了"融合"，还是导致了"分裂"，这些问题使得大量学者加入讨论，展开思辨。但从另一个角度来看，既然传播活动存在着"融合与分裂"的可能，那么这种"融合或分裂"的动力结构使得传播过程更为动态，传播结构更为多元。我们可以先不论这种动力本身，即"悬搁"这个概念，暂时将关注点落在这种动力所带来的社会结构变化与发展向度层面上思索。

基于"融合"角度的传播理解，其思索出发点是肯定"融合"的动力，认为"分裂"是暂时的，而最终是"融合"。这种视角首先肯定了"融合"的基础性力量，认为多元文化与不同文明之间可以对话，而世界的未来发展必然在平等的传播形构中消弭隔阂，在肯定多元主体性的价值认同的基础前提下，形成具有"共享性"的意义共同体。以"融合"状态作为出发点去审视传播活动，不仅需要关注时间维度的"意义"生发与变迁而产生某种可能的"共同意义"，也需要关注"人"与"人的集合"中所存在的某种"共存"的基础性因素。从传播发展的过程来思考，其实质性目的是为某种"意义共同体"的形成考察其演变历程，思考具有对抗与冲突的不同"共同体"之间的内在社会结构与发展进程。

而对"对抗"状态的传播活动的理解，也需要加入时空维度的观照视域。第一个关注维度就是时间层面的"意义"。这是从时间角度去把握传播活动中所呈现出的意义变迁与优劣比较，认为在同一空间中的多元价值认同具有先天不可调和性，传播的隔阂无法消除，只能通过某种技巧来暂时修补，但最终必然是以某种"意义共同体"取代其他共同体而结束。第二个关注点是空间结构之上的"关系"，强调在传播中各种"人的集合"结构中存在某种传播失效的问题，也从另一个角度肯定了传播主体之间的多元价值取向的不同定义特征，并以此来理解不同的意义与价值在关系结构中的互动。因为传播的原点是人，故而这种视角并非强调不同"集合"之间的政治基础与物质实力对抗，而是以文化语境下的"人"的形构去理解互动之间的冲突结构。

(三)"人"与"人的集合"的四种互动模态

如果我们上述两个向度结合起来考虑，就会产生传播中关于"人"与"人的集合"的四种互动结构或模态。(见图3-2)

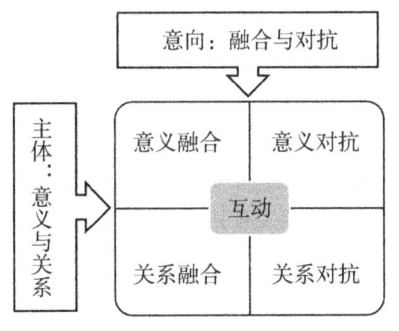

图 3-2 互动模态的四种类型

在传播活动中，"人"与"人的集合"的互动结构，向内抽象为意义认知，外显为关系架构。因主体处于传播场域，必然会对具体传播活动产生某种期望，而无论期望是什么，互动之后可能导致两种传播状态，即融合与对抗。当然，为了抽象出可供思考的互动因素，我们将复杂多元的传播互动进行了高度凝练，同时，为了理论研究有较为清晰的边界，我们也没有充分考察不同互动模态之间所可能存在的相互渗透与交叉的复杂互动状态，而是采取尽可能简化的研究方式来促使研究能在路径研判与理论逻辑上获得稳定性与合理性。

通过高度抽象化而提纯出来的互动因素成为识别传播互动模态的关键基础，将其四者进行统合性考察，两两相关，我们就得到了四种互动模态，即关系融合型、关系对抗型、意义融合型、意义对抗型。在互动中，主体性因素是互动的基础与前提，也是互动得以进行下去的"前置条件"，而意向性因素则是主体参与到互动中所内含的传播目的与互动结果预估。将四种互动模态综合起来进行思考，权衡比较，让我们能从更为全面的宏观视角去理解"互动维度"中"人"与"人的集合"之间的交流途径与效果期望。通过对比四种互动模态之间的差异与特征，思辨这些模态之中存在的有价值部分或因素，为"媒介融合"的现实性提供思考路径。下面我们来逐一分析：

1. 关系融合型

"关系融合型"以关系建构作为实现融合的前提基础，强调主体在互动参与中应首先保障这种传播互动"关系"的稳定性与持续性，并认为"融合"的实现只有发生在关系结构稳定的基础之上才有可能，如果失去了关系的框架限制，传播互动是难以有效进行的。从这个角度来看，"关系"被理解为有效传播的决定性因素，而"融合"只是这种稳定性结构中顺理成章的可见后果。因此，这种互动的核心路径便是以"关系"建构为主，社会中不同关系结构中所存在的多元互动因素被某种"大一统"的关系建构观念所排除或者直接忽视，甚至采取极端性的手段予以破坏或毁灭。多元互动被认为是不合逻辑的，是有损"融合"目的实现的。

此种互动模态多发生于具有较为统一的文化形态与集权体制之中。强大的文化基因与社会结构将传播互动限定在某种相对静态的社会关系之下，从而将互动的主体性身份挤压到特定结构中，人才能显现出来，而具有可识别性。在中国发展的历史脉络中，人的价值并非由自身来定义的，而是基于某种关系前提之下，才能被理解与实现。例如，儒家所推崇的关键概念"仁"，便是将人的价值目标放到"二人"之间的关系层面上去理解，虽然道家超越了人与人的关系建构，将人与自然关联起来思考，终究还是以关系建构为核心，故曰"万物负阴而抱阳，冲气以为和"。

在两千多年的中国文化发展中，人的意义建构均被限定在"天下"的整体关系框架的视域下予以审视。"我"在"天下"的价值场域中实现个人理想，而"天下"并非意指物理学意义之上的客观世界，而是一种整体性角度下的中国人的精神信仰、仁义道德与伦理关系的集合概念，人在"格物、致知、诚意、正心、修身、齐家、治国、平天下"的"八条目"中，君子被赋予了"由己而天下"的人生意义追求，故而才有"天下兴亡，匹夫有责"。作为"融合"的价值基点，"天下"将人置于社会文化与关系结构之中，并对非"天下"的社会文化进行贬斥或拒绝，认为"中国的价值观念和文化规范是人类永久的合理性，中国的标准就是文明的标准；成为文明人就是成为中国人"[1]。

在"关系融合型"的传播互动中，"人的集合"所形塑出的社会结构成为交流活动的前提性条件，虽然整合性的"关系架构"能够通过传播实现不同社会文明形态中的主体交流，进而能产生一定程度上的思想观念、价值规范、伦理道德等意义上的交流，然而这种交流无法撼动"关系结构"中的精神内涵，而只能是一种表面上、浅显的互动。由此，这种模式下的互动只能停留于"形式"层面，而缺乏"内容"，因为关系结构的制约性难以形成平等而自由的"价值交流"，只能是一种传播权垄断层面上的单向"广播"，而缺失一种平等关系架构的对等"交流"。

2. 关系对抗型

"关系对抗型"与"关系融合型"均是以"关系"作为传播互动活动的前提条件，也就是先有"关系"结构，然后才有参与到传播之中的基础，故此种互动类型也是基于"人的集合"社会结构中体制与权力角度去参与互

---

[1] 柯文. 在传统与现代性之间——王韬与晚清改革[M]. 雷颐, 罗检秋, 译. 南京：江苏人民出版社, 2003: 16.

动、理解传播的。尽管基础条件一样，但二者却具有不同的关系影响力与主体性地位，并由此产生不同的传播期望与互动方式。在"关系融合型"中，不同关系结构之间有强弱差异，因不同文化背景与社会结构，一方关系结构具有相对稳定的价值基点与话语权力，而另一方则影响力较弱，关系结构也不够稳定，因此在传播主体的交流中，双方具有不同的话语地位。而在"关系对抗型中"，互动主体可能具有相当的主体性地位，或者也可能是互动双方自认为对话地位较为一致，因此在沟通与交流中，压制性的话语策略难以实施，而更多的是采用一种"协商""说服"的话语方式展开互动。

"关系对抗型"因主体地位相当，故而在传播活动中集中表现为各种意义或者价值观念之间的冲突，其本质就是社会结构中的不同权力主体之间的话语冲突。冲突是因差异而起，而差异之处正是基于不同的"意义认知"。对抗形态主要是发生在主体之间所具有的不同价值观念或本质属性之间的差异。从宏观上看，世界上不同文明之间的对抗可以理解为具有不同文化价值观念之间的冲突，"'文明冲突'或'文化战争'，经常是意义世界距离太远造成的"①。从中观层面看，则体现在具有不同意识形态的组织机构或不同价值立场的媒体身上。比如，发生在晚清末年的《新民丛报》与《民报》的那场"报争"中，核心差异就体现在两个报纸所秉持的不同意识形态。而从微观层面来看，互动主体因其不同的价值定位也会产生这种冲突，比如人与人之间的意义领域的不同而产生的某种话语冲突；再如具体媒体与受众之间的具体传播活动，因传播目的的不同而呈现出对抗，具体表现为虚假新闻、新闻娱乐化、物化、庸俗化的内容与"人之为人"的意义追求之间的冲突。

"关系对抗型"互动仍是从关系视角出发来考察不同主体之间的对抗状态。在这里的"主体"是"人的集合"的不同关系表现，宏观上可以理解为不

---

① 赵毅衡. 哲学符号学：意义世界的形成[M]. 成都：四川大学出版社，2017：15.

同"文明形态",也可以从社会结构层面思考"不同传播主体",而在微观层面,也可以理解为"内容与人"之间的符号传播。在这种互动形态下,交往与对话产生于多元主体之间,虽然这种互动之间具有不同的价值锚点,但互动的主体身份并没有被对方所"吞噬",仍然具有相对独立性的价值存在,故而双方能以相对平等的身份地位参与互动。从另一个角度来看,在这种互动形态中的对抗,可能只是一种暂时的状态,而在对抗中也隐含了一种"融合"的可能性。因此,如果说前一种"关系融合"是"压制性的",那么此处的"对抗"则可能是"包容性的"。

3. 意义融合型

在互动的主体性层面,我们区分了"人"与"人的集合"的两个维度,"人"与意义有关,而"人的集合"与关系有关。由此,在"意义融合型"的互动形态中,推动互动发展,并为互动场域提供基础条件的是"人"所内含的意义追求与价值自觉。人是传播的起点与终点,无论在传播互动中的主体是"人"还是"人的集合",均是以"人"的精神为内核的。尽管在传播中,可能导致对"人"的物化及异化,或在"人的集合"中被消解,但这种传播变异只在特定历史背景层面才存在,是相对且暂时的,并不是绝对或恒常的。

"意义融合型"互动肯定了人的主体性地位,是人基于意义产生的交流与传播。传播互动赋予了"人"基于意义的动态生成与价值交流互动的主体性形塑力量,同时也因人的参与互动,而将"人之为人"的价值追求注入传播空间,并驱动着传播互动的持续进行。"人"天生具有"自我困境",即人只能透过自己的躯体去观望这个世界。"意义追求"与"本体困境"必然要求人进入足够多的传播互动中进行意义碰撞与对话,进而为实现"人之为人"意义的社群共享。但此种互动,并非一种肯定交流,必然导致新的意义生成。正如文化的发展是后退的,"意义融合型"互动传播活动的结果可能不是一种"意义"的创新,或者"新意义"取代"旧意义",而是会在互动中逐渐拨开迷雾,从而回归到"人的原初性"的意义认知维度,"严格地说,我们领会的不是意义,而是存在者和存在"①。

基于以上,"意义融合型"的互动是"人"在互动中发现"人"、肯定"人"、回归人性的意义交流历程。"回到人的原初性"暗示了主体性的传播活动的终点就是"意义融合"。如果说"关系融合"是强对弱、高级对低级的一种压制与吞并,那么"意义融合"就是通过互动,溯源而上,逐渐回归到"人"的生存意义与价值的基点之上。在具体的传播互动中,尽管不同主体之间可能存在着一种意义对立或者价值冲突,但这种对立或冲突是绝非"永恒的",而是互动之中存在着调和、相互依赖、互为补充。如果缺失了这种依赖和调和,就是否定了对方"人"的存在本质,也就否定了互动中意义生成和转化和谐的基础条件,因为"人"的问题就是传播的核心。

4. 意义对抗型

"意义对抗型"互动的基础条件是以"人"的意义表达为核心的,也肯定"人之为人"的意义追求是互动的基础性力量,但与上述"意义融合"不同的是,此种互动形态强调话语对抗与意义冲突是人与人交流与对话的直接结果,并认为在这种持续对抗的话语状态中才有可能真正彰显出"人"的价值与意义。在人的交往中,"人是什么"或者说"人之为人"的价值意识并不是具有先天性的存在,而是在持续不断的话语对抗与价值冲突的互动过程中被逐渐形构出来的。从某种角度来看,此种形态注重考察"互动过程中的人的形成",其中所产生的各种情绪、偏见,甚至谩骂等都被视为是"人的个性化价值的表达方式",是发现"我的意义"的渠道与路径。

通过对比两种不同形式的互动,我们能够清晰地识别出两者之间存在的本质区别。"意义融合"是以互动为渠道去找回"人性",而"对抗"则是以互动为手段呈现"个性"。前者隐含了一种价值逻辑,即人性在历史的发展进程中蒙蔽上了灰尘,要找回"人"的价值存在,需要在互动中逐渐回归

---

① 海德格尔. 存在与时间[M]. 陈嘉映, 译. 北京: 生活·读书·新知三联书店, 1987: 185.

到"人类生存痛苦的老问题上去"。后者则关注互动带来的人的"个性化",具有一种不断"向前"的意义追寻向度。人的互动是一种动态的、一种松散的关系结构,多元主体与异质共存的传播实践活动,不论最终如何,只要互动没有终止,仍在继续,就能进一步显露出"个性化"价值意识。然而,人的发展不仅有精神驱动,更有欲望夹杂其中。如果说前者以"和"为最终目的,那么后者就是以"异"为价值基础。

由此,"意义对抗"的互动过程在凸显"异于他人"的价值追求中,将人所具有的共性"原初性"的意义在持续不断的互动中逐渐剥离消解。在此过程中,越是强化互动,越是会导致价值的疏离,越会发现这个世界难以理解,甚至包括自己。其中,人与自己构成了一组悖论,互动因主体而开始,主体却因互动而终结。人陷入了一种无目的的互动状态,进而导致了没有目的的传播秩序与关系形塑。在此过程中,人的价值基础逐渐被欲望所取代,从而陷入一种价值虚无的状态。尼采认为:"虚无主义意味着最高价值的贬值,缺少目标;缺少对'为什么'的回答。"[1]肯定互动而忽略价值的传播状态,尽管强调了互动的力量,但在缺失目标,或者缺失对互动的本质性探求,人失去了"人之为人"的价值锚定基点,如同一艘随波逐流的船,漂在海上,漫无目的,终会被风暴所吞噬。

三、实践路径:内容"求真"与渠道"多元"

从上面四种互动模态的分析可以看到,"人"与"人的集合"的互动是多维而复杂的。从主体向度考虑,人的"意义追求"与基于人的集合的"关系结构",必然会对互动的传播质量与延展范围带来基础性的限制力量。从第二个向度考虑,互动的意向状态,即融合与对抗的互动倾向,则为传播活动的发展向度与价值构建产生影响。当我们将两个向度统合起来,归纳

---

[1] 尼采. 重估一切价值:下卷[M]. 维茨巴赫,编,林笳,译. 上海:华东师范大学出版社,2013:569.

出四种"互动形态",分别从考察每种形态的基础性力量与现实可能导致的问题角度入手,不难发现,四种互动形态均有各自的缺陷,如果只将某种类型的互动结构作为"媒介融合"理论的观照角度,必定会导致理论误用,进而影响具体实践活动的有效性。

具体来看,前两种"关系型"互动,着重考察参与者的身份性特征,在一定程度上削弱了"人"的价值主动性。"人"被"集合"压制、遮蔽、掩盖,而使得人的精神内涵在传播中被"集合化"的利益诉求与集团意义所取代。这导致传播中的"人的原初目标"的互动价值被消解,互动沦为某种没有灵魂的"形式"呈现。而从"意义"互动形态来看,凸显了人在互动中的主体性力量,将人的"意义追求"视为互动的主导动力,却忽视了"人的意义"必须根植于人类共同体的意义方式中去讨论才有可能实现,单纯强调个体的人的"意义"不仅会陷入"唯我论"的价值困境,更有可能产生一种"价值虚无",而使得社会变得分崩离析。

四种互动形态的归纳,以回到根本的方式,极抽象地呈现出"互动"的理论外延与内涵,为"媒介融合"理论提供了关键性概念的澄清。虽然从现实传播而言,此种分析过于抽象且绝对,具体互动活动可能会呈现出多种类型交织、相互影响的复杂形态。但这种理论抽象必不可少,因为回到本体层面的抽象,往往更有利于洞悉本质,从而为厘清理论命题的内涵与外延奠定基础。从"媒体融合"的实践可行性来看,四种"互动形态"的划分能较为清晰地呈现出"融合"的路径选择依据。无论是选择什么样的现实策略或路径方法,最终都希望能达到"媒介融合"本身所规定的目标,即人与社会共通共融,实现人和社会的全面发展。

由此,要达到这样的目的,上文我们已经阐释了"融合"的可能性条件,即"人之为人",也梳理了"融合"的现实规约,即"人的集合",那么在实践逻辑上,我们不仅需要肯定"人"的主体性特征,也要考虑"人的集合"所带来的关系规定性。基于此,在互动的考量上,我们需要将可能性与可行性的考虑纳入"互动"中展开分析,进而梳理出"媒介融合"实践的策略思考与改革路径。

基于以上所述,"意义融合型"互动强调了行为的指向性,即为了实现"人之为人"的"共享意义"构建,这符合"媒介融合"的目的性要求。"意义对抗型互动"则基于"人在互动",凸显了人的主体性,却忽略了互动的目的为何,使得主体陷入"价值唯我"的视域困境中,这不仅不能推动"媒介融合",反而可能成为其发展的重要阻碍。从"人的集合"维度来看,"关系融合型"互动肯定了结构性关系中的压倒性主体力量的存在,不管互动如何进行,关系均会导致一致性的意义生成;而"关系对抗型互动"则暗示了在对抗的互动中多元主体的存在,由此必然导致意见相左现象,从另一个角度来看,也强调了一种基于内容的竞争态势。

现实路径的考虑必须理解上述互动形态的内在价值定位,以思辨出符合传播规律,并与"媒介融合"理论的本身素质相符,同时也应契合媒介发展规律的内涵。基于此,本人认为,"关系融合型"与"意义对抗型"并不具备"媒介融合"价值目标的内在规定性,前者肯定"集权",后者导致"唯我",均无法实现真正意义上的"融合"。与此同时,"意义融合"暗示了传播内容所存在的价值整合力,即以传播内容作为互动双方的桥梁,从而建构出不同背景、不同身份、不同阶层之间的"意义融合"的平台,而"关系对抗型"则肯定了多元价值主体的存在现实,并隐含了因互动主体对抗行为背后所具有的"平等""自由"的价值逻辑内涵。由此,传播内容与多元主体两个维度均契合了"媒介融合"理论的价值期望与思辨基础,可以被提炼出来,从"意义融合"角度肯定基于内容的互动能承载主体的价值追求与共同体价值形塑;从"关系对抗"中理解基于互动的传播空间应保障多元表达渠道的通畅与平衡。

(一)"意义融合—内容"

上面我们已经论述了"意义融合型"互动的核心指向就是以互动为条件的意义交流。"意义必须用符号才能表达,符号的用途就是表达意义。"[①]

---

① 赵毅衡. 符号学:原理与推导[M]. 南京:南京大学出版社,2016:2.

从这个意义来看，人与人的意义互动的载体就是符号文本，即各种内容。但是这些符号文本能否实现"顺畅沟通"，进而达到主体之间的"意义交流"，这不仅关乎互动主体的符号解释倾向，也与文本本身所具有"可被解释"的内在素质有关。因为要实现主体的意义交流，其前提必然是交流双方都能接受或认可传播内容是"真实"的，能经得起主体的反复辩驳，只有这个前提确定了，后续的意义交流才具有了基础。换言之，"融合"的基础性保障应是传播内容本身所具有的那种"真实"素质，如内容缺失这种素质，那么"意义融合"也就失去了基础。

有必要指出的是，内容所具有的"真实"素质，并不是意味着内容一定要绝对符合客观现实的，与客观现实分毫不差的。从符号学角度而言，只要是通过符号化的传播内容，就不可能达到完全契合客观世界的程度，也就是无法达到"绝对真实"。同时，人的认识是基于客观世界的现象化而形成的对象，这也决定了客观的世界是经过了人的主观筛选的。传播内容的"真实"，更多的是与人的主观相关，是一种人觉得的"真实"，经得起理性思辨考验的那种"真实"，是一种"感性真实"与"理性真实"在内容文本中所呈现出的"符号真实"。此处不赘述，后文中会进行详细的解释。

只有内容"真实"基础上的互动才能奠定双方"意义交流"的基础，一致的或相近的"真实感觉"，才是"意义互动"得以进行的前提条件。人的价值追求与意义表达必然要基于这种"真实"，而"融合"的目的又昭示了一种"共同意义"的生成与发掘。具有"融合性"的传播内容所内在的"真实"，不仅需要互动双方都接受，而且也需要整个互动依照"真实"的逻辑来展开。从这个意义来看，"真实"不仅是一种价值判断，更是关乎主体之间以达到"真实"为目标的互动目标，即"求真"的互动。

"求"是一种趋向性与过程性的表征。这意指了内容本身的符号文本不应该是封闭的，否则不仅不能激发主体趋向性的诉求，即使参与进去，也失去了主体间基于内容的参与互动的可能性。从这个意义上看，"真实"不应是某种固定不变的真理性的存在，而应是主体之间的一种价值评价与主观感受趋向一致的"认同"。内容"求真"，却达不到"真"，但是能为主体

"求真"提供动力。从价值角度而言,"真"是一种价值判断,而"善"则是价值目标,"真"与"善"分别标示出了人的互动中所蕴含的途径与目标,均是互动主体的一种对象性与目标性的过程思维的理解。由此,"求真"素质作为"媒介融合"的"内容"定位,不仅能引导主体参与到内容中来,逐步"求同",更能在探寻"真相"的过程中实现"求善"的目标。

(二)"关系结构—渠道"

如果说"内容"承载了人们"求真、求同、求善"的意义交流目的,那么这种"求真"互动的内在驱动力的源头在哪?传统传播学将这种动力归结为传受之间因"需求"而展开的一种对待性关系结构,其核心逻辑是围绕受众"需求"进行相应内容生产与互动关系建构。然而这种互动塑造的并非一种平等的关系结构,鲍德里亚通过考察大众媒体与消费主义的关系,认为,"在物质增长的社会里得到满足的东西,以及随着生产力的提高愈来愈得到满足的东西,是生产范畴的需求本身,而不是人的'需求'"。① 马尔库塞更是从需求的外部生成性角度,认为"需求"的形成"取决于个人所无法控制的外力",为了特定的利益从外部强加在个人身上的那种需要是"虚假的需要"。② 由此可知,基于受众需求为价值逻辑的互动,并非一种以"求真"为目标指向的互动关系,受众的主体性身份被"异化"为"物",而这种"物化"对象认知是与"媒介融合"所昭示的那种主体性的身份定位所截然不同的。

既然传统意义上的受众需求无法赋予内容以一种"求真"的驱动力,那么也意味着"以需求为导向"的生产无力解决"媒介融合"的现实问题。从某个层面来看,"媒介融合"是以意义建构为目标的,是在互动主体之间"求真"的过程中体现的。由此,"求真"的价值趋向必然会因其本身的价值逻

---

① 让·鲍德里亚. 消费社会[M]. 刘成富,全志刚,译. 南京:南京大学出版社,2006:39.
② 赫伯特·马尔库塞. 单向度的人:发达工业社会意识形态研究[M]. 刘继,译. 上海:上海译文出版社,2008:6.

辑而需要特定的互动空间与主体素质予以保障。从传播空间来看,"求真"的互动需要处于一个相对开放的空间,能保障主体有充分的机会进入其中,而同时,进入空间的主体之间也应该具有相当的话语地位,能以"平等""自由"的主体身份展开话语互动。

基于上述对四种互动形态的讨论,不难发现"关系对抗型"的互动是以主体身份的差异与多元为基础的,这种差异与多元暗示了参与互动的主体之间具有相对"平等"的话语权力,能通过互动相对"自由"地表达态度,所以也容易导致互动之间存在冲突与抗拒。并且,对抗的话语互动又昭示了主体身份与价值基点的多元性,肯定了多元关系主体的存在,并赋予了主体所享有的较为平衡的"在场"性的话语表达能力。由此,多元主体在同一个传播空间中的意见表达与交流对话,为"融合"性的内容产生注入活力,并为内容的"求真"探索提供了一个具有多元参与的意见碰撞的传播场域。从这个角度来看,"媒介融合"的现实基础是"内容",而"内容"的"求真"素质却得益于一个充满多元意见表达的话语空间的形塑。至此,"内容"与"渠道"共同构筑了"媒介融合"的现实基础。

(三)"媒介融合"生态体系的建构

多元话语空间的建构是不同话语主体意见表达的空间性因素,而对话与交流渠道的扩展则可以将这种不同的意见表达引导至内容的互动性场域之中,让这种以互动为内容的"求真"注入活力。可以说,内容的"求真"素质的核心在于"求"的这种动态性上。从这个意义上看,渠道的扩展向度可以从两个方面考虑:其一,扩展多元主体的发声渠道,这个渠道需要肯定"多元",鼓励主体"说话";其二,扩展内容传播的渠道,尽可能让内容延展到不同话语主体的传播空间中。两个渠道的扩展可以是双向的,也可以是单向的,但无论是哪种渠道,均应基于"构建共识"的目的之下。双维渠道的扩展一定是与媒介技术发展有关的,数字化时代的到来为这种渠道扩展提供了技术保障,特别是 5G 技术的发展,内容传播有可能真正实现移动化、智能化、场景化的信息渠道建构,多元主体与内容有可能同时共生于一个完全沉浸式的信息环境中,为内容的广域互动与意义交流提供平台基础。

"求真"与"多元"分别从内容与渠道层面为我们展示了"融合"发生的理论基础与实践路径。"求真"是手段,而"多元"是条件,前者肯定了传播活动中内容是联结互动的核心元素,而后者则凸显了有效互动的传播场域的建构条件与外部因素。从这个角度来看,在技术逻辑背景下审视"融合",必然需要将传播内容与互动渠道所形构出来的生态系统予以全面考察。如果只强调某一个层面或者局部性的传播要素的改造,是难以契合因技术发展所营造出来的传播生态系统的颠覆性改革,必然导致具体传播实践活动最后以失败告终。"求真"与"多元"的价值逻辑已然彰显了这种改革绝非局部性的更新,而是关乎整个传播生态系统的"重构"与"再造",因此,在思辨"媒介融合"现实性层面上,有必要对互联网时代的"融合"内涵进行澄清,并反思具体的"融合"实践中的价值偏误。

第四章 "求真"逻辑下融合生态的构建

互联网语境所孕育出的价值逻辑，从本质上看，就是人的主体性价值回归的一种表达。在此种底层逻辑的影响下，媒体该如何融合，该如何构建融合生态，仅仅进行形式层面的技术整合，而忽略了人的主体性层面上的内容互动中的价值追求，必然将阻碍媒体融合的健康发展。

上述章节通过对"媒介融合"理论概念中的内涵进行分析，将"融合"置于传播发展中的时间、空间、互动三个维度上予以思辨，厘清了"媒介融合"价值逻辑所立足的核心基础，即主体意向、关系架构，以及主体在关系中的不同定位与交往意向而产生的不同互动形态。最终，在理论的抽象中，我们逐步分辨出了"融合"何以可能的两个基础条件，即"求真"的内容与"多元"的渠道，二者共同支撑起"融合"这座理论大厦。如果在实践中对此二者有所偏废，只会导致"先天发育不良"的畸态"融合"改革。从这个角度来看，要避免在"融合"实践中产生"厚此薄彼"的观念偏见，就必须将"求真"与"多元"置于整体性传播环境中予以思考，以探求系统性生态体系存在的各种问题，并将"媒介融合"的现实状态引入生态视角分析，以此明晰符合"融合"内涵的生态系统的建构与营造。

一、"融合"实践中的生态问题

从目前的媒体融合实践来看，媒体似乎仍然没有走出技术化思维陷阱与内容传播的认知误区。特别是当"融合"发展上升到国家政策层面后，一些媒体在融合过程中缺乏系统的理论思辨与互联网价值逻辑的深刻理解，只能单方面追求"融合"的表面形态架构,以技术为关键力量,推进平台整合、技术主导的"类融合"进程,而将关乎主体性的价值追求与意义互动视为技术更新之后的结果,这必然导致渠道打通了,技术也用起来了,而媒体的传播却愈加边缘化的尴尬境地。

1. 对互联网中的主体性意识辨识不清,仍停留在技术逻辑思维局限之中

在互联网发展进程中,新旧媒体之间的横向对比是传统媒体最为直接的模仿对象。在对比中,新媒体的技术手段、内容覆盖、参与互动的传播架构,使传统媒体更重视"看得见"的部分,而将内容与互动关系等"看不见"的部分归纳为技术推动的结果。在这种简化思维倾向中,"技术与渠道"就成了媒体融合的实现手段与主要评价标准。传统媒体在技术逻辑局限之下,将面临的诸多问题均归咎于技术不够新、渠道不够广等外部因素,由此逐步陷入循环论证的尴尬境地。

互联网是人与人互联的网络架构,人是主体。不管传统媒体,还是新媒体,如果不能认识到这点,就有可能被淘汰出局。因此,传统媒体将面临的生存危机归责在新媒体冲击上,明显带有感性思维的特征。人在实现主体性价值的过程中,并不会在意内容的生存机构类型,而会关注内容中是否包裹着他的价值期望,是否引发他的价值共鸣,是否让他看到了清晰的追求方面与价值目标。从这个角度来看,媒体融合的核心不在于有多大的平台、多新的技术、多强的实力,而在于内容能否实现广域扩散、激发互动、形成对话,进而在"价值对话"中构建媒体凝聚力与认同性。

2. 对互联网的"价值逻辑"理解不够,仍固守"需求逻辑"的内容观念

"融合"的终极目标是实现大多数人与人之间的连接,进而达到"集合的人"的"价值共同体"状态,在融合进程中,必然会经历三个阶段,即从"人之为人"到"人的集合",再到"集合的人",而无论哪个阶段,均是肯

定人的主体性基础之上的价值整合,也就是人与意义的动态互动进而达到"价值共识"。从这个意义上看,要想推进融合,首先必须回到人与意义维度进行理解,再来思考具体实践策略的选择。

由此,基于人与意义的"价值逻辑"是一种包裹着人的主体性诉求的主动性内容选择的过程,这里的人绝非单向度、片面化的"需求"所能涵盖的。在媒体融合进程中,"内容为王"以及衍生概念,如"优质内容"等词汇出现频次极高,但问题在于,这种优质内容的基础并非基于"价值与意义",而是主观化"需求判断"与算法逻辑的用户行为的"片面需求"指标掺杂在一起的"需求逻辑"理解。与此同时,在"需求逻辑"的内容观念下,媒体极易被资本力量控制,进而导致媒体的人格化分裂,消解其本身具有的公共性内涵。

3. 对互联网的"生态逻辑"认识不够,仍基于"个体逻辑"推进融合

在互联网发展中,人、技术、内容、社会、文化之间已经架构起某种具有"化学式"特征的信息传播关系,各个组成部分之间的关系架构与传播模式相互关联,互为支撑,形成了具有生态意义的传播环境。由此,生态视角并非一种孤立而片面的理解维度,需要从整体层面理解各个因素之间的互动与平衡状态。

在融合的实践进程中,媒体多是基于自身的传播特征展开行动的,而缺失了"整体性维度"的理解。由此,媒体难以超越自身传播特征的限制性因素,无法跳出自身的内容传播定位去思考内容生产流程的改造与重构。从生态角度来看,泛在的传播关系架构与多元互动主体价值追求均预示着"融合"并非单维度的媒体价值追求,必然也需要承载起社会、政府、文化的价值内涵。因此,媒体的融合实践不仅关乎意识形态与主流价值观问题,也与社会发展、文明建设相关联。如果媒体从一个角度去理解融合,难免出现一叶障目的问题。

二、互联网逻辑下大众传播"生态系统"的解构

麦克卢汉的"媒介即信息"论断，突破了信息与媒介之间存在的认知界限，开启了传媒生态学的研究视角。生态的研究视角是从宏观层面去理解传播中各个因素的相关联系，是一种综合性、互动性、结构性的整合思维。从传播角度去看，便是思考基于关系的组织结构、内容观念、价值诉求、互动渠道之间的交叉重叠及其相互影响。"媒介生态系统好比是传统的生物学生态系统，由人、媒介和技术组成，三者在系统中互动交流。"① 从生态环境角度去理解传播活动，首先，需要一种多学科的"整合式"研究视角，而绝非局限于传播学之一隅，生态研究需要多维度视角汇合到媒介研究之中来。其次，生态是一种人与自然及社会之中存在的关系架构，是一种整体化的系统结构，从整体性思维角度去剖析其中的动态关系互动，显得非常必要。最后，媒介生态研究需要肯定人在传播生态系统中具有最关键的作用力量，对生态系统的影响最大，因此在具体传播研究中，应以人为核心基石去延展出媒介进程与变迁中的价值内涵与意义变动。

互联网时代一个最为明显的转变是，人的主体性重新回到了传播的舞台中，由此导致了传统意义上的传播关系与内容架构被重新定义。技术让个体获得了与组织化传播机构共同竞争、同台表达的机会与权利，由此也让曾经被某些特权阶层长期把控的"真理与真相"的定义权被人的崛起而消解。"真假"辨别与抗争的话语互动发生在不同主体之间，逐渐形成"参与互动"的文化形态。由于不同主体的价值基点差异，关于"真"的互动价值更在于一种整合性的探寻"过程"。对于"何为真"的互动，主体性的价值自觉与道德判断被调动起来，表征为关于"真假"的情绪话语，这也在一定程

---

① 罗伯特·洛根. 理解新媒介：延伸麦克卢汉[M]. 何道宽，译. 上海：复旦大学出版社，2012：31.

度上消解了"客观事实与主观价值"之间的边界。事实是转瞬即逝的,而价值却是关乎"人"的生命意义的,消解了"事实与价值"的传播边界,为不同价值主体之间的对抗埋下了伏笔,然而,从另一个角度来看,这种"对抗"也预示了"价值共识"建构的某种可能性。此处所说的"事实与价值"的边界消失,是指"事实与价值"之间并不是客观与主观的对立形态,而是指"事实"被囊括到"价值"判断的视域之中来了。

在这样一种格局下,各种传播要素之间曾经相对平衡的状态被打破。失衡状态下,传播生态结构持续动荡,也导致社会价值层面的分裂。如果将这种整体动荡归到互联网技术层面予以思考,只能获得极为有限的传播渠道与传播技术层面的理解,而缺乏了互联网技术带来的思想观念以及社会结构层面的理解维度。由此,从生态视角,我们不仅需要理解技术带来的变革力量,更需要从人的主体性维度思考传播环境的整体性转变与社会关系架构中的相互影响,才有可能为媒体找到一条真正符合"生态意义"层面上的"融合生态"的建构之路。

(一)"人被激活"与主体性焦虑

"互联网特别是社交媒体激活了以个人为其基本单位的社会传播构造,重新分配了社会话语权,并因此改造了社会关系和社会结构。"[①]个人在互联网时代被技术力量激活,必然促使不同个体积极进行交往互动,从而加入与传统媒体的内容竞争,以丰富而多元的表达途径重构传统媒体的传播结构与话语关系。个体的主体性认知在数字化交往方式下,通过不同个体及社会的互动,逐渐形塑出了一种崭新的"个人"价值自觉。人将媒介作为载体,以内容承载价值表达,努力实现着主体性价值理念的延伸与归属寻求。在这个意义上,互联网激活了个体的人,而人通过互动与交往,又必然会促使自身寻求进入某种基于特定价值立场与意义追寻的

---

① 喻国明,等."个人被激活"的时代:互联网逻辑下传播生态的重构[J].现代传播,2015(5).

"人的集合"的群属化发展倾向,从而实现个体化转化为社会群体性存在的状况。

"传媒作为人类社会发展中精神交往的物质载体……其动力与归宿最终都共同指向人的发展。"①互联网技术下,人被激活,但并非意味着人的主体性发展。在技术力量所营造出的信息需求与个性彰显的舒适区域中,人似乎成为"无所不能"的主体。人可以跨越时空搜索、查阅天下大事;各种理论、经典著作、宗教观念等,也可以在挥一挥手指头的不经意间,对比着不同角度的解释……互联网赋予了人一种"全知全能"的视角,而视角的转化,即从"对待性视角"到"上帝视角"的置换中,人越来越依赖外在的信息来巩固这种"感觉",却似乎逐渐遗忘了"知识"的存在。"新技术改变了我们的'知识'观念和'真理'观念,改变深藏内心的思维习惯"②,从而逐渐将我们所认知的传统价值观念予以剪断,价值荒芜化的生活现状促使人们在无意义中寻找意义,在意义缺失中生产意义。由此,"意义"只对其生产的主人负责,宏大意义已被个体意义所解构。

个体意义的"主体性实现"必然是一种对抗与否定的过程。缺失了传统价值认同的实现途径,个体只能把"自我实现"伫立于对其他意义的否定层面,而互联网的海量信息也为这种对抗与否定提供了信息条件。由此,个体通过对抗与否定,肯定了"主体性的实现",从而也让人在对抗与否定过程中获得了人的价值。从这个角度来看,互联网中的价值不是引入的,而是产生的,传统的价值观念在动态的对抗与否定中已逐渐被生成性的价值观念所取代,"价值主导行为"已被重构为"行为驱动价值"。

人的价值源于对抗与否定,而基于兴趣与爱好,或观点与意见的一致性而形成的"人的集合"注定被包裹在这种对抗与否定的圈子中,一切与之相左的观念都被选择性行为过滤或清除。对抗与否定也带来了基于个体的"意义碎片化",从个体角度来看,互联网的主动性导致了人的主体性碎

---

① 恩斯特·卡西尔. 人论[M]. 甘阳, 译. 上海: 上海译文出版社, 2004: 95.
② 尼尔波斯曼. 技术垄断: 文化向技术投降[M]. 何道宽, 译. 北京: 中信出版集团, 2019: 11.

化，不同维度的圈子与部落拉扯着人的不同方面，泛在的传播场域使得人可以随时进入或退出，"它们支配着人身上的全部手段工具——不仅是肉体，而且还有精神甚至灵魂"①。

互联网似乎天生导致了一种悖论，赋予人的自由越多，其焦虑也就越深。作为个体是自由的，但自由背后的责任和后果也是由自己负责的。"除了我决定要成为的人，我真的什么都不是。要意识到我的自由程度，就是被抛入海德格尔和克尔凯郭尔所谓的'忧虑'之中。"②互联网时代的"焦虑"似乎源于人与人之间的相互观照与审视，而从深层来看，是基于"行动产生价值"背后的价值短暂性与瞬间性导致的"虚无主义"，而主体却没有为自己提供一个可靠的、相对稳定的"价值观"。

(二) 从"结果思维"到"过程思维"

互联网时代赋予了个体以极大的信息自由，在缺失传统价值观先天的行为规范之下，个体的行为方式就成为他们追寻意义的途径。然而从整体层面来看，无数个体基于话语的价值追寻与意义互动，在互联网中形成了一幅充满讽刺意义的图画：人们一直在追寻，却一刻也没有得到，就如同网络热语"身体和灵魂，必须有一个在路上"所暗示的，只有"在路上"，你才能实现"自我"。

意义追寻的"在路上"，代表了互联网时代的一个明显的转变，即从"结果思维"转换到"过程思维"层面。在大众传播时代，主体与客体的界限是泾渭分明的，由此具有浓厚的二元论传统。而互联网模糊了这种二元传播结构，消除了主体与客体之间的鸿沟，也由此将人与媒体的关系界限淡化了。传播生态结构的重新调整，曾经那种"抽象化泛指"的受众一下子就拥有了可以清晰识别的主体性身份。每个人均成为网络信息流中的控制节点，左右着信息的传播与分发，从而导致了"媒介是人体的延伸"转变为

---

① 马尔库塞. 单向度的人[M]. 刘继, 译. 上海：上海译文出版社, 2006：37.
② 莎拉·贝克韦尔. 存在主义咖啡馆[M]. 沈敏一, 译. 北京：北京联合出版公司, 2017：218.

"人体是媒介的延伸"的角色置换。这种传播结构突破了传统意义上"有无"之间的绝对界限,使"有无相生"的辩证思维在传播动态过程中得以实现。也正是过程思维的引入,人的价值追寻就走入了一个"困境"之中,过去的已过去,现在的正在成为过去,而未来才是终点,"自我实现"只能永远在不停地追求中才能获得意义。

"网络以各种难以预料的方式正在改变社会交往的世界。"①互联网中的无限信息到底会将人类带到一个怎样的境地,我们无法给出确切答案。但从另一种维度去理解网络导致的"自我中心"社会交往关系架构,去思考人在追寻意义中所面临的"困境",似乎在不断追寻的动态性与个体为中心的关系性中也存在着一种新的可能性。"如果过程是现实事物的基本的东西,那每一个终极的个别事实都一定可以描述为过程"②,过程思维方式为一种"稳定的价值"的产生提供了基础性条件。因为过程思维肯定了一种整体性关联,从而将二元分割的两头联系起来。

由此,在互联网中基于人的信息方式、生存状态与价值共识不断被颠覆和重构的背景下,肯定个体动态性追寻过程中所具有的持续性、整体性与关系性的价值逻辑,将互联网的生态关系理解为一个过程,才有可能真正理解传播视域中人与世界的关系。而在此基础上,过程意味着一种连续不断的变化,那种基于实体分离的因果论知识需要我们予以重审,"存在的本质基于从材料到结果的转化之中,这是自我规定的过程"③。由此,我们需要重新定义"真实""客观"等哲学基础,理解互联网中所形成的"真实"与"价值"的融合趋势。这也意味着,互联网中的"意义追寻"可以表现为"真相探寻",而对事件的"求真"也是人的一种"求善"意义追求。从这个角度而言,人的意义及价值可能在人的动态追寻过程中得以逐渐显现。

---

① 安德鲁·芬伯格. 可选择的现代性[M]. 陆俊, 译. 北京:中国社会科学出版社, 2003:3.
② 怀特海. 思维方式[M]. 刘放桐, 译. 北京:商务印书馆, 2006:79.
③ 怀特海. 思维方式[M]. 刘放桐, 译. 北京:商务印书馆, 2006:88.

(三)关系与内容：互为存在

大众传播时代所构建的传受二元结构使话语表达成为有限资源而被权力者所控制。在这样的关系架构中，传受对话与互动都是严格受限于大众传播机构的内容分发渠道的既定范围，呈现出一种单向度的"点对面"的传播关系架构。在这个关系结构中，传者作为关键力量进行信息生产，信息加工与制作基本不需要受众的参与互动，或者受众的互动是受到严格限制的。在此背景下，大众传播关系的确定是内容生产的前提，但吊诡的是，因关系建构而产生的内容生产，却并不一定需要之前的关系结构的存在，也就是说，内容生产与关系架构是一种关联性不强的传播存在。

随着互联网的移动化、社交化发展态势，技术为曾经的受众赋予与传者相当的话语权与选择权。平权的话语表达与多元渠道的信息选择，使得内容传播无法像大众传播时代那样，能够与关系脱节而独立运行。社会个体参与内容传播、主动生产内容并能在共同的"对话与互动"基础上实现内容的关系化传播。由此，关系与内容之间难以进行界限分明的严格区分，关系的维护与确定是基于内容交流与互动的，而内容的传播与扩散也是承载着主体的关系建构目标的。关系与内容，构成了一种"互为存在"的传播形态架构。

超越生活空间的对话与互动，使网络中的交互关系更加倚重内容的中介力量。交互的基础是"在场"与"传播"，而在网络空间中，人的"在场"与"传播"均是以内容为基础的，从而使得互联网的"交往"行为超越了日常生活中的人际传播的限制。"在场"与"不在场"的传播交集，形塑出了一种"泛在"的生活空间，即现实生活与虚拟生活之间的交融。这种"泛在传播"场域赋予了人的"价值实现"更为多维的选择途径，也导致了人的主体性崛起面临困境。在互联网中，内容与关系，既相互依赖，又相互排斥，脱离了内容，无法确定关系，两者是相互依存的，是互为存在的，然而，从人的主体角度来看，"人的价值"需要依靠关系来确定，而"自我实现"的冲动却要不断否定现存关系。

"交往与对话"是人类生活存在的一种本质形式。"自我实现",绝对不可能凭一己之力就能实现的,必须要通过"对话与交往",在关系性结构中找到"自我"的位置。在网络中的人,可能基于爱好,基于态度,基于观点……被各种力量撕扯而逐渐分裂。由此,"交往与对话"又成为人找回自我的主要途径,"'混乱'让对话成为可能,因为必须先有混乱才会产生试图通过对话来消除混乱的努力"①。混乱源于"自我实现"中既肯定又否定的辩证关系,而"对话"也由此变成了既是主体性的内容传播,又是非主体性的关系表达。人在这个矛盾体中所内含的内在统一与对立的动态过程中生存。人的"自我实现"仍在持续,而"交往与互动"的期望也在拉扯着一种"认同"的表达。

"人在感受人的世界。"②布伯认为,当"我"和"你"相遇,对话与交流的联系是公开的,人因为相互依存而得以"共生"。这种"共生"不仅关涉传播关系的建构,也暗示着以关系性的内容理解对象以及将自己推入这种关系的努力中。互联网的社交性,将内容置于一种基于人的在场与对话之中,不管是发布者、围观者、参与者均有话语表达的基础条件。人可能沉默,但这种沉默并不意味着对话关系的戛然而止,反而也成为一种建构关系的内容被予以观照。由此,在充满对话与互动的互联网空间中,人的主动性与"共生"关系让内容的评价标准从客体的对象性转变为关系的对待性,从而也导致了传播生态中关于内容认知观念的颠覆与重构。

(四) 从"客观的真实"到"价值的真实"

互联网步入移动社交时代以来,人不仅因技术而获得了话语权,更是在社交化的传播空间中形塑出了具有不同身份的个体分身角色,从而将个体的生活意义与关系建构连接了起来。在海量的信息冲击下,个人有意识

---

① 彼得斯. 对空言说:传播的观念史[M]. 邓建国,译. 上海:上海译文出版社,2017:219.
② 马丁·布伯. 我和你[M]. 杨俊杰,译. 杭州:浙江人民出版社,2017:5.

地缩小信息接触层级，从曾经的"网上冲浪"到今天的"窝在圈里"，个人的信息行为呈现出一种"有限的主动性"特征。人越来越关注与自身生活空间与现实场景有关的信息获取，也更倾向基于自身的兴趣与爱好选择信息。与此同时，随着网际关系链条的延长，信息的真假判断已经无法适应关系链条的无限扩张趋势，而多元价值呈现的网络圈子显得越来越陌生，人们开始逐渐屏蔽甚至逃离这个"朋友圈"。

"自我实现"的冲动驱使着人进入网络关系，而否定性的行为却又加速着人逃离关系。在这种悖论的状态中，传统意义上的"真伪"判断标准难以起效，因为在海量信息下，多元角度、对立观点、权威信息的内容随处可见，而传统媒体的把关人角色的弱化，更加增加了人在这种矛盾的信息中进行真伪判断的成本。同时，也由于在网络中的对话与交往的对象是隐身的，人很难从身份性的因素中快速识别信息的真假，最为有效的方式就是进行价值识别，看看信息是否符合本人的观点，不管真假与否，只关注价值相符程度，从而愈发强化人的价值判断倾向。

在互联网中，不同的人基于一种价值分化的倾向进行网络圈子化关系群体形塑，这部分因为大众媒体时代的需求性内容报道的社会后果表现也是基于人的"同类"归属感而形成的政治、经济、文化的分化表达，由此，相对独立而隔离的圈子，在特定叙事方式与价值认同中，形成特定的价值观、人生观、世界观，也形成了圈子化的"事实观"。关系化的思维方式，使人将表达与关系联系起来，从而导致较为凸显的"情绪化"表达特征，而不同圈子、不同社会地位、不同利益主体之间必然呈现出多元分散的价值表达态势。在此种多元价值场中，事实的真实与否已逐渐下旋，而附加于情绪层面的"价值表达"则进一步凸显了人通过自我价值观评判事件以判断"真伪"的特征。

在"追求意义"与"互动交往"的网络生活中，过程与关系思维将大众传播时代所树立的"恒久价值"予以消解，只留下"眼前的价值"。二元对立的经验论中的"真实"在过程和关系流变中已失去了客观性的审视基础。"与其他经验性的学科和专业领域相类似，新闻业亦力求客观，以摆脱价值和意识形态的羁绊"①,曾经被新闻引以为傲的客观原则在互联网中遭到了巨大的冲击。过程思维将主客观的"二元边界"予以消解,而关系认知却在逐步强化"价值认同"。如果说"真实"缺失状态需要"真实"的回归,那么不同"价值"的同时"在场"只能诉诸"价值"的引导。

(五)双向"再中心化"的传播

信息作为话语权的一种表征,在大众传播时代,自上而下的传播格局形构出了中心化垂直式的传播模式。在这种模式下,大众作为底层的传播对象只能在相对封闭的传播语境中单向接受信息。步入互联网以来,技术的进步逐步解构了这种中心垂直式的传播体系。每个社会个体均有独立发声的权利与渠道,能自由地决定参与内容传播流程。个体成为互联网中的独立信源与话语表达主体而存在,以一种扁平状、分散式的网络结构重塑社会信息传播模式。然而在"人人都有麦克风"的传播模式中,人、媒体、自媒体共同拉开了"众声喧哗"的一幕,在同一个传播空间中互动与对话,承载着某些特殊目的的内容,在这些主体之中流动,从而又在原本已然消融的边界上筑起围墙。在这堵围墙中,人并非被一种中心化的力量引导,而是在"双向再中心化"的拉扯中逐渐被撕裂。从"中心化"到"去中心化",再到"再中心化"的传播结构转变中,人所具有的主体性自觉一方面被某些自媒体的意见领袖的中心化力量所吸引,另一方面又在机构化媒体的"算法"逻辑中被裹挟。

自媒体是伴随着"去中心化"过程而慢慢成长起来的。在自媒体的发展中,少数自媒体凭借着与众不同的观点表达与稀缺信息资源的把握,逐渐形成以其为中心的庞大粉丝群体的传播圈层结构。在社会事件的互动中,他们的言论呈现出多元解读与情绪调动的特征,构建出了"多元中心化"传播语境。在这种多元极化形态的传播架构中,关于事件讨论的基础,即真

---

① 赫伯特·甘斯. 什么在决定新闻[M]. 石琳,李红涛,译. 北京:北京大学出版社,2009:232.

实性,已被情绪化或情感化倾向所取代。尽管各个自媒体的观点或呈现出的价值观存在一定差异,但在激发读者"共鸣"上的手段却极为相似,要不以某种偏激表达高调地批判社会问题,要不以情感纽带牵起线下与线上的关联。由此,情绪性、价值性、归属性为倾向的传播活动构建起了"双向再中心化"结构中的一维,即以情感为内涵的"中心化"传播架构。然而,从另一面去观察,"情感中心化"结构的产生也为基于情绪互动的"共同体"的形成奠定了基础。

海量信息给人们带来的不是便利和自由,反而在某种程度上加剧了人的焦虑和困惑。在信息量已远远超出人的处理能力的背景下,"内倾化"视角与"代理人"视角几乎同时而生。"内倾化"意味着人们开始有意识拒斥外部信息,而逐渐回归内在自我意义的发掘;而"代理人"视角则使得人需要找到能帮助其有效筛选信息,满足其独特个性需求的渠道或平台。机构化媒体,不仅指商业媒体,也包括传统媒体,开始通过"算法"逻辑来实现这种期望,通过精确识别用户的行为,进行用户画像,重构新闻内容生成与分发的流程,形成了基于个性化需求的精确分发。由此,基于"算法"的传播分发模式成为"双向再中心化"的第二个维度,即以个性化信息需求为核心的"算法"识别与内容过滤的传播架构。这一个维度的逻辑基石是"个性化"的彰显,然而其核心价值内涵却是大众传播中商业主义与消费主义同构出的"需求"理念的延续。

在"双向再中心化"的传播结构中,自媒体注重情感调动,凸显情绪感染;而商业媒体与传统媒体注重需求满足,强调精确传播。两者各有侧重,也有先天不足之处。"双向再中心化"的传播模式,从两个向度冲击着互联网中的个体。"情绪的中心化"逐步凸显了人的情绪背后的价值共鸣,而"需求的中心化"则将人置于机器之下予以审视其感官性的注意力抓取。用户在"双向中心"的拉扯下,个人的主体性意识逐步消失。但从另一个角度而言,"双向再中心化"下的互联网传播结构,也将分散的人进行了集中,从而在某种主体性意识的回归后,为"共生"形态的实现奠定了主体基础。

三、"求真"价值逻辑下"融合生态"的建构路径

媒介生态是基于传播环境的人与文化相互作用的一种动态的关系建构过程的整体呈现。互联网环境下的技术推动人类的传播互动,并形成一种基于生态意义上的传播文化特征,"这并非认为技术决定了社会,而是技术、社会、经济、文化与政治之间的相互作用,重新塑造了我们的生活场景"①。生态的本质是整体性系统架构的平衡关系,维持平衡状态的各个构成因素应该具有一种"适中"性,即不能过也不能不及,否则将会打破这种人与技术和社会之间的关系平衡。由此,生态学的视角,不仅需要考察媒介与技术如何影响了人的发展,也需要思考人在传播互动中的社会发展与文化变迁。

"媒介融合"本身就具有整体思维的内在要求,从"人之为人"的内在动机,到"集合的人"的发展向度,均是以人的主体性发展作为主要思维脉络而行进的。由此,对于"融合生态"的理解,就需要从整体系统的层面,思考互联网传播场域中的内容、价值、技术、社会、媒体、文化之间所存在的多元参与、意义互动、价值共识、话语表达之间的融合与对抗的互动关系形态,从而将"融合生态"概念置于一种基于主体性精神内在价值逻辑的传播活动中进行理解,以明晰人、技术、社会、媒体之间所存在的融合趋向性发展路径。

"传播从来不发生在真空里,它不是一个去除掉背景或情境暗示的'纯粹'过程。"②如果缺失了整体背景与文化语境的思辨,传播只能存在于人的"假想"层面,传播实践也就失去了最重要的空间基础,注定难以成功。由此,在"媒介融合"的理论假设与实践路径的思辨中,必然要求我们应将

---

① 曼纽尔·卡斯特. 网络社会的崛起[M]. 夏铸九,等,译. 北京:社会科学文献出版社,2006:序言.
② 埃姆·格里芬. 初识传播学[M]. 展江,译. 北京:北京联合出版公司,2016:503.

传播语境中所有影响因素统合起来进行考察与辨析,不仅考察互联网中的传播互动是如何影响人与社会的结构调整,更需要思考,在互联网底层逻辑的基础上,我们该如何理解这种关系调整背后的生态意义,如何重新定义传播、人、信息、价值之间的关系调整与发展趋势,如何理解内容生产与传播之中所蕴含的价值呈现与动态价值更新,从而理解互联网所具有的价值内涵,进而为"融合生态"体系的建构提供理念基础与实践路径。

(一) 互联网语境中"求真"的逻辑内涵

综观人类传播的演变历程,每一次技术革新都带来了传播环境中的人与社会关系的改变,也导致了相应文化形态的变迁。在这个过程中,不仅传播结构的显现层面的关系结构与内容分发产生了转变,更为关键的是,媒介生态结构之中所蕴含的一种潜藏的价值逻辑也在调整与转变。而识别出媒介生态关系调整中的内在价值逻辑转变,对于重构融合生态具有极为重要的作用。

互联网技术导致了传播生态的整体性变动,人与人的关系、社会结构、传播体系均呈现出与大众时代极为不同的形态,"如果你花很多时间去研究新媒介是好是坏,你的注意力就会受到干扰,你就不能够真正理解媒介的作用"①。莱文森从"人性化趋势"理论认为,技术的发展是以人的主动性作为演变基础的,技术只会"越来越人性化、越来越合理,越来越完美,人总有办法扬其长避其短"。② 从这个意义上看,识别互联网中所蕴含的价值逻辑,不能仅仅只关注技术与传播之间的环境因素,而忽略"技术—人—社会"中"人"的核心因素,只有将人的主体性置于媒介生态结构中的核心位置,才有可能从主体性及主体性价值实现的理解维度上探寻出传播生态中所内生的核心价值逻辑的转向。

---

① 林文刚,编. 媒介环境学思想沿革与多维视野[M]. 何道宽,译. 北京:北京大学出版社,2007:47.
② 保罗·莱文森. 软利器:信息革命的自然历史与未来[M]. 何道宽,译. 上海:复旦大学出版社,2011:3.

透过技术的迷雾，回到人的维度上，互联网传播环境所形构出的传播体系包裹着人们的感觉、理解、情感和价值。传播中的人，并非一种被动的信息接收者的角色定位，而是有着主动性行为，能追求意义的主体。在互联网的整体性传播结构之中，作为媒介生态关系中的核心因素，人普遍存在着一种迷茫与焦虑。信息过载时代下，"生活意义"模糊与"多元价值"冲突，人难以凭一己之力获得稳定而恒常的价值基点。然而，人已被赋予了较为全面的主动性，在寻求坚固的"人的价值自觉与意义生活"的基础之上，人逐渐回归到"主体性澄明"的自反性价值追寻的道路之上。与此同时，在人为了追求"自我实现"中，动态与持续成为这个追求过程的特征，为了追求，一直"在路上"。而基于主体的内容与关系的互为存在，过程化与关系化思维搭建起了人们与过去认知结构不同的理解事物的方式。人们更注重自己的价值感受与情感关联，对待传播中的人与事，情感和感觉成为主要标准，事实和真相反而置于次要的地位。从而，"真与假"的二元对立形态在过程化、关系化的传播结构中被逐渐消解，也导致人们在对象化认知中的"是什么"逻辑转变到"应该什么"的情感态度与价值追求层面。

互联网赋予的个人传播主动性，将大众传播时代长期被忽视或者被压制的价值思维重新调动起来，因为从本质上看，在人际关系中所面对的众多因素中，道德价值是首先被涉及的，"人们无法选择仅仅'摹写'事实的架构，因为任何一个概念构架都不仅仅是'摹写'世界的"①，这意味着事实的基础是价值，而价值也依赖事实来表达。大众传播时代，人缺失了主动话语权，在中心化的传播架构中，传播者决定着事实的价值判断，而人只能被动接受这种判断。基于经验主义的大众传播，将价值放在"所有我们能够具有且应当具有的思想和知识对象都只能是我们知觉到的事实，试图揭示我们所知觉到的东西背后'真正的实在'，这不过是一种幻觉和病态"②。

---

① 普特南. 理性、真理与历史[M]. 李小兵，等，译. 沈阳：辽宁人民出版社，1988：266.
② 文德尔班. 文德尔班哲学导论[M]. 施璇，译. 北京：北京联合出版公司，2016：5.

互联网所带来的海量信息，使得每个人都面临着如何取舍的难题。文德尔班认为："恰恰从无限事实的这个难题中，我们得到了唯信仰论。"①技术发展中的人性化趋势，人能够自由决定是接受还是相信，对于传播的内容更倾向于从自身的价值感官中去理解，即更强调"应该什么"。由此，大众传播时代所确立的"是真"逻辑在主动性的价值追求中被解构。在互联网时代背景下，主体性所内含的过程与关系思维模式，将静态的"真实性"发展为动态的"真实感"。"真实性"是指事物中所具有的符合客观现实的某种素质，而"真实感"却是与人对事实的价值评价与情感体验有关的，由此"事实为真"的传播逻辑已丧失了其稳定性，特别是在社交化的传播平台上，这种"真实"更受到了多元价值观的拷问，每个人都在解构这种"真实"的价值逻辑，"圈子"化的关系结构强化了这种拷问的话语场域，从而导致了"真实"在立体的传播层面被多元态度、情绪、价值观点所分解。

"真实"被分解，并非"真实"已经失去了作用。因为无论是个体的价值选择，还是社会或文化层面的价值确定，其基础都是在事实层面的"真实感"判断中去追求"真实"的状态，也就是"求真"。从这个角度来看，互联网中的个体或组织的解构对象并非本质意义上的"真实"，而是"真实"这个词汇的前置性限定，即"是"。在"是真"逻辑中，"是"并不仅仅只是一种状态描述，而是一种对"真实"的定义权。在这种定义关系中，事实被置于二元结构中的因果层面予以认定，是一种"因为……，所以是真的"的句式结构表达。由此，"是真"逻辑也标志着一种权威话语的单向度认定"事实"的权力表达。

"媒介是一个'最大的矛盾体'，一方面宣扬社会公平正义，一方面又打造消费主义的梦幻由人享用。"②互联网背后所蕴含的"求真"逻辑恰好是一种对曾经话语权压制的反抗。在技术的人性化趋势中，不仅互联网赋予

---

① 文德尔班. 文德尔班哲学导论[M]. 施璇, 译. 北京：北京联合出版公司, 2016：13.

② 马歇尔·麦克卢汉. 理解媒介：论人的延伸[M]. 何道宽, 译. 南京：译林出版社, 2011：230.

了社会大众一种对抗的力量,而且人的行为也逐渐形塑出互联网空间中的一种对生命价值、人生意义、伦理道德、人文情怀的尊重。"生命性层面的东西,在眼前活着。对象性层面的东西,活在过去里。"①"求真"逻辑中的"求"就是一种肯定过程而将起点和终点进行整体性思考的一种表达。在过程中的才是最鲜活的,才是将个体与世界联系在一起的决定性因素,也是在过程中,人与人的关系是动态而富有生命力的,媒介生态结构中的人、技术、社会才会从"求真"的底层价值逻辑中获得源源不断的平衡力与发展力。

(二)"求真"价值逻辑下的融合生态的重构

在传统媒体不断陷入生存危机的背景下,不少学界、业界人士均指出媒体应当主动适应互联网背景下"人"的需求变化,理解关系形态变动中的社会交往活动,构建出具有互动性、开放性、渗透性的媒体传播内涵。这种观点已经认识到了媒体的发展需要适应互联网的传播逻辑,有较强的指导意义。但在具体实施中,媒体只能从微观层面进行理解,将最为明显的推动力,即技术,视为导致新的传播格局形塑中的决定性因素,而忽略了技术与人的互动中所产生的主体性推动力。从生态角度来看,人是生态结构中的关键性因素,无论是媒介技术的创造者,还是媒介组织的控制者或者内容传播的对象,人占有主体地位,如果将生态关系的关键性力量错误理解,也就失去了生态发展的正确视角。

互联网时代,人的主动性被极大地调动起来,不仅形构出了具有颠覆式意义的"人—技术"的关系形态,从技术垄断人的传播,到技术发展中的人性化趋势;而且在以人为主体的传播活动中,在内容与关系互为存在的关系架构中,互联网中的人与社会、文化的互动与交往中,逐渐建构出了以"求真"为核心的生态价值逻辑。从"是真"到"求真"的价值逻辑转变,意味着一种迥异于大众传播的生态结构重构的可能。大众媒体时代下的传

---

① 马丁·布伯. 我和你[M]. 杨俊杰,译. 杭州:浙江人民出版社,2017:14.

受关系、传播架构、分发渠道、内容观念等生态结构的形成是基于时代语境下的底层逻辑作用的，而步入互联网时代，"求真"的生态逻辑必然冲击传统媒介的生态结构，使生态结构中各个要素之间产生激烈碰撞与动荡调整，由此导致相对平衡的结构关系发生倾斜，产生不利于生态发展的负面传播效应。由此，要探寻融合生态体系的建构，首先还是需要回到"求真"逻辑的分析层面上予以展开。

1. "求真"价值逻辑的特征

"求真"价值逻辑是蕴含于基于互联网传播所形构出的各种话语关系、内容生产、互动协商过程之中的，是在这个过程中，传播主体、组织架构、社会文化、互动渠道之间基于内容生产与话语交流而整体呈现出来的一种价值趋向与意义建构的运作逻辑。虽然，随着传播活动的逐步深入，互动与对话的规模越来越大，对社会的影响越来越深，基于内容而连接起来的人、组织、群体之间的传播关系的构成越来越复杂，互动交往越来越立体而多元，传播活动越来越难以预测。这种状况从整体上呈现出极为明显的"不确定性"特征，即传播活动之中的关系结构、互动过程、效果评估、影响衡量等均难以寻找到一个稳定性的评价基点。从某种角度而言，评价基点的逐步消解意味着我们审视互联网传播失去了一杆衡量"标尺"，传播显得越来越难以捉摸。然而，从理论层面去分析，这种难以捉摸的状态很有可能是我们用错了"标尺"。我们太习惯于用大众传播视角去理解互联网，特别是喜欢采用经验传播学视角去理解充满"价值追求"的传播互动，这必然导致"不确定性"的认知结果。

当我们抛弃传统传播理论的束缚，将互联网中的各种"价值冲动"置于本体层面进行考察时，却能够体验到其中扑面而来的充满生机的主体性活动。超越二元结构的视角，回到主体性价值层面，我们能很快识别出互联网之中基于鲜活个体的源源不断的传播动力，无论从哪个角度去理解，驱动互联网发展的内在规律就是与"人之为人"的意义有关的。意义将人推入网络，而网络赋予意义更新的空间。在"意义"的导引下，主体性步入复杂、立体、多元的生态结构中，展开了一场关于"人生价值"的辩论。互联网提供了将不同主体"汇聚"起来的基础条件，尽管方式、途径因人而异，但追求"人的实现"的价值目标却是一致的。换言之，不同的人具有不同的"求"的选择，而每个人都是向着"真"的状态行进，前者提供动力，后者确立目标，由此，互联网的生态系统中拥有了与大众传播时代所截然不同的价值逻辑内涵，即"求真"。参照生态理论及人的主体性价值视角，"求真"逻辑具有以下特征。

(1) 主体互动性

互联网中的生态结构规模庞大，在复杂层次性架构中，人具有主体地位，并且整个生态结构也是以主体为核心而展开的。作为这种结构的底层逻辑，"求真"逻辑的施予对象必然也是人，从而表现出主体性的"求真"意识。在这种意识表达中，并非要求人必须完全而充分地参与进来，只要自我能认识到其中所存在的意义问题或价值自觉，就已经具备了"求真"意识的构成基础。在互联网中，主体的关联极多，而涉及意义与价值层面，必然也与交往与互动有关，互动带来了不同主体的"求真"意识层面上的对话，由此，也将"求真"内化为人的"求真"意向性。从另一个角度看，不同主体之间的意义碰撞与协商，动力由此而生，驱动着"求真"互动从低层级到高层级的互动发展。

(2) 动态推进性

"求真"逻辑并非一种具有明确目标的价值观念，而更多的是强调一种探寻与追求的进程。探寻与追求的出发点是基于人类的本能，因为不确定意味着一种无知状态，会对人的生存产生巨大威胁。步入互联网时代以来，复杂的传播结构与庞大的信息流使得不确定性的概率越来越高。由此，基于人的本能，探求与追求以期达到确定性的活动不会停止。然而，互联网的实时交互及参与协同的特征，又决定了这种活动难以呈现直线式的行进轨迹，必然会出现反复与曲折。从这个意义上看，"求真"意识的动态推进性，决定了"真"的多维度解释的可能性，也意味着这种"真实"更依赖于某种解释。解释者不仅需要了解"求真"的意向性，更需要加入动态过程予以理解，因此，是否通过互动加入"求"的过程，成为其中的重要因素。

（3）关系转换性

互联网是一个开放系统，主体的传播活动可以实现"去时空化"特征的信息流动与价值交换。开放的空间意味着传播边界的消融，也意指主体能够通过内容流动实现不同传播关系的转换与跳跃。主体间的"求真"意向性，将传播内容推向多元渠道与技术平台，通过内容的纵深流动而产生主体与不同领域间主体的关系转换与重新连接。与此同时，新的主体间关系又促使内容朝向新的方向传播扩散。从平台层面来看，这种关系转换性带来了传播边界的模糊与融合，内容的专业化生产活动在不同空间中逐渐整合、不同领域的行业之间的信息范围逐步交叉重叠、软件与硬件中介组织之间也呈现出技术联动的发展态势，这均为以内容为主的广域传播关系建构提供了条件。而从价值追求层面来看，承载"求真"意识的内容，在关系转换中，逐渐将不同价值立场与利益诉求的组织或个人拉入基于内容的互动场域，共同参与到开放性空间形塑出的"共生"关系链条之中来。

（4）中心确定性

从传播发展的历史变迁来看，传播关系结构从整体上呈现出一种从"泛中心化""中心化"到"去中心化"，再到"再中心化"的螺旋式变动的发展轨迹。从"再中心化"的传播结构发展，可能不是回到"去中心化"，而是会呈现出"中心"主体的异位，即另一个主体取代前期主体而成为新的传播中心。因为从"求真"逻辑来看，"真"意味着一种发展方向，而"求"的参与互动的内涵决定了单个主体通过个体化行为获得传播意义上"真"的实现。个体需要进入某些开放平台参与话语互动，并肯定互动双方均具有平等而自由的主体性特质。互动持续深入，某些主体具有更为明晰的价值定位与思辨逻辑，从而成为群体之中具有向心力的"中心"，吸引着不同主体加入进来。从这个角度来看，"求真"逻辑不仅需要价值立场，更需要能恒定输出价值，并能将价值附加于具体内容而调动公众参与进来的组织或个人的存在。因为，从效率上看，"中心"架构的传播形态最利于人们快速形成合力，进而推动"求真"的前进步伐。

(5) 价值引导性

在互联网的"求真"逻辑下，需要深刻理解人的主体性诉求，即"真"是什么。由于互联网的传播结构的影响，人的追求无法像大众媒体时代时那种直线式传播，即从传者到受众的传播，而是呈现出关系不停转换、角色随时变化的网状传播关系。从这个意义上看，"真"的内涵绝非某种具有确定性的客观知识，而是有着强烈主观性的价值认同，换言之，互联网中的"求真"就是"求同"，也是"求善"。在此背景下，有学者认为我们已经步入"后真相时代"，似乎将"后真相"视为一种互联网发展中的某种"变异"。然而从"求真"逻辑推演，我们发现这种"情绪大于事实"的现象并非一种中途变异与畸形发展，而是从互联网诞生之初就存在的底层逻辑转换而产生的结构性变化，即人的情绪表达在传播结构调整中能够被识别。"求真"是一种价值层面的认同追求，这必然需要某些组织或主体能够有效引导价值发展，以防陷入价值多元的无尽冲突与对抗之中去。

2. "求真"逻辑下"融合生态"重构的三个维度

生态视角的分析，需要将一定时空内的传播主体与传播环境综合思考，理解整体层面的各个部分之间的联系与制约关系。在互联网技术形塑出的传播关系中，"求真"逻辑将人、技术、内容、关系之间的互动与交往形成的生态结构集中体现在人的主体性维度的整体呈现。在这种整体性结构中，人是调动一切因素的核心推动者与结果承受者，故而以人为核心的连接力量将技术、关系、内容予以整合视角的考察，才能将"求真"逻辑的价值内涵有效引入"融合生态"的构建维度的具体实施路径。

(1) "人—技术"：融合生态架构中的"共生"基础

传播的发展在很大程度上是以技术为主要驱动力量的。从文字的产生一直到互联网技术的发展，技术已经渗透进了媒体传播的整个组织架构与内容生产流程之中，并在多维层面上形构了人的传播行为，"日益接近意识的技术延伸,我们说我们日益了解人,就是这个意思:人可以越来越多地把自己转换成其他的超越自我的形态"①。从媒介是人体的延伸,到人体与媒介共同延伸,技术与人之间的关系互动并非一种基于工具理性的手段与方式,而是呈现出"人—技术"之间的一种同构并行的发展态势。尽管当下对"人与技术"的"同构"发展的理解还存在诸多争论,然而,通过互联网所隐含的"求真"逻辑,在传播中的"人—技术"结构,人是关系结构的决定性因素,而技术发展也需要符合"人"的价值,在"人"的价值规定性之中逐步展开"人性化趋势"的技术更新,"我们选择媒介以维持生存,我们选择的工具是:媒介如何延伸我们交流的范围和能力,却又不扰乱我们从生物学角度的企盼"。②

由此,延伸人交流的范围和增强交流的效果,成为"人—技术"维度的融合生态建构的核心目标,即在"融合生态"结构中,如何利用技术来实现上述目标,并且这种技术目标还需要符合互联网文化中的底层"求真"逻辑的价值内涵。这不仅需要我们考虑人在"求真"意识中所表现出来的"去介质化"的要求,而且也促使我们重新理解基于"求真"逻辑下的技术期望,从而为实现"人—技术—社会"结构的"共生"的融合生态关系提供基础。

首先,从渠道层面来看,人受制于天生的自身局限,需要借助技术力量帮助人类尽可能地突破身体限制,从更多空间、更多维度获得信息的能力。5G技术的"万物皆媒"式的泛在传播格局能将人与生活通过各类感应器联系在一起,实现基于人的信息传播中心。由于互联网所形塑出的开放性、公共性特征,人需要实现超越媒体边界获取信息的途径,由此,进一步开放媒体的接口渠道,消融不同媒介存在的边界,增强内容基于平台的流动性与互动性的渠道建设,以上应是媒体所需要考虑的。

---

① 马歇尔·麦克卢汉. 理解媒介:论人的延伸[M]. 何道宽,译. 南京:译林出版社,2011:78.

② 保罗·莱文森. 手机:挡不住的呼唤[M]. 何道宽,译. 北京:中国人民大学出版社,2004:151.

其次，从交流层面来看，不同主体的"求真"意识表达必然呈现出多元价值冲突的局面，但从"媒介融合"角度理解，这种冲突与对抗是为"融合"进程提供动力源头的，换言之，没有交流的对抗与冲突，就不可能达到融合的目的。由此，媒体不仅需要通过技术介入这种交流之中，保障人的话语表达自由与多元对抗的发展，通过鼓励对话，逐步引导价值；而且，在对话过程中，人的反复性特征，通过技术力量保障主体能够获得传播中的被动权利，如被遗忘权。

最后，从"共生"的层面来看，媒体首先需要承认新闻实践与宏观社会、文化甚至政治的某种同构关系，在媒体专业化内容的逐步削弱中，应及时更新专业内容、传播理念的定位，在充分理解人的前提下，通过技术实现智能定制、个性化意义引导、对话新闻等层面的发展，从而在遵循"人性化趋势"的理念上，利用技术实现"共生"平台的建构。比如，目前被传统媒体广泛用来识别用户需求的算法技术，应该在"融合生态"的理念中予以调整，将片面而静态的用户画像，转变为基于人的对话与互动的意义与价值识别，从而为媒体参与互动，引导价值，构建"共同在场"的传播空间，提供技术保障。

(2)"人—内容"："求真"逻辑的内容呈现与传播

人与人的传播活动是基于各种表意性符号而建构传播内容之间的流动而形成的。内容的流动在主体间形成理解、表达、互动、价值交流等行为，在从一个意识主体流向另一个意识主体的过程中，符号化内容成为构建传播关系的中介力量。从人的主动性层面看，内容的传播中的主体不仅是信息接收者，同时也是信息传播者，更是传播内容生产的互动参与者，从更复杂的传播关系中，被接纳的内容能被人进一步分享而得以扩散，不被认同的内容则通过主体间的互动得以修正而部分地接纳，或者终止传播。基于此，内容不仅搭建起人与人之间的沟通桥梁，使"人的集合"成为可能，更核心的是，人与人基于内容的各种行为，赋予人多元而立体的传播角色，从而为组织化与社会化的传播奠定基础。麦克卢汉认为，"任何媒介或技术的'讯息'，是由它引人的人间事物的尺度变化、速度变化和模式变化"而形成的。①

从"人—内容"的层面上看，传播内容并非一种孤立于人之外静止的传播存在，而是承载了丰富的人性化趋势的意义交流活动。虽然大众传播时代下，因权力与消费主义，将"人—内容"之间的关联斩断，人从结构中被分离出来，变成了内容的模糊对象。随着互联网时代的来临，在移动化、社会化的传播结构中，"人—内容"之间的主体性身份与意义关联又被重新召回，由此也使得"求真"价值逻辑的形成成为可能。互联网背景下，传播内容中"人性"因素的重新回归，需要媒体重新反思目前传播活动中内容与人之间存在的"片面针对性"观念的理论基础与逻辑合理性问题，也需要媒体在综合理解生态理论的层面上，展开对媒体内容的认知维度、生产流程、传播分发等层面的再思考，将融合生态的建构基础牢牢树立于基于人的"求真"逻辑之上。

首先，专业性的回归与确立对融合生态建设尤为重要。媒体的"专业化"并非狭义层面的新闻内容生产中的"专业性"，而应该从广义层面理解，即作为社会文化与价值传承的专业化传播机构组织。因为狭义上的专业性过于强调新闻内容的固定格式与叙事风格，而淡化了媒体的公共性社会功能属性。从这个角度理解，"专业化"的回归也就是媒体"公共性"回归的前提，从而促使媒体组织回到"公共性"内容生产与社会角色中去。这种回归使媒体的内容生产有了明确的目标指向，从"片面性"的满足需求中转向到"主动性"地引导社会发展层面上。由此，媒体可以依据"公共性"的社会角色，对传播的内容进行区分。例如，可以将内容划分为"功用性信息"与"意义型内容"，将具有信息服务性质的内容交由技术处理，而将"求真"逻辑中所具有的意义追寻与价值认同的内容交给专业新闻人进行处理。与此同时，在新闻报道层面，不仅需要加强事实核查力度，尽量将多方面内容聚合打包传递出去，更需要在事实层面寻找共同关心或多数人关注的意义

---

① 马歇尔·麦克卢汉. 理解媒介：论人的延伸[M]. 何道宽, 译. 南京：译林出版社, 2011：18.

困惑进行应对,以实现在事件报道中打通"事实播报"与"价值引导"之间的认知局限,突破大众传播内容生产观念中的"事实"束缚,实现从事实到价值的整个流程的内容针对性传播。

其次,强化新闻内容中的互动性,整合多元主体所"共享"的视角,建构基于内容互动与讨论的"价值对话场"。融合的前提是分离,融合实现的主要手段就是促使分离的各方参与互动,在讨论与对话中达成共识。因此,对话与交往不仅是人实现意义的主要途径,而且也能为社会多元价值立场达成共识提供动力。"价值共识"并非仅仅靠内容具有扩散性的传播力实现,广域的传播只是提供了条件,但关键仍落在内容是否能激发对话与交流,否则内容仅具有物理性的传播价值,并没有形成基于内容互动与对话中的化学式融合目的实现。"价值对话场"的建构基础是内容,由此,媒体需要打破传统新闻观中所施加的认知限制,将形态多样、表达多元、风格迥异的内容聚合起来,激发多元主体参与讨论与对话,并在对话过程中及时跟进报道,针对讨论中呈现的突出问题与价值聚焦进行有针对性的回答与应对,从而将对话进程逐步推进。在此过程中,媒体所具有的多元平台应该打通,并非形成某种"中央处理器"式的平台,而是充分利用不同平台的"互动与对话"特征来激发不同层次的主体参与讨论,可以说,媒体的平台整合就是以实现不同层次的对话与互动为目的的。

最后,注重"互动与对话"中的价值倾向与意义追求的研判与分析。"求真"逻辑意味着不同的价值主体有不同的"真实"观念。多元"真实"的背后是不同主体的价值自觉与意义追寻在内容层面的集中体现。由此,对媒体而言,要建构出保持一定平衡性的"融合生态"结构,其前提条件是要能够将多元主体引导至同一个价值目标之下,既要尊重不同价值主体的独特性,又要在主体间发掘出形成"价值共识"的可能性,建构出主体间"和而不同"的价值定位。从这个意义来看,媒体需要加强"互动与对话"的价值研判,尽可能在主体对话中分析出底层价值逻辑,有针对性、预判性地进行内容传播,及时解决主体层面上的意义困惑。在这个过程中,应该强化算法技术的价值分析,为媒体的报道选题策划提供可行性分析,并以技术整理报道选题的相关素材收集整理工作,加快内容生产进度。与此同时,媒体作为政府与公众之间的传播桥梁,有着其他组织不具有的社会敏感度,因此在价值分析研判的数据整理中,媒体人可以就价值问题进行预判,成为政府决策中的"智囊团",提供研究报告,"专业的报道策划与深度阐释正是媒体剖析问题并促进有关主体解决问题的关键,也是5G时代专业新闻重塑的关键切入点"①。

(3)"人—关系":人与"人的集合"的互动途径与平衡支点

"每一件事情,包括每一个人,都首先并永远是关系的联结。"②在边界分明的对待性思维上,我们出于个体的独立性认知定势思维,将人、社会、文化进行有机分割,正因为"我"的确立,从而天然地在"我"与"非我"中划出边界。主体性边界的划分将人与人之间的联系视为一种目的性的架构,比如,在"建立良好的关系"这种话语中,"关系"一词就隐含着目的性意义,即用"关系"提升个人的生活质量或其他目的。然而,在互联网上,我们却看到了不同于这种目的性、需求性的关系架构。基于"泛在"的传播空间中,人与人之间的关系并非一种"为我所用"的目的性连接,而是承载着主体性的"我是谁"的身份定位,是一种先于"我"而产生的关系,是个体需要确认自己身份时的一种判断维度。从这个角度看,我们很难为关系的形成寻找到"第一推动因",因为从因果层面理解关系,就会将关系引入一种功利性、目的性层面,但这种认知倾向明显是与互联网的"泛在空间"中的关系结构相违背的。

建构"融合生态"是为了形成人、媒体、社会、文化等构成因素的生态结构的平衡支点的确立。如果将"人—关系"的整体性思维分割理解,把人与关系的这种"互为呈现"的状态理解为一种基于传播目的的联结,那么就失去了"融合生态"结构中的平衡支点的理解。由此,媒体在思考建构"融

---

① 蔡雯,翁之颢. 专业新闻的回归与重塑——兼论5G时代新型主流媒体建设的具体策略[J]. 编辑之友,2019(7).

② 肯尼思·J. 洛根. 关系性存在:超越自我与共同体[M]. 杨莉萍,译. 上海:上海教育出版社,2017:70.

合生态"时,必须首先要抛弃那种基于因果性的关系理解,承认并尊重互联网传播空间中已然呈现出的"人—媒体—关系"的表现形态特征,并在此层面中反思这种关系结构中的"媒体"的身份定位,从而在"媒体主体性"明晰前提下调整自身价值定位与功能呈现。简而言之,媒体不应该寻思着如何建构新的关系,而是应该从已然存在的关系结构之中去思考媒体身份的调整与转变。具体如下:

首先,应强化媒体的人格化特征的建构与呈现。从"人—关系"的维度来看,人与人的关系结构,不仅是人的主体性呈现途径,而且也是人的社会化过程的必要环节。关系与人是互为条件的。由此,作为传播的媒体与人之间的关系,就不能定义为人与某种没有生命特征的"物"的联结,而应理解为"人"与"人的集合"的联结。从这个角度来看,媒体本身就应该呈现出一种人格化特征,而在媒体公共性的基础上,这种人格化特征应该展示为一种"理想的人",即有社会良知、同情弱者、积极乐观、宽容真诚的媒体形象,而在某些时刻也要有敢怒敢恨、爱憎分明、态度鲜明的性格表达,这能让我们认识到媒体身上所承载的"良善人格"的价值魅力,也为媒体与人的"主体间性"的良性互动奠定基础。从目前来看,媒体的人格化特征并不清晰,甚至在某些媒体身上还存在人格分裂的问题,这也是需要我们注意和避免的。

其次,应肯定传播中的多元关系形态,依靠内容互动实现媒体融入多元主体的意义追寻过程中去。由于我们以前将关系理解为一种因果性的产物,从而在思考关系建构时总倾向于期望内容具有某种互动因子,从而调动受众参与进来,达到"沉浸式传播"目的。但这种思维存在较为明显的逻辑困境,到底是"内容促进关系",还是"关系推动内容"。其实,只要是传播活动,媒体就已经纳入了与社会大众的关系互动,内容是这种关系的载体,即关系与内容互为存在。由此,单纯强调内容的吸引力并不能从实质上改善互联网关系形态中的"媒体边缘化"困境。要改善这种困境,只能从关系角度去重新思考媒体的角色定位,放下身段,理解他人,融入互联网的关系结构中共同参与、即时互动,以平视的姿态进入多元主体互动的

"价值对话场",从而才有可能实现"你中有我,我中有你"的融合关系状态。

最后,确立主流价值的中心地位,实现从"需求型中心化"向"价值型中心化"的转变。互联网"求真"逻辑带来的最为明显的颠覆就体现在"真实观"的转向,即从"客观事实"到"价值真实"。人的关系结构也是人追寻意义的重要推动力量,在客观事实维度上,媒体是权威者的身份定位,而在价值真实层面,媒体必须要转换到引导者的身份定位上。这并非说媒体要抛弃客观化原则,而是需要在身份定位上调整,即从"是真"的对象性关系定位调整到"求真"的过程性关系层面上。由此,媒体要融入"求真"的过程性关系,不仅需要促使互动与对话,更要在互动中逐渐树立出"价值标杆"的旗帜作用,让"求真"的过程逐渐发展为"求善",进而实现"求同"的"价值引导"。要实现这个目的,不仅需要"主流价值观"注入传播格局的顶层建构,也需要媒体及时调整从"满足需求"到"价值引导"的底层逻辑更新。

(三)"媒体人"与"人"的"融合"

无论交流互动是产生价值共享的前提,还是价值共享是人与人交流的前提,人的交流都是与价值有关的。从某种意义来看,前者肯定了交流的目的是"价值认同",是一种基于主体的意向性表达需要,"传播的意义是使人们分享社会中宝贵的目标与学问,传播是手段,也是目的"[1]。而后者则强调了人与人所共享的文化基础与人性化特征是交往得以顺利进行的基础,是人与人交流的社会性基础。"社会的本质在于交流与互动是因为社会关系存在于人的交流中,'我'的特性使个体具有交流观念的能力。"[2]不难看出,交流的意向性与社会性特征的基点是人,是基于人的主体性意识及其社会关系结构所导致的。既然在传播活动中的交流是人与人的互动,那么从媒体身份定位层面来思考,媒体应该也是一种"类人化"的机构组

---

[1] 胡翼青. 西方传播学术史手册[M]. 北京:北京大学出版社,2014:175.
[2] 胡翼青. 西方传播学术史手册[M]. 北京:北京大学出版社,2014:51.

织,只有这样,才能契合传播概念内涵的"人与人"交流中所彰显出的价值意蕴。

然而,在技术与资本的侵蚀之下,社会传播空间中的人性化特征不断被压缩,媒介生态系统呈现出明显的失衡状态。在这样的背景下,传统媒体原本有机会抓住这个机会,因为相较当时的各种媒介组织而言,传统媒体是最有"人性化"特征的传播机构。不过可惜的是,传统媒体错过了这次机会,而自媒体却在其中寻找到了传播中的情感空白,以更"人性化"的方式与用户建构出基于情感纽带的交往关系。这不能不是传统媒体的一个巨大的遗憾。尽管自媒体在情感化的交流中获得了发展,但因其自身存在的先天缺陷,无法从公共性、社会性角度扩大这种人性化交流的影响,而逐渐沦落为基于私利的"情绪贩子",这为传统媒体再次翻身提供了又一个宝贵的机会。

这个机会不仅需要传统媒体重新认识自身的媒体身份定位,通过强化媒体的人性化属性,接纳社会大众加入一种归属性、情感化的交流互动,以一种"人性化"特征展开与人的对话,而非是一种以胁迫、侵犯、引诱、刺激为手段的互动。与此同时,媒体也需要发展出一种基于生态视角的媒体主体性意识,将公共性与人性化作为检测媒体系统的纠偏标准,态度鲜明地树立起"主流价值观"的大旗,并以"价值共识"与"意义互动"进行衡量技术因素与内容因素的发展尺度,即以人的尺度作为媒体的尺度。由此,媒体的主体性意识与人性化特征,将媒体形塑为一个有生命冲动、有价值内涵、有意义追求的"媒体人",从而为构建出"媒体人"与"人"的交往与互动关系、为"融合"的最终形成奠定坚实基础。

第五章 传统媒体的"媒介融合"：
何以可为？

　　回溯性地去理解传播，人与人基于媒介的对话与交往活动本质上就是人的归属性、社会性、价值性的诉求表达。人为了认识社会、认识世界，甚至认识自我的冲动决定了人只有通过传播予以实现。对话与交往是人性化提升的途径，而"融合"则是人性化的传播起点与终点。在经历了传播形态历史变迁的漫漫长路之上，对话与交往的初始性目的早已在人与人的价值互动与群体集合的多维结构变迁中渐渐销蚀。历史的风雨将传播所具有的"融合"内涵隐藏在重重迷雾之下，以至于我们将"融合"视为传播发展的未来形态，想当然地将传播本身所具有的"内涵"视为发展的"目的"，产生了本末倒置的思维谬误。

　　通过上述几章的思辨，我们希望能以"回溯"的路径，探寻出传播中所内含的"融合"内涵，并将其置于现实语境的传播背景中加以考察，思考互联网的底层逻辑与传播的"融合"内涵之间的价值契合，进而提炼出现实层面"媒介融合"实践所应更新或重构的生态观念，从而为"媒体"与"人"的意义共享与价值建构奠定环境基础。这种"共享"的基础是人与人之间的互动实现的，其主体应该是承载人类价值精神诉求的"人"。由此，媒体作为现实层面的"人的集合"也应该突出"人的本源性"目标，而非"物的占有性"，前者是人的精神追求的基础，而后者则受制于人的欲望驱动。由此，"媒体"需要抛弃因人的欲望而带来的"私利性"，而逐渐靠拢"人性"的价值基础，以"人性化"为其发展的核心内涵与精神建构，从而契合传播概念内涵的"人与人"交流中所彰显出的价值意蕴。媒体的"人性化"的主体性身份确立,为"媒介融合"奠定了坚实的价值基础。然而,在现实传播背景下,"媒介融合"的实践主体是谁,谁能承担起这个重担,这又是一个问题。

一、"媒介融合"的行动主体:商业媒体还是传统媒体?

在前述章节,我们将传播置于三个维度分析之下,论证了"媒介融合"这个理论是有可能付诸实践的,是具有理论可能性的。与此同时,我们也将"人与人"的互动交往单独抽出来思考,从"主体性"与"意向性"两个层面去观照"互动",以此为基础去识别"融合"实现的途径或方式,最终在四种互动类型的对比之下,辨析出了两种互动类型所蕴含的价值内核是有实现"融合"的内在特性的,即"意义融合"与"关系对抗"。通过推理,我们将"融合"的现实性基础立足于"求真"内容与"多元"渠道两个实践维度,多元对话提供"融合"渠道,内容"求真"联结互动主体。

现实基础的确定意味着"媒介融合"的推进,必然需要落实到具体的行动主体层面,否则就失去了现实的推动力量,同时,这个行动主体必然是需要具备"内容生产"与"传播渠道"这两个基本条件的。更为重要的是,由于"融合"暗含着某种"共同体"的意义内涵,这又要求"媒介融合"的行动主体应该具备某种"共同性"的内在特征,从而能将相对"原子化"的个体聚合起来,为"融合"的实现奠定"集合的人"的基础。从传播角度来看,互动与交流必定要受制于一定文化语境与社会意识形态,不可能存在超脱时代背景的某种"纯粹"的传播,否则"融合"就失去了基于特定文化、社会形态的"价值共享"基础,成为"无源之水"。

基于以上所述,"媒介融合"的行动主体至少需要满足两个维度的条件。一方面,行动主体应该具有"传播主体"层面的内在素质,能够进行专业化的内容生产并拥有将内容推送出去进行广域互动与影响延展的渠道;另一方面,行动主体也能够承载基于特征时代语境下的"公共性"内涵,以"共享"的文化精神与社会意识将人聚合起来。放眼当下的传播活动现状,能同时满足"传播主体性"素质与"社会公共性"内涵的行动主体,似乎有两个：传统媒体与商业媒体。

这里需要澄清一个问题，为什么自媒体不具备行动主体性的要求。从传播主体性素质角度来看，自媒体能生产内容并加以传播，也能产生互动。而且自媒体的内容活动同样是基于特定历史语境之下，某些自媒体内容也呈现出某种"公共性"表达。当然，我们并不否认自媒体确实具备"融合"的潜在能力，只不过从目前的发展现状来看，自媒体数量众多，而且目的也极为多元，所秉承的价值观念也较为复杂，难以抽象出较为清晰的发展规律。由此，为保证研究的谨慎性，我们采取了暂时"搁置"的处理方式，并非排除其所具有的"融合"可能性，而是将其暂时理解为"个体的人"或"群体"的存在方式，以此纳入"人"与"人的集合"的理论思辨场域。

（一）"媒介融合"行动主体的基础条件考察

"媒体"是一个与技术、制度、权力、文化相关的传播学概念，意指在某种社会制度下专门从事信息传播活动的组织化机构的统称。在日常使用中，我们也将"媒体"这个概念理解为不同技术媒介形态所构成的专业化机构，如印刷媒体、电视媒体。但不管从何种角度去理解"媒体"，均肯定了该词所具有的专业化的内容生产、特定传播渠道的传播权力。值得一提的是，随着互联网时代的到来，为区分出不同的媒体形式，技术作为理所当然的识别标准，将基于互联网技术而发展出来的"媒体"统称为新媒体，而将传统媒体意指为"旧媒体"。这种划分比较随意，也缺失理论基础。传统媒体是依赖特定的社会制度与文化特征，从事专业化内容生产的主体，而新媒体却更多的是立足于传播技术层面的理解，两者划分的逻辑是有本质差异的，从这个意义而言，"新媒体"的概念是有逻辑问题的。

尽管在互联网时代到来后，传统媒体的渠道优势被逐渐弱化，但渠道仍在，而且也在不断利用新技术进行发展。从1992年《杭州日报》开启中国第一份电子报算起，在将近30年的时间内，传统媒体一直紧跟技术发展步伐，进行着渠道扩展、技术推动、数字转型等思路的传统媒体的技术探索和实践，媒体微博、微信、新闻客户端、媒体公众号、新闻短视频等多种传播形态极大扩展了传统媒体的传播渠道,特别是 2014 年以后,媒介融合实践上升至国家政策层面,传统媒体更是加快了利用新技术、整合新渠道、生产优质内容的融合化转型步伐。可以看到,尽管在互联网时代,传统媒体出现了一定的不适应,但"内容"及"渠道"的融合基础还在。

在传统媒体积极推进"融合"的实践过程中,我们也可以很清楚地看到基于互联网技术而发展起来的商业媒体平台的存在。从早期的"四大门户"网站,到当下的"平台型媒体",商业媒体的迅速发展已成为传统媒体最直接的竞争对手。在技术优势与个性化"算法"的双重压力下,传统媒体节节败退。由此,曾经独占内容生产特权的传统媒体,其内容优势开始被商业媒体平台逐渐蚕食。与此同时,商业媒体利用技术优势推动更为精准的内容趋势研判、用户群体画像、社会热点分析的个性化内容推送,进而逐渐将手伸入"内容生产"中,通过对各种聚合型 UGC、PGC 内容进行"二次"编辑加工并予以精确投送,这种模式与传统媒体的信息分发具有本质的不同,故而在很大程度上影响并改变了网民的信息消费习惯。例如,"今日头条"虽然只承认自身是一个技术平台,不是媒体,只做内容分发,对平台内容的传播不进行人工干预,只利用算法进行个性化推荐,但在受众眼中,"今日头条"俨然已经成为重要的新闻渠道。从这个角度来看,技术公司在"渠道优势"的技术条件下也具备了"内容二次生产"的能力,从而也获得了"媒介融合"所要求的基础条件。

(二)"媒介融合"行动主体的资质考察

基于前文的分析思路,我们确定了"内容"与"渠道"是实现"媒介融合"的基础。也通过目前的业界实践分析得出,基于技术的商业媒体公司与传统媒体均具有上述"融合"的基础条件,这意味着两种类型的组织均有可能通过实践推进"融合"进程,成为"媒介融合"的行动主体。由此,摆在我们面前的一道难题是,如何来确定两种类型的传播组织所具有的"融合"能力是符合"媒介融合"发展目的定位的,也就是说,我们需要对两种类型组织分别考察其基础条件与价值内涵,以思考其是否具有"媒介融合"行动主体的资质。要考察这点，不仅需要回到"融合"的起点，思考其终极目的，也需要我们横向比对两者之间存在的天然差异。

1. 传统媒体的"媒介融合"资质考察

"融合"是一种能量，是媒介生而有之的一种因"人"的价值追求而赋予的一种内在动力，这种动力驱使人形成"集合体"，最终实现进入"集合的人"的意义空间，从而达到"人的全面自由"状态。由此，从"人"到"人的集合"，到"集合的人"，再到"人之为人"的传播实践历程，勾勒出了一条"媒介融合"的发展脉络。基于此，传播内容的内在素质决定了人能否具有"意义交流"的条件。从更深的层面看，这种基于内容的"意见交流"为"共同意义"形塑奠定了可能性。

口语时代，人的这种"意义交流"只能通过"面对面"的"在场"对话形成，但随着媒介技术的发展，"意义交流"逐渐从"在场"转变为"不在场"。人的"不在场"使得传播渠道成为决定"交流"的首要条件，媒体利用渠道控制内容，进而控制"意义"。大众传播时代，传统媒体利用制度优势保障"掌控渠道"目的的实现，从而达到对"意义与价值"的控制。然而，步入互联网时代以来，传统媒体所把持的"渠道"优势被数字技术所形塑出的交互式传播架构逐渐消解。新技术为大众时代的受众铺就了多元而立体的信息渠道，使人的"交流互动"可以绕过传统媒体而展开。

在这种背景下，传统媒体寄望于"延伸渠道"的思维，以期重回往日辉煌，是有决策问题的。因为两种传播渠道的构建路径有本质区别，传统媒体的"渠道"是一种独享的权力，是体制赋予的一种特权，具有排他性、唯一性。在这种背景下，传播内容更像是渠道的附属物，即先有渠道，再有内容。而互联网所搭建的"渠道"却是多方作用的结果，不仅受制于社会制度，也具有市场因素的影响，更是与"人"的需求有关的。由此，这种不具有独占性排他的"渠道"具有某种社会互动与关系建构的特征，正是由于"渠道"存在多元主体的关系性，因此内容反而成为渠道延伸的重要推动，即先有内容，再延伸渠道。

然而，放到当下来看，作为体制化的传播机构，传统媒体的内容仍具有一定的形态稳定性与价值连续性特征。尽管在不同发展时期，传统媒体的传播理念有些摇摆不定，呈现出的媒体外在形态也有区别，然而从宏观层面去看，传统媒体的价值认知与组织结构的基础仍在。大众传播时代以来，传统媒体更是承载着民族、社会、国家的意识凝聚的责任，技术的更新无法撼动传统媒体所坚守的意识形态的价值观基础。特别是在新闻理想的影响下，在传统媒体人所具有的使命感的推动下，深入基层挖掘社会问题，引导社会舆论的良性发展，与国家舆论保持一致，这些均使得传统媒体本身具有一种主流价值的凝聚力与"意义共同体"的引导力。从目前的传播状态来看，虽然新媒体发展迅速，但传统媒体的内容无论是质量还是社会影响力，均强于自媒体。与此同时，在技术公司所构建的"平台型媒体"上，由于用户的注意力存在长尾效应，且传统媒体的内容总量较少，投放较为分散，传播渠道较为有限，单兵作战特点明显，这些因素也使得单个传统媒体无法动摇聚合型商业媒体的市场地位。

2. 商业媒体的"媒介融合"资质考察

历史进程是不可逆的。媒介技术的发展一直在前进，我们需要正视这种局面，而不是逃避和退缩。如果说文字的发明带来了"人的分离"，那么数字化技术的产生也使"人的重新整合"成为可能。数字化技术将各种形态的传播技术整合到一起，赋予用户一种整体性利用传播渠道的能力。尽管从目前的传播现状来看，多元主体之间的价值冲突与意见对抗使得这种"整合"看似不可能，但从另一个角度思考，传播渠道确实将不同主体的人集合到了传播平台上，这为"融合"的实现，先期提供了"人的集合"的基础，使"集合的人"的融合目标有了主体性的保障。

基于媒介技术而形成的"平台型媒体"，利用算法进行用户研究，通过个性化的内容推送以及内容技术的创意利用，基本已经构筑起了"内容+渠道"的传播优势。在商业竞争伦理的驱动下，技术公司的"平台型媒体"深谙用户心理，以"聚合内容的二次生产"与"精准投放"不断扩展用户规模、强化用户黏性、挖掘潜在用户，使它们在原有的渠道优势上逐渐获得了内容优势。从这个层面来看，技术公司似乎比传统媒体更具有"媒介融合"的行动主体资格。从渠道角度看，技术公司先天性地具有这种优势，而在内容层面上看，"平台型媒体"所具有的内容聚合属性，在算法技术下又能为内容找到用户。由此，"渠道"与"内容"均被技术公司抓在手里，这也使得它成为目前"媒介融合"实践的重要推动者。

但细细思考一番，也不难发现其中存在着一些内在的矛盾性因素。这种矛盾性集中体现在三个方面：其一就是以"公共"的名义在市场竞争中取得影响力，并将"影响力"作为传播的基础时，必然转变为一种对"公共"的限制；其二是商业媒体一方面不否认"商业盈利目的中的私利性"，而另一方面又在传播中尽可能地抹去这种痕迹；其三，商业媒体将"个性"赋予一种前所未有的至高地位，然而却通过激发调动感官性的内容彻底否定了这种"个性"。商业媒体的这种矛盾性使其陷入难以自圆其说的传播悖论之中，这种悖论集中体现在两个维度的冲突之上。从认识论角度上看，表现为"用户"与"人"冲突。不难看出，"用户"与"人"具有本质区别。技术公司将传播对象定义为"用户"，是一种明显的商业逻辑思维。因为盈利的现实压力不允许技术公司将"用户"提升到"人"的层次。从商业逻辑来看，传播最重要的就是让内容能够被用户"看到"，考量的标准就是"注意力"与"到达率"。但"融合"所需要的那种深度参与及意义互动而可能产生的"价值共同体"却不是技术公司所考虑的。从目的论维度来看，是"商业利益"与"共同意义"的冲突。商业追逐利益无可厚非，但从整个社会层面来观照，这种逐利性是一种"私利化"的表现，与"共同体"的目标相去甚远。尽管此处的"共同体"并不是一种绝对化的平均主义表达，而是从价值观层面来思考的，商业主体也应该被纳入"共同体"予以思考，但"私"的诉求决定了商业主体不可能成为构建"意义共同体"的行动主体。

基于上述两点分析，技术公司尽管具备"媒介融合"所要求的基本条件，但其本身"私"的属性却喻示着它难以担负起推动"媒介融合"的发展重任。在这里也多说一句，传统媒体的数字化转型纷纷将传播对象也定义为

"用户",笔者认为这是极其错误的,这种定义不仅导致对传播对象的误判,更为重要的是,也失去了对"媒介融合"理论进行全面理解的基础,从而使得融合转型成为"不可能实现的任务"。

(三) 传统媒体:"媒介融合"的行动主体

1. 行动主体的"共同体"的素质要求

"媒介融合"的终极目标是与"共同体"的价值目标紧密相连的。要实现这个价值目标,首先就需要"媒介融合"的行动主体至少具有建构"共同体"的价值意识或价值自觉,这种意识与自觉的建立是基于对"人"这个具有丰富内涵的概念的理解,尊重主体性的价值追求,理解"人的命运"的发展向度,接受"共同体"的意义与价值互动中的建构力量。而这种观念落到当前的现实生活层面指导"融合"发展,不仅要肯定作为人的生活与生存的利益需求,更要推动人的价值追求。简而言之,行动主体既要肯定"需求"的现实性,也要理解"追求"的目标性。其次,行动主体应该具有鲜明的"大多数人"的价值立场。尽管我们常说真理往往掌握在少数人手中,但这是从认识的角度而言的。从"价值共识"上看,"共识"的概念已经涵盖了语境空间中趋向较为一致的价值感受。再次,行动主体应该有一种社会悲悯心。"媒介融合"本身就具有一种"人的关怀"的价值内涵,这种"关怀"不是价值标准,不是选择筹码,而是一种基于"人文精神"的情绪共鸣。最后,行动主体应该具有"公共性",能够最大限度且去除私利性地展开"求同、求善"的意义表达与价值互动。由此,具有"人类命运共同体"的价值自觉,理解多数人共有的"价值追求",心存"人文关怀"的悲悯之心,推动社会"公共性"发展,行动主体就从实质上拥有了"媒介融合"理念的价值内核,也就被赋予了推动"融合"发展的现实能力。

2. 传统媒体应该是行动主体

通过上述分析,能够推动"媒介融合"进程的行动主体,从现阶段的传播活动现状来看，只有传统媒体与技术公司。传统媒体因其秉持的公共性、导向性、专业性的内容生产理念，尽管在互联网浪潮下，产生了一些动摇甚至彷徨，但从宏观上看，并没有丧失优质内容的生产条件。虽说技术公司具有渠道优势，也能整合内容，依托算法的精准推送，具有一定的媒体功能与属性，但从本质上看，其天生所具有的逐利性，倾向于用户的片面化识别，抓取用户"注意力"以实现内容的"可见性"，因此也丧失了承担"媒介融合"所向往的那种丰满而立体的"精神自由体"的价值目标。从这个角度来看，"媒介融合"的行动主体，从当前的传播状况来看，可能只能落在传统媒体身上，虽然不能排除在社会发展中出现新的行动主体的可能性，但从现实层面考察，应该只有传统媒体是具有这种能力素质的。但也不难看出，目前传统媒体遭遇了各种内容主体的挑战，技术公司以及自媒体分别从渠道与内容两个层面展开了对传统媒体的阻击，在此背景下，似乎能感到传统媒体存在的一种无所适从的发展困惑。

3. 传统媒体"媒介融合"实践中的现实困惑

传统媒体利用技术以改进新闻报道的实践活动一直都在进行，从1992年算起，在长达30年的时间中，传统媒体的数字化转型步伐不可谓不大，整合技术渠道的范围不可谓不广，但时至今日仍能感觉到一种困惑，似乎传统媒体的观念与互联网思维仍然没有搭上线。在新闻媒体的融合实践中，这种矛盾更为明显。在面对商业媒体与自媒体的冲击之下，传统媒体普遍认为，"融合"是一场战争，是一场生存之战。可以看出，传统媒体已经深刻地认识到问题的严重性了，也一直都在技术更新维度上展开自救，但颇为吊诡的是，媒体的"融合"实践目标已经确立，就是要"融合"，然而，在实践中，关于新闻理念的核心逻辑辨析却着墨不多，在实践过程中对于哪些传播思维需要保留，哪些需要更新甚至颠覆，媒体如何"融合"，怎么"创新"等核心问题避而不谈或语焉不详，导致了媒体在"融合"实践中缺乏理论扶持，而左右摇摆、举棋不定，陷入认知困境。

(1)"内容"是什么

从转型伊始,传统媒体打出了"内容为王"的口号,后来随着实践过程的逐步深入,又提出了"内容为王、服务为王"的媒体定位,在多渠道的技术推进下,甚至又喊出"渠道为王"的口号。但对"内容为王"的理解却甚为模糊,比如电视台加大综艺节目制作,可以是"内容为王",传统纸媒加强新闻报道,可以是"内容为王",甚至某些广播台开设的"夜读故事"栏目,也可以是"内容为王"。那么在这些"内容为王"的认知中,哪些才具有推动"媒介融合"的实质性意义?这些"内容"有没有主次关系?如何将"内容"调配,以产生"融合"?从目前的"融合"实践来看,"内容为王"似乎成为一副挂在空中的横幅,而实质仍然是一种整合平台的技术推动。

对"内容"的泛化认知,导致了"内容"是什么的困惑,也使得传统媒体简单地将"内容"与"注意力"联系起来,全媒体报道、虚拟现实增强、数据可视化、融合新闻等概念层出不穷,却拱手将大块反思社会、抚慰心灵、关怀弱小、探寻问题的"内容"空白留给"自媒体"去填充。

(2)"对象"在哪里

大众传播时代,传统媒体统一使用"受众"一词指代传播内容的对象。随着互联网的持续深入社会,媒体的转型之路的一个重要问题就是找到传播的对象。与大众时代不同的是,互联网将受众的主动性选择能力更为清晰地呈现出来,这也要求媒体需要重新审视这种主动性,将传播对象作为一个实在的人来进行考虑。这不得不说是一个巨大的进步,但在随后的发展中,媒体似乎为了强调传播对象的主动选择与信息传播的亲身体验,开始接受将传播对象理解为"用户",并由此发展出一套基于"用户思维"的"融合实践"理论。

"用户思维"应该是"受众意识"的一种进步,有助于媒体加深对传播对象的理解,更加凸显了基于"信息需求"与"接受体验"的传播定位。但其中也存在着天然的矛盾,"用户"的定位将媒体与传播对象之间的关系架构框限于经济关系中的"生产与消费",然而媒体除了通过内容获得经济利益,更为重要的是，媒体需要引导社会舆论、传播主流价值观、监督社会问题并反思社会发展的各种不正常现象，而这些传播内容是无法存在于媒体与"用户"的关系思维之中的，由此导致了媒体处于价值立场、社会功能与经济利益之间的内容逻辑困境之中。不难看出，媒体"用户思维"无法为其获得价值逻辑的连贯性，更重要的是，当"用户思维"与媒体的"社会功能"相违背时，也极易导致媒体对传播对象进行"概念混用"的问题，即需要"用户"的时候就"用户"，需要"网民"的时候就"网民"，而真实存在的主体却因被忽略而逐渐模糊。

(3) "渠道"干什么

"整合渠道"被看作是"媒介融合"的必由之路。大众媒体曾经占据的"渠道优势"在互联网时代被逐渐蚕食甚至鲸吞，故而在传播问题及转型路径的思考上，首先就是要找回曾经拥有的渠道。从"报网互动""两微一端"，到"中央厨房"，传统媒体的渠道扩张之路一直伴随着"媒介融合"的进程。尽管扩张渠道确实是传统媒体跟上时代发展步伐的基础性因素。从现状看，传统媒体在投入了巨大的人力、物力、财力所搭建起来的多元立体的传播渠道都有了，却似乎并没有产生"质的提升"，与当初设想的效果相去甚远。这使得我们不禁要问：为什么会这样？

大众传播时代，媒体所掌控的信息渠道的主要作用是保证传播的内容能顺利到达受众，可以说那个时候，渠道就是"通道"。无论受众的态度是什么、有怎样的想法或念头，都无法实质性地影响到媒体的内容传播。从这个意义来看，大众传播时代的"渠道"更多的是一种物理性质的"通道"作用。然而，步入互联网时代以来，技术力量催生出的各种信息渠道却不是一个物理意义上的"通道"，更像是一个信息传播与话题讨论的"内容发酵场"。对于传统媒体而言，将渠道理解为"通道"还是"传播场"是有本质区别的，因为从"通道"角度而言，媒体只需要抓住就可以，而作为"传播场"，就意味着媒体不仅要考虑信息传播，更需要考虑"场"之中的关系互动、话题衍生、内容演变等动态性的传播过程。否则就会导致一个悖论，即渠道越来越多，而内容传递的有效性却越来越低。

(4)"效果"如何评价

传播效果的分析与评价历来都是传统媒体研判其内容质量的重要标准。由于大众媒体时代的传受关系架构相对固定，信息传播渠道也较为单一而呈现一种线状的传播途径，在此基础上，对特定内容的传播效果分析能依靠一定的受众反馈与社会影响进行衡量，特别是受众反馈的渠道也是单一而线状的，更能比较清晰地识别出关于内容的行为。但步入互联网时代以来，渠道的物理性质已产生了化学式的重构，无论是传受关系定位，还是传播渠道与反馈途径均产生了巨大的变动，在此基础上，简单地将大众传播时代的效果评价搬过来，注重各项可识别指标的数据变化进行效果评估，往往难以反映真实情况。

与此同时，传统媒体注定需要承担舆论引导与价值观建构的传播责任，而且人的传播活动又具有功用性、意义性、价值性的复杂动机，特别是在互联网的话语空间中，内容很可能会因参与互动产生变化。由此，单纯以"渠道反馈"进行内容效果评价难免会出错。而对于媒体而言，效果评价是区分内容质量的重要标准，失去了这个维度，难以指导内容生产，由此只好将商业媒体的一套评估标准借鉴过来，尽管各项数据更直观反应内容的相关情况，但也使得媒体又陷入了另一个陷阱，即商业媒体的评价是基于商品思维的"使用与满足"，而媒体却与"意义及价值"相关，更需要从社会宏观层面进行思辨，若以微观指标指导宏观价值，必会囿于片面理解而误导社会发展。

二、传统媒体"融合"的环境与现实演变路径分析

传统媒体的"融合"实践活动中所产生的困惑主要基于两个层面的束缚。一方面，在传播相关概念的理解上，受限于大众传播学的相关理论，难以从经验性的研究视域中跳出来；另一方面，对于新媒体的快速崛起感到错愕，由于商业媒体的庞大传播平台架构而带来的巨额流量与传播效益，传统媒体为自己树立起了一个可供借鉴的榜样，框限于新媒体或全

媒体的成功经验而难以超脱。在此背景下，尽管相关学者一直在呼吁传统媒体需要用互联网思维更新自己的传播理念，但现实情况并不乐观。"技术、渠道、整合、跨界"等关键词仍在传统媒体的"媒介融合"实施报告中频繁出现。这种思路仍然具有强烈的模仿"新媒体"的冲动，希望从传播渠道、技术能力入手对传统媒体的内容生产及其组织架构进行合理调配，这种"媒介融合是否就等于全媒体化都需要认真思考"①。从另一个角度来看，在"媒介融合"实践中，传统媒体的主动性一直都在，也就是说传统媒体能清醒地认识到"融合"的必要，而它自己是重要主体。与此同时，在"融合"过程中产生的困惑，似乎也在暗示着另一种新的可能性的到来。

（一）环境分析：传统媒体"融合"的现实基础

当前，传统媒体仍然没有重新定义关于"媒介融合"的两个基础条件：即内容与渠道。但是随着互联网逐步深入生活的方方面面，基于人的价值共鸣开始在多元渠道、多元意见的传播空间中回荡。越来越广阔的互联网渠道将线上线下的物理边界打通，而人却开始逐渐回归到本身的意义层面中展开价值交流与社群构建，由此搭建出了与大众化时代"外向型"的信息获取有本质区别的"内生型"的意义追求的话语空间。

与此同时，科技公司因技术的迅速发展而获得了大量的内容生产空间，在攫取用户的"注意力"与感官"需求"方面所导致的问题越来越凸显，多家商业媒体遭到内容主管部门约谈，部分自媒体因"三俗"问题遭到关停，这使得商业媒体不得不面对低俗内容带来的负面影响，思考内容升级与提升的策略。

2019年是5G技术正式商用的一年，这意味着"智媒"时代离我们已经不远了，在"万物皆媒"的可能性下，我们可以随时随地利用各种设备融入虚拟世界，但这种连接的内容基础不可能仅限于某些服务性内容，比如天

---

① 彭兰. 新媒体传播：新图景与新机理[J]. 新闻与写作，2018(7).

气预报,而意味着人们对优质内容的需求会更高,基于内容的意义关系与价值共体的归属会更强,并通过内容连接世界、连接心灵的诉求也会更深。

1. "意义追寻"中的主体性悖论

互联网带来的一个最为直接的改变,就是人的"主体性"的回归。在互联网所架构出来的传播空间中,每一个个体的人都是一个潜在的信息传播的"节点",以人为联结节点的信息网络结构形塑出了具有主体意识,能根据自己的意志参与"意义与知识合作生产、问题解决的"传播活动。由此,在主动性的传播活动中,大众化时代的传受角色边界逐渐消融,为曾经的受众赋予了更多去追求自我价值感认知的机会,而互联网的海量信息也为这种认知行为提供了丰富的内容空间,但讽刺的是,这种海量信息并没有带来自我价值感的提升,反而产生了一种信息焦虑与意义缺失的主体困惑,由此促使个体开始重新审视、筛选、清洗海量信息中"非关联性"的内容,从而逐渐将视角内倾到关于人的生活意义的追寻层面上去寻找心灵的归属与寄托。

与大众化时代不同的是,互联网赋予了人追寻自我的生活意义的权利,而非直接安排。尽管人具有了形式层面上的意义追寻的权利,但实质上却缺少能帮助其解读意义的"权威",而是基于一种不断变化的个人喜好的偏见去选择。由此,意义成为个人喜怒哀乐的代名词,转瞬即逝、变幻莫测,个体追寻意义就如同在追着一片飘在天空的树叶,它从哪来,又会飘到何处,我们无暇顾及,我们所能做的,就是不停地追下去。不停追逐的人生,失去了心灵的归属,我们开始变得"无家可归"。基于本能的欲望冲动,去追寻意义,在本质上是对人的主体性的颠覆,只不过是"人的精神创造出来,用以自我安慰、自我欺骗的东西而已"①。

---

① 让-弗·利奥塔,等. 后现代主义[M]. 赵一凡,译. 北京:社会科学文献出版社,1999:31.

互联网的赋权，并没有为人的重寻意义带来曙光，反而引发了价值、意义和意见的多元化与相对化，而这种多元与相对又为寻找意义的主体蒙上了不确定的阴影，由此，"人之为人"的意义被各种观点、意见、欲望、冲动、怀疑所驱散。与此同时，人的归属的本能性驱动又必然要求作为个体的人融入"人的集合"的合体中，泛在与互联网空间中的个体能够自由地加入基于内容的交流与互动，形成不具有时间延续性的暂时的"情绪共同体"，这种"情绪共同体"因事而生，因情绪而合，也会随着事情的逐渐消散而导致群体的解散，从而使其难以捉摸，飘忽不定，就像一个个幽灵一般存在于互联网的传播空间之中。从这个意义来看，互联网赋予了主动性，却并未使人获得主体性，受制于本能的欲望将人追寻"价值共同体"的目标异化为"情绪共同体"的形成。

异化的追求必然促使我们重新思考一个核心问题：曾经帮助我们获得确定性意义的团体在互联网中已经失去效用，那么在今天，谁能将我们再次引入"人之为人"意义追寻的正道？在这个问题中，我们可以明显感知到其中所暗含的意思，一方面，缺乏共识基础的"情绪合体"不仅为个人的主体性蒙上阴影，而且也为社会及国家带来危害；另一方面，在这个问题中也表达了一种期望，"价值共同体"的追寻非个人可为，非情绪化冲动可为，只有基于社会主流价值观基础的传播活动，才有可能纠偏，才有可能实现"共识"基础的价值追寻。由此，在这个悖论后面，传统媒体的价值功用性被凸显出来，作为组织化的价值观载体，传统媒体不但要能有效引导人的情绪释放，而且应该树立起一面人生意义的大旗，引领个体参与到"价值共同体"的追寻之路上。

2. "合规"内容的"不合理"困境

"价值共同体"的建构是与"人之为人"的意义追寻互为基石的。人的意义在"价值共同体"中得以实现而圆满，而"价值共同体"的建构却是基于具有主体性的个人参与到其中的。从这意义来看，"价值共同体"的基础是"共识"，而实现的最有效手段是将一种对待性的道德观念与共同体意识在个体的人中建立起来。由此，这种基于个体的人的道德建设与共识意识的培养要求，必然与个性的、本能欲望的、感官追求的倾向具有本质区别。为实现这种道德建设与共识意识的培养，不仅需要作为个体的人能具有一定自我意识，更需要从外部施加一定的强制力以保障这种建设能顺利进行下去。

从目前的传播状况来看，商业性媒体在技术突进及竞争伦理的驱动下，已经基本构筑起了"内容+渠道"的传播优势。通过算法推送技术，转变了个体以搜索为内容获取方式，将基于用户心理的行为抓取，进行被动式的个性化内容推送，与此同时，将内容推送与现实奖励联系起来，鼓励用户长时间停留平台。尽管商业媒体依靠此种策略俘获了大批用户群体，通过不断激发"好奇心"与"饥饿感"，调动用户的感官刺激与本能欲望，从而达到"满足需求"的内容传播效果。从市场的商业化运作角度，此种方式并未违规，但从"价值共同体"的建构来看，却不合理。如不能及时将此种"浅层性"的感官需求予以一定规制，将有可能对国家及社会产生不可逆的严重后果。

鉴于此，主流媒体多次发声予以批评。尤其针对商业媒体中充斥的"泛娱乐化"倾向及产生的"价值虚无主义"旗帜鲜明地表明态度，在系列评论"我们需要什么样的历史观"中，《人民日报》告诫我们要"时刻警惕历史虚无主义侵蚀思想的疆土、精神的领地"，认为"虚无主义"的背后，其实是对"价值共同体"的一种摧毁，"对于一个人，失去记忆等于失去自我；对于一个国家、一个民族，一旦丧失了历史的共同记忆，责任和使命成为空白，现实和未来失去依凭，文化的积累、智慧的叠加也将成为空谈"。① 与此同时，国家政府部门也展开对商业媒体的内容治理工作，多家商业媒体被主管部门约谈，相关内容遭到下架，部分 App 遭到关停，以此通过外部行政力量进行内容干预，为培养"共同意义"的文化内容去芜

---

① 人民日报评论部. 筑牢主流，摒弃"虚无主义"——我们需要什么样的历史观[N]. 人民日报, 2015-08-10.

存菁。

外部规制力量对商业媒体进行内容治理工作，能在短期内产生一定示范作用，但这种内容管理毕竟是一种行政性的干预行为，从长期来看，必然会让人产生疑惑。而对于商业媒体而言，尽管可以被动效仿传统媒体的内容生产规范与内容形态，以获得一定的"意识形态"的合理性，但这种效仿毕竟是被动的、阶段性的，而整个互联网的内容空间并没有形成一种稳定的并具有自发性的"意义追寻"与"价值共同性"建构的氛围。"个体主义"与"虚无主义"仍将主宰着互联网的内容传播，尽管在外部干预之下，可能会有所收敛，但这片灰色空间并未消失。这种存在不仅对商业媒体的利益带来影响，而且也会对整个社会带来一种破坏。由此，如何填补上这块灰色领域，不仅是商业媒体希望看到的，更是作为个体的人希望看到的。

3. "万物皆媒"背后的内容盲区

2019年6月，我国正式下发了四张5G商用牌照，由此标志着曾经所设想的"在物联网、人工智能、云技术等新技术的推动下，一个万物皆媒的泛媒时代，正在到来"[①]。5G时代的来临，意味着技术连通万物，世界集群动态发展成为可能，也意味着人类又将面临一场技术驱动的全新信息革命。在这个时代下，传统媒体正在经历的融合转型过程，又将会遇到一场更为强势的技术驱动浪潮，有可能会产生颠覆式的传播架构与内容生产流程的再造。尽管学界与业界对于5G技术究竟会对传统媒体带来何种影响尚存争议，但普遍认为，5G技术以及人工智能、物联网、区块链等技术形态的产生，会进一步推动媒体融合改革的深化和发展。

综观媒体技术的发展历程，5G技术对传统媒体的影响也不可能是凭空而降的，因为技术对社会的影响一直都是一种持续性的累积而产生的质变过程，从这个角度来看，我们对5G技术的展望与推测，也可以通过过去

---

① 彭兰. 万物皆媒——新一轮技术驱动的泛媒化趋势[J]. 编辑之友，2016(3).

与现在的技术利用与社会变革的历程回顾加以明晰。回顾历史才能展望未来,从传统媒体的"媒介融合"历史进程来看,技术一直在冲击并解构着大众媒体时代所构筑出的传播壁垒,媒体曾经所据有的内容与渠道优势逐渐被技术力量主体蚕食,内容生产流程与传播形态被颠覆,海量的信息流动与信息消费似乎都在喻示着一个基于技术力量的"新型信息社会"出现。这进一步刺激了传统媒体利用技术进行转型的冲动与决心,希望凭借后发型的技术更新追赶上"信息社会"的发展步伐。

有学者认为"信息数量增多,新型社会就产生"这个论点是有问题的,人类文明的"统治意识"并不是完全建立在信息的基础上,像"是对是错,吾爱吾国","自己活也让别人活","我们都是神的孩子"以及"己所不欲,勿施于人"这些原则都是我们社会的中心理念。① 由此,反观传统媒体的"媒介融合"进程,在其迈开步伐追赶技术的过程中,却将技术无法触及的"意义"与"价值"等部分甩在了后面,媒体的平台越来越大,渠道越来越多,生产的内容也是越来越新颖,但关乎"意义与价值"与"价值共同体"的引导与思索却逐渐消失了,从而在媒体、技术、人、社会的话语空间中留下了一个巨大的内容盲区。从社会功能上看,这个"内容盲区"原本应由传统媒体予以澄清,然而现状却是,在技术追逐的路上,传统媒体陷入了两难境地而不能自拔。

一方面,在"媒介融合"的路径选择上,尽管媒体一直高举"内容为王"标语,但在"融合"的实质性进程推动上,仍是一种"技术推动、物理整合"的进程。尽管从目前来看,这种技术推动"融合"的效果不甚理想,但似乎传统媒体更愿意将责任归因到"技术不够新、平台不够大"等层面,而在"内容为王"上却有种潜在的乐观主义,即盲目认为,只要有了够大够新的外部因素,"优质内容"自然就有了。由此,传统媒体疲于应付接踵而来的各种新技术,却逐渐淡忘了手中曾经的王牌——"内容"。媒体一边在被动

---

① 弗兰克·韦伯斯特. 信息社会理论[M]. 曹晋,译. 北京:北京大学出版社,2011:31.

地追着技术的脚步，一边却是大批优秀媒体人走向商业媒体及自媒体，他们在那里获得了一片蓝天，而留给媒体的却只有一个平台。

另一方面，在传统媒体追逐技术的同时，其本身的"专业化"逐渐被技术消解。在算法逻辑下，用户的选择性行为成为用户画像的重要标准，信息内容能越来越准确地识别出潜在的用户群体，而将市场法则引入信息传播，鼓励用户长时间沉浸于内容平台。由此，内容"把关人"逐渐被"需求"所取代，曾经树立于传统媒体之上的"公共性"已不复存在。"公共性"价值定位的缺失产生了一系列连锁反应，其中最为明显的是，传统媒体在面对负面不良言论的冲击时难以有效回应，对极端态度表达、情绪偏激等社会舆论无力引导，在面对"泛娱乐化""虚无主义""个人主义"等不良文化现象时难以合理应对，只能依靠国家政治的外部力量进行内容治理与行政干预，极大地阻碍了国家"软实力"的建设设想与进程。不难看出，在技术推动的"融合"进程中，传统媒体不仅没有搭建起一个有着较大影响力、公信力的媒体机构，反而将"内容把关"与"价值引导"的权力拱手相让。

基于上，5G时代，我们不能简单而乐观地认为技术会推动"媒介融合"的进程。在"万物皆媒"的技术场景中，我们仍然需要回到传统媒体的"意义"与"价值"层面，思考技术留下来的"内容盲区"的清障与澄清手段，反思技术所带来的被动传播中的专业性缺失的补救与纠偏，跳出技术推动融合的思维定式，重新思考内容在"传播—人—社会—共同体"上的意义建构与价值引导功能的实现路径。

(二)"融合"思维更新：从技术整合到价值驱动

"世界观发生改变，是因为个体不再相信那些维持共同文化的核心元素。"[1]人为了追求意义却陷入了主体性悖论，在步步追寻的过程中，将

---

[1] 江思图. 克尔凯郭尔：丹麦黄金时代的苏格拉底[M]. 田王晋健, 译. 北京：华夏出版社，2018：95.

"意义"的主体身份逐渐交给了"需求",理性让渡给了欲望,价值变成了一种表达。而原本应该承担维持巩固"共同文化"的传统媒体却成为技术的附庸,在商业浪潮中迷失了前进的方向。人具有主体性,而作为"人的集合"的传统媒体同样也具有主体性,但在技术冲击与商业迷茫中,媒体的这种主体性存在以及对自身的主体性观念,就如同夕阳西下,正在逐渐暗淡,直到等待黑夜将其吞噬。传统媒体在"共同文化"形塑中日趋衰老,这与我们每一个人都有关。人们难以想象,传统媒体以一种异化了的主体的存在,将会使得我们的"共同意义"以何种方式显露出来,而这种显露对于"人之为人"的价值追寻是否还具有意义。

目前,传统媒体在技术化浪潮中遭遇到的主体性"危机"是空前的,但也意味着传统媒体行进到了一个生死攸关的十字路口,能否在这个交叉口实现转折,选择一条正确的路,担负起个人、商业、技术无法完成的责任,通过形塑"主流价值"、消弭"意见鸿沟"、构建"共识基础",从而将传统媒体的主体性"危机"化解为一个实现历史飞跃的"机会",这不仅需要媒体能清醒回顾历史,并力图预见未来,更需要反思技术逻辑下的"融合"困境,以转变到"价值驱动"融合的思维中来。

1. 历史回顾:从融合1.0到融合3.0

伴随着21世纪的曙光兴起的媒体的转型探索,开启了我国媒体进行"媒介融合"的探索之路。从最开始的少数媒体的实践探索到国家政策层面的"重要战略"部署,传统媒体的"融合"实践已走出了一条悠远而充满曲折的漫漫之路。综观整个探索历程,我们可以比较清晰地识别出"媒体融合"的几次核心观念转变。在几次转折中,媒体融合经历了以"技术整合"为核心的"融合1.0"阶段,以"内容为王"为侧重的"融合2.0"时代,以及在反思媒体核心竞争力层面上的以"新闻专业性"回归的"融合3.0"等几个阶段。在这几次转型中,不少媒体从最初积极地加入,到逐渐困惑迷茫,再到被动追逐技术发展步伐,使我们清晰地看到因转型路向不清、应对措施不当而屡屡受挫的"融合"现实。故而,有必要厘清媒体融合的几个阶段的核心观念，深入分析其中存在的主要问题，以便我们在新的时期更好地应对新挑战和抓住新机遇。

(1) 融合 1.0：依托技术的传播平台整合

融合 1.0 阶段，人们更多的是关注互联网新技术的利用。从技术发展的历程来看，在 Web1.0 阶段，技术并未实质性地撼动传统媒体的传播主体地位，虽然早期的网络互动空间的架构还比较粗糙，交互式的传播形态还比较原始，但对传播活动产生了本质性的影响。因为，网络赋予了受众绕开媒体而获取信息的途径，这在一定程度上消解了传统媒体的"渠道掌控"的优势力量。而进入 Web2.0 时代，社交化平台大量兴起，人们不仅能通过网络获取信息，更能通过"交互式"平台进行交往与对话，信息途径更为多元，互动也逐渐深入。从 Web1.0 到 Web2.0，传统媒体能直观感受到技术力量的冲击，带着这种理解，传统媒体开始了一场以新技术为核心的"整合渠道"的转型实践，通过"接入互联网"整合多种形态媒介技术，以实现线下到线上的传播转型。

然而，这种转型并非实质意义上的"转变"，更像是一种"延伸"，认为只要能将传播渠道"延伸"至互联网平台上，就能建构起"线上线下的互动渠道"，也就能将内容传播出去。站在当时的时代背景下，这种思维模式有一定合理性，毕竟在网络技术快速发展的冲击下，传统媒体很难停下来，只能被动地追逐技术发展步伐。

不难看出，早期的"媒体融合"呈现出明显的大众传播及规模经济的思维定式特征，随后兴起的"两微一端"的建设浪潮与"融合平台"布局更是将"技术为主"的融合实践推上了高潮，从国家级到地市级媒体均开展了一场声势浩大的"扩充平台"的传播改造，但随着时间的沉淀，当初投入了巨大的人力、物力资源而打造的平台均基本以失败告终。与此同时，传媒转型初期，对"融合"概念的理解产生了各种混乱，这种混乱也反映到某些针对媒体发展的一些专业术语上，"跨媒体""全媒体""融媒体"等词汇频繁出现。

(2) 融合 2.0："用户至上"中的算法驱动

在互联网兴起之初，传统媒体如能彻底厘清互联网的底层价值逻辑，并以此为基础去思考媒体的组织架构与生产流程更新，可能就不会错失一次绝好的机会。但历史不存在如果。在传统媒体持续"技术整合"的进程中，受众群体及广告商客户的流失逐渐达到高位，而一批商业媒体及自媒体开始成为传统媒体的竞争对手。在此背景下，学界、业界也逐渐认识到，单纯依靠技术整合的改造升级，以"渠道"思维利用技术手段扩展媒介影响力，而缺失传播对象维度的内容考察与效果评估难以实现预期目的。因为，在技术逻辑下，尽管媒体的传播渠道在理论上已经足够完备，然而受众似乎并不买账，媒体影响力日益式微。这个时候，媒体认识到要想留住受众，必须要重新理解"互联网"带来的颠覆式的变革力量，以"互联网思维"去思考用户，去理解"体验"中用户主体性的提升而带来的变化。

由此，"内容为王、体验至上"的融合路径进入业界决策层，媒体回到了内容制胜的轨道上，"融合"进入2.0时代。在"内容为王"的观念下，媒体首先需要解决两个问题：第一，媒体用什么内容去竞争？第二，衡量优质内容的标准是什么？而这两个问题的解答均以"用户至上"为核心基石，由此"受众"正式让位于"用户"，开启了算法逻辑下的"用户识别"以实现"内容的选择"与"评价的标准"的内容生产流程的更新。然而在"用户至上"的思维中，由于对"用户"的概念认知存在偏差，有些媒体强调"优质内容"，有些则认为"内容为王"应该与"渠道为王"相配合，还有不少媒体则处于地域性、专业性的定位特征，将"服务为王"引入"融合"实践，至此传统媒体开始陷入"服务为王""内容为王""渠道为王"的混乱时刻，有些媒体在混乱中彻底失去了原有的功能定位与内容特色，开始盲目跟风，失去了大批忠实的受众群体。

(3)融合3.0：社会意识中的新闻专业性回归

"内容为王"的发展认知符合互联网时代下的价值逻辑，也在实践之初产生了一定影响力，为传统媒体夺回了不少阵地。然而在实践中，由于"内容"一词过于抽象，也导致了思维混乱。在此背景下，媒体开始认识到应该重新拾起"新闻专业性内容"这面旗帜，以更加全面、客观的专业化新闻报道推进媒体的影响力进而实现"融合"。从本质上看,这种"融合"模式是"内容为王"思路的进一步更新,是"用户需求"理念下的差异化生产策略表达。

相较"融合2.0"理念,媒体更加明确泛化的"内容为王"口号中的具体指向。部分媒体敏锐地认识到,在海量信息的冲击下,用户比以往更需要专业性的内容来帮助他们厘清各种信息陷阱,而传统媒体在内容生产上一直拥有完善的制度安排与信息采编人才,并且品牌影响力也还在,这些均成为"优质内容"的有效背书。另一方面,不少传统媒体也清醒地认识到新闻媒体本身所具有的社会文化属性与主流价值引导功能,尽管互联网的多元意见一定程度上消解了传统媒体的舆论话语权,但从另一个角度来看,在众生喧哗的传播空间中,也确实需要传统媒体积极出声,从短期看,可能效果不明显,但从整个社会文化的引导上,媒体的专业性新闻内容所带来的权威性与公信力却会与日俱增。

在"内容为王"理念中逐步将抽象的"内容"具体到"新闻"层面去理解"融合",强调新闻的专业性回归,进而为建构新型主流媒体提供基础保障,在此过程中,传统媒体进行"媒介融合"的可行性与必要性便凸显出来了。然而在呼吁专业新闻回归的融合实践中,我们也能看到在"新闻内容"与"价值形塑"之间存在的某种"不适应性"。因为传统意义上的新闻的出发点,是帮助人去有效认知客观世界,故而新闻媒体需要遵循基于"真实报道"层面的专业主义价值理念,以真实、客观的叙事将事实呈现在社会面前。而"融合"所昭示的却是人与人之间形成的"价值共同体",由此,事实性内容与意义性诉求必然存在着一种隔阂。从"媒体融合"的发展历程来看,回到新闻性定然是媒体发展的必由之路,而从"事实"思维转换到"价值"思维来认识新闻,进而驱动"媒体融合",才能保证其在时代的洪流中屹立不倒。

2. 未来展望:"共同价值观"中的意义驱动

互联网中喷涌而来的海量信息将每个人都深深地包裹其中。"选择"成为人无法逃避的宿命，不同维度的"事实"解读、多元价值的观点表达无时无刻不围绕着人，从而付出巨额的"选择成本"，不停地在进行着"是与非""对与错""美与丑""善与恶"的价值判断，焦虑由此而生。在此背景下，人开始有意识地屏蔽某些信息渠道，从曾经以外在世界的意义探寻视角开始转向，回到以自我为原点的生活中来。而互联网提供的广域传播空间，同时容纳了各种不同基于个体生活意义的价值诉求与价值期望，各种不同的价值诉求相互碰撞，甚至对立矛盾，人陷入价值困境而难以自拔。从这个意义上看，互联网虽然赋予了人"选择"权，然而在现实中，这种"选择权"却将人的"主体性"一点点埋葬。

互联网赋予人以充分的选择权却使其渐渐陷入"选择悖论"，而传统媒体的价值功能恰好能有效弥补"选择悖论"中所表现出的"人的分裂"。从某种意义上看，传统媒体的"融合"转型的切口就在"选择悖论"之上。在人的基于个体化需求的"信息选择"中，媒体可能难以全面，但在人的共性化"意义建构"中却大有可为。媒体以内容为载体的主流价值与社会意义建构，能在传播空间中的主体价值互动与价值协商中寻找到突破口，从而为社会树立起一面"共同体意义"的旗帜，将单独的个体吸引到这面旗帜之下，从而为"人类命运共同体"的形成奠定传播基础，而这正是"媒体融合"的真正落脚点与实践发力点。

从传统媒体"融合"的发展历程与实践向度，我们可以看到一条相对完整的演变脉络，即从"技术整合"到"内容为王"，再到"新闻专业性回归"。在这个过程中，传统媒体的"融合"实践，再没有可借鉴的成功经验，硬是靠自己走出了一条转型之路，尽管中间有曲折，有坎坷，甚至有倒退，但"媒体融合"总体思路与转型视角却在曲折坎坷中越来越明晰，对于自身的社会责任与传播功能的认知也越来越明确，对主流价值观引导与"人类命运共同体"建构的责任理解也越来越具体。由此，我们有理由相信，传统媒体的视角转向带来的对新闻功能及媒体使命的思维更新，会成为"媒介融合"的强力"推动器"，"融合4.0"时代很快就会到来。

第六章 融合4.0:"求真"逻辑下"回到新闻"

前一章中,我们试图厘清"媒介融合"施行主体的素质要求,通过分析,传统媒体与商业媒体均具备"融合"所内含的"内容"与"渠道"的基本条件。从这个角度来看,二者均具有施行"媒介融合"的可能性。虽然"融合"构建的基本条件是存在的,但二者所面向的对象与价值目标却具有本质区别。因为从"媒介融合"概念的逻辑辨析中,我们能探寻出其中存在丰富性的"人性"特征,"融合"绝非某种形式的"合并"或"整合"的表达,而是需要以"人"为价值原点而构建起"价值共同体"。从这个层面来看,"媒介融合"的施行主体必须具有以人为基点并推动人的全面发展的价值自觉与价值意识。由此,通过考察传统媒体与商业媒体的底层价值逻辑,围绕公共性与商业性的价值内涵进行分辨,传统媒体因其公共性传播属性,更具有构建"人类命运共同体"的内在可能性与价值目标。尽管目前传统媒体的传播困境凸显,但这种困境并没有彻底消解传统媒体本身所具有的新闻专业主义理想与社会文化价值载体这个意向性基础。并且,在新的传播环境下,在一次次的尝试中,传统媒体也逐渐厘清自身所具有的核心价值内涵,从"技术整合"思维逐渐回归到"专业性新闻"的道路上来,在这个过程中,传统媒体的社会责任担当与主流价值观引导的社会功能也逐渐清晰起来。

人因选择自由而带来了主体性崛起,然而也正是这种自由,又将人的主体性一点点地销蚀。从这个角度而言,互联网似乎就是一把"双刃剑",人在其中必须要恰到好处,无论是沉溺其中还是完全超然其外,都会导致人的主体性的营养不足而难以承担"实现自我"的价值目标。在人的"选择"悖论之中,其症结就在于人是"自我且独立"地进行"选择",没有基点也难以追寻归属。人是社会性的存在体,失去"共同"的群体基础,必然难以成就自我。这种"共同"基础仅靠个体力量是绝无可能建构起来的,必然需要某种基于特定文化背景、社会意识等观念之下的"合力"方有可能实现。

"合力"意味着不同的社会主体所具有的不同意向性的力量能够缠绕在一起而形成的"整体性"的能量蓄积与生成输出,这必然需要一个载体能承载各种力量之间的互动相交以及力量的"整体性"输出。从这个意义来看,不同主体力量的存在是"合力"形成的基础,而能否真正产生社会影响,作用于特定的"力场",其关键在于是否存在能容纳不同力量并促使其交织碰撞而整合融汇的"载体"。由此,"载体"不仅要具有某种物理空间能承受各种力量的互动,更为重要的是,它还必须具有某种内在的"普适性""共享性""人性化"的价值逻辑,能激发主体互动,能整合之间的差异与冲突,进而获得更为强烈的能量去构建"共同体"。不难看出,如果我们将传统媒体视为能构建"共同体"的"载体","物理性"层面的平台基础,其已然具备,而价值逻辑层面的对不同主体的"吸引力"与"互动力"就是其能否建构"共同体"的核心内涵。故而,从传统媒体的"媒介融合"来看,"融合力"的存在与否与强弱关系是决定其成败的关键因素。

一、媒体"融合力":概念、内涵与特征

"融合力"常常被认为是媒体融合成败与否的关键因素。无论业界还是学界,均肯定媒体的"融合力"的重要性。媒体在融合实践的考量范围内,常常将"融合力"的产生归结为媒体自身某种主动性行为的结果,认为"融合力"能依靠某些"方法"找到建构的途径。通常而言,"融合力"被视为"媒体融合"的表征,在具体实践中,基于媒体的内容生产、舆论引导、市场营销等功能认知层面将"融合力"分解为几个方面,以一种缺少理论思辨与推理的方法,较为武断地认定"融合力"的构建途径。从表面来看,这种

分解符合传统媒体的功能定位，看似不无道理。然而，在此种逻辑预设中，"融合力"却隐含了一个核心问题，即被定义为媒体单方面的推动。由此，"融合力"似乎成为媒体的某种特权的象征，而将社会大众与互联网平台视为一种工具性的辅助力量。与此同时，无论是公信力还是影响力，都是存在于一定的传播空间与价值场域的，因为一种"力"除了本身所具有的强度与向度因素，也受制于一定的"作用场"之中，但是在"融合力"的理解上，却缺少了"场"的层面的思考。尽管在主流媒体的定位下，主流价值观被理解为"融合力"的发生场域，但细究起来，明显有悖逻辑。

从实践性角度来看，"融合力"是一种较为直观的评价维度，能让我们对媒体融合实践效果进行衡量，并能通过融合力的不同层面思考对比媒体融合的改革路径。由此厘清"融合力"这个概念的内涵与外延，以及作用空间、关联因素，并进一步思辨出"融合力"的生成主体与作用对象，是很有必要的。

(一)"融合力"的概念与内涵

在关于"媒介融合"的理论研究与媒体进行的"融合"实践中，"融合力"作为一个承载理论与实践的学术名词，所具有的内涵及相关特征却没有得到专门分析。这种缺失使其研究过程呈现出一定的流于形式或陷入悖论的困境。因此，思辨、厘清该词所承载的多义且模糊的概念及特征显得尤为必要。笔者尝试对"融合力"进行一种理论追溯，并将该术语置于理论背景与实践操作层面进行解读，对之进行概念界定与特征分析，以期抛砖引玉，带来"融合力"理论研究推进。

"融合力"一语源于"融合"，但并非"融合"一词的直接套用。在上文对媒介融合的分析中，我们肯定了"融合"是一种内在于"媒介"之中的某种能量，这种能量的发生源头是基于"人之为人"的意义追寻，是人的主体性赋予了"媒介"以一种蕴含于内的"融合"能量；而"融合力"却是外显的，是由具体主体承载这种力量的，并且这种力量也有明确作用对象的，而另一方面，"融合力"的发生主体不会是具体的人，而是以"人的集合"为主体的追求某种目标的主动性行为，在此基础上，我们可以发现"融合力"不仅具有作为动词的"融合"意义,而且还具有一种基于"人的集合"而构建的传播组织层面上的"公共性"的属性。由此,从"融合"意义上看,"融合力"应该承载着人的意义与价值追寻;而从公共性上看,"融合力"应该是一种组织化机构在传播过程中,基于内容的互动交流、渠道扩展、价值传播上获得社会大众认可,进而"聚合"起来形成"价值共同体"的一种能力。

从源起上看,"融合力"源于交流的需要以及由其衍生出来的媒体公共属性的价值期盼,核心部分就是社会公众对传播组织的信任和传播组织对公众的理解。信任决定了传播组织的存在基础,而理解为公共性的存在基础提供保障。"在任何社会体制下,大众传播系统要对依赖它而获知信息的公众负责。"[1]在新闻媒体的形成中,"构成一个职业的最重要的东西就是被大多数成员分享的价值,即使这些观念没有被明文规定出来"[2]。从根本上看,媒体作为"融合力"的具体实施主体的身份本质在于公正地为公共权利服务。对于传播领域而言,公众的信任来源于理性的价值预期,对媒体内容的解读与评价也源于民众对媒体的公共性预期。

从其载体来看,"融合力"是通过组织化媒体和职业媒体人的公共性来实现的。抽象的"价值共同体"要得到社会大众的认同,必须借助于机构化的传播主体,媒体是公共性价值观念由应然到实然的中介和桥梁。这种价值观念就是一种基于"人之为人"的精神信仰的"共同体表达"。"人要是没有信仰就必然受人奴役"[3],如果人在生活中逐渐迷失了这种精神信仰,心灵的归宿与精神的寄托就会失去目标,从而也丧失了公共性的建构动力。由此可见,人的精神追求与价值信仰是"融合力"的最终载体和作用目标。

从其实现来看,"融合力"在某种意义上指的是媒体传播行为的影响对社会、组织和公众所产生的心理反应。媒体"融合力"中最核心的部分就是社会公众对传播组织的信任和传播组织对公众的理解,这是一个双方互动

---

[1] 吴飞. 新闻专业主义研究[M]. 北京:中国人民大学出版社,2009:28.
[2] 吴飞. 新闻专业主义研究[M]. 北京:中国人民大学出版社,2009:28.
[3] 托克维尔. 论美国的民主:下[M]. 董果良,译. 北京:商务印书馆,1988:539.

的过程。媒体是否具有社会信任的直接后果就是公众对媒体的认可度，而这关系到媒体"融合力"的强弱变化。"融合力"的作用程度与社会公众对媒体的信任度呈正相关关系。与此同时，媒体对公众的理解越深刻、越具象、越立体，所具有的"融合力"越大，而对公众理解越抽象、越平面、越脸谱化，所具有的"融合力"越弱，因为媒体过于依靠技术意识将"抽象掉人作为过着人的生活的人的主体"①，进而使人在技术话语中成为一堆数字符号，人被技术排挤，而公共性的基石也就坍塌了。

从其社会意义来看，公众对"共同价值"的认可以及对传播中"良善原则"的信仰是媒体具有"融合力"的前提和基础。传播媒介经过长期历史演化变迁，各种价值立场的媒体机构在历史大潮中起起落落，最终仍是人的"价值追寻"与"公共诉求"来进行裁决与筛选，而不是依靠媒体的意志或立场、自律规范、利益目标来决定。媒体"融合力"是"人类命运共同体"的价值目标在新闻内容过程和结果中的体现。

基于上述分析，我们认为，"融合力"承载着人的价值与意义追求，并受制于社会公共性的伦理规范约束，是媒体所具有的一种通过传播内容而构建人与社会和谐关系的能力。使用这个定义，能将"媒介融合"概念中所指涉的"融合"与"媒体融合"中的"融合力"区分开来，其标准在于"公共性"，即"融合"指涉的是基于人的价值追求而赋予的一种内在能量；而"融合力"则是基于人与人之间的关系，因"公共性"内涵而产生的一种吸力。同时，这个定义也将"融合力"与媒体具体新闻活动中所形成的影响力、公信力、引导力等概念区分开来，其关键因素是"意义与价值"及"和谐关系"，"融合力"作为媒体抽象的一种能力，在作用层次与目标对象上有所区别。不难看出，"融合力"与我们通常所谓的"整合力"有着本质的差别，前者是平等地位之间的主体在互动交往活动中的价值趋向性的表达，而后者则是强势主体的一种吞并与征服的行为目的。

---

① 胡塞尔. 欧洲科学危机与超验现象学[M]. 张庆熊，译. 上海：上海译文出版社，1988：71.

正是由于始于"人之为人"的意义,"融合力"的形成才会有"第一推动力"。同时媒体承载这种力,并通过内容施加影响,才能使"融合力"获得具象的表现形式。"和谐关系"的构建目的,赋予了媒体"融合力"的发生向度,才使得媒体获得了构建"人类命运共同体"的主体资格。同时,通过该定义,我们认为,只要是媒体,就一定具有"融合力",而区别在于,不同媒体的使力强度与向度存在差异,由此导致"和谐关系"的构建程度不同。肯定这点,就为"媒体融合"提供了实然与应然的理论基础。

基于概念与内涵的思辨分析,"融合力"作为媒体以内容承载的构建关系的一种能力,是与媒体的实践活动联系在一起的,通过具体的传播实践才能实现能力的提升与发展。由此,媒体不仅需要对传播的构成、互动关系、内容生成与发展方向有着清醒的认识,而且需要明确"融合力"的主体性基础与公共性要求,不断通过内容创新,引领价值观的健康方向,才能获得"融合力"的实践推进,从而实现数字化融合转型的成功。

(二)"融合力"的特征

1. 交互主体性

在技术整合观念下,"融合力"常被视为媒体的一种主动性的单方面行为,而作为因个体的信息需求与意义互动与他人及社会发生联系的传播主体,反而成为媒体"融合"实践活动之外的旁观者。"融合力"概念强调的是媒体与公众之间的互动与信任关系,这种关系是一种平等参与的表达,因为"传播……是建构现实的人类行为,传播的主体没有受者、传者之分,而是平等的参与者"①。平等参与,互为主体的关系,必须让人在媒体融合中能认识和领会到那种人性化趋势的东西,也使媒体能在"融合"关系形塑中认识到自己具有的独特品格。

"媒体融合"作为一种传播升级与媒体转型发展,实际上是整个社会中

---

① 胡翼青. 西方传播学术史手册[M]. 北京:北京大学出版社,2014:164.

各个主体之间的一种共识形成的经历过程。如果这种共识没有达到，或是出于社会公共性规范下的传播关系的破裂，都是一种媒体与人及社会的交往失败事件。因此，"融合力"最初便是为了弥合媒体、人、社会之间交往失败的困境而产生的。对于已经导致社会分歧与价值对抗的交往状况，继续沿用之前的传播手段重塑交往已失去基础，将希望放在某种"直接的或策略上的暴力手段"是无法起效果的，只能从"高于日常交往实践的论证实践……借助其他手段来继续交往行动的"。① 因此，媒体的"融合力"旨在恢复这种中断的交往行动，那么就必然从交往本身进行论证，从而制定能保障主体之间交往合理性的行动路径。由此，"融合力"就成为一种交往合理性的推动力，应当是主体间的平等对话与互动，而非一种单方面用力的压制与对抗。

2. 公共价值性

"融合力"是媒体基于内容传播与社会公众及个人之间的双向互动，所以"融合力"必然内在地要求媒体的内容具有公共价值性的特征。这种公共价值性不仅由媒体从传播的公共场域的价值规范中推演出具体实施路径，而且也应该综合衡量公众的信息权利、社会发展动态、主流价值观传播等多方面因素之后进行传播活动的最后确定。

"后工业社会中……过去存在'共同价值体系'已经失范，这种体系曾经为社会所共享，但现在已经崩塌。"②公共价值性的内在规定性需要"融合力"去弥合这种社会"共同价值"失范的状况，因为"公共性"是人的本质现实的基础，"人性之本质是要努力和他人求得一致；实际上，人性的本

---

① 哈贝马斯. 交往行动理论：第一卷[M]. 洪佩郁，蔺菁，译. 重庆：重庆出版社，1994：34.
② 弗兰克·韦伯斯特. 信息社会理论[M]. 曹晋，译. 北京：北京大学出版社，2011：49.

质只存在于已经实现的意识共同体中"。① 由于媒体"融合"实践直接涉及人的主体性、社会公平自由、共同价值建构,如果媒体将人与社会作为对象,就无法实现公共性基础上的"共同价值"引导,也就将主流价值观的传播使命遗弃在私利性的定位中。从这个意义上看,"融合力"的主体互动与公共价值的内在素质要求冲淡了媒体的商业色彩与趋利冲动,使媒体融合的进程步骤与阶段结果得到社会公众的认可与支持。

3. 关系指向性

媒体"融合力"是公共概念从竞争伦理到德性伦理的跨越。竞争伦理的公共性源于两个层面,其一是媒体所承载的"自由"意涵,其二是媒体之间由于经济实力和某种象征力量对比中的竞争关系。"媒介并不是引发某种社会关系的内容的载体,而是社会关系的实化形式和运作,这种关系与其说是宣传性的,不如说是交流的抽象、隔断和取消。"②竞争伦理导致的媒体的公共性的存在基础是一种异化和价值抽离,但从社会关系角度而言,"大众传媒虽不完美,但是必需"。③ 媒体"融合力"的公共价值特性,决定了个人、社会、组织的传播活动必须在"共同体关系"的意义互动场域中彰显其功能。换言之,如果说竞争伦理指向媒体主体性的"利益",那么德性伦理指向的是公共性的"关系"。

在一个存在意义不确定性和价值不完全的世界里,关系的存在与改善是必需的。"成功的交流证明存在着一种关于世界的共有的看法,它在很多程度上是真的。"④关系指向的"融合力"的关键功能是增进秩序,增加人在公共性的关系架构下的价值的可预测性。媒体的一个重要功能就是使复

---

① 彼得斯. 对空言说:传播的观念史[M]. 邓建国,译. 上海:上海译文出版社,2017:167.
② 胡翼青. 西方传播学术史手册[M]. 北京:北京大学出版社,2014:169.
③ 埃里克·麦格雷. 传播理论史——一种社会学的视角[M]. 刘芳,译. 北京:中国传媒大学出版社,2009:23.
④ 戴维森. 真理、意义、行动与事件[M]. 牟博,译. 北京:商务印书馆,1993:132.

杂的社会关系变得更可以理解。如果缺失了关系维度的澄清与明确，人和社会的意义互动与交往必然代价高昂，公共性与主体性也必然趋于瓦解。另一方面，具有主流价值观的媒体"融合力"是有顶层设计与制度保障的，这种制度保障能使媒体的传播活动趋于搭建社会大众之间的理性关系桥梁，而同时"融合力"作为公共性的内在属性又借助理性关系的形构而获得发展。

4. 信用依赖性

"融合力"是媒体转型发展中的一种社会"信用"资源。"融合力"的关系指向特征已经昭示了这种力是媒体所具有的，一种整合社会、人、组织等复杂价值关系的功能属性。尽管媒体是搭建社会关系调和价值冲突的重要途径，但价值关系的冲突与协调并非以媒体为唯一机制。在互联网平台所搭建的广域渠道与内容空间中，基于相似价值定位的群体在抱团取暖，当人们面临某种复杂价值困惑时，是选择媒体途径还是通过各种非媒体途径，取决于媒体本身所具有的社会"信用"资源的多寡。

"融合并不依赖于任何特定的传送机制。更确切地说，融合代表着一种范式转换"①，这种范式的转换，将新旧媒体同时拉入传播空间展开一种竞争。由此，媒体必然要在竞争中获得足够多的"社会信用"资源，以此为媒体的"融合力"注入能量，为人们逐渐回到媒体所形塑出的"共同体价值"场中提供了可能，从而有助于减少意义对抗并增强"和谐关系"。从这个意义来看，社会信用为媒体的"融合力"开发提供了基础保障，而"融合力"的推动与持续作用又有可能增强媒体的社会信用度，但同时，信用资源作为媒体竞争的核心目标是具有一定稀缺性的。由此"融合力"的基础源于主流价值和公共性理念的广泛被认同，即源于媒体对主流价值观和社会文化的信仰。在传播实践中，媒体"融合力"的强弱关系依赖于媒体的主体身份、

---

① 亨利·詹金斯. 融合文化：新媒体与旧媒体的冲突地带[M]. 杜永明，译. 北京：商务印书馆，2012：349.

传播目标定位、公共性态度表达和新闻内容生产的合理合规性。

5. 内容承载性

"融合力"是以媒体的内容为能量载体的，是基于内容传播而形构出的人与社会的关系互动的。由此，媒体的"融合力"决然不能被认为是一种基于技术推进或制度安排的产物，而应是媒体价值理念在传播内容互动中导致社会关系的价值互动与融合趋向。换言之，"融合力"是以媒体内容为载体，对人、社会之中的关系形构起作用的一种能力。这种能力的造就应该从社会关系层面的意义互动与价值引导中产生"融合"意识，并将其注入媒体内容生产与传播互动过程中，从而对社会产生某种"向心式"的"融合"能力。

"是我们的思想——而不是我们使用的机器——塑造文化"①，形成于媒体的"融合力"必须由传播对象去实现。"撒播将意义的收获交给接受者的意愿和能力；由传者首先画出的传播轨迹，必须由受者去完成。"②而在"媒体融合"中所指涉的技术力量，在"融合力"的分析路径中，则可以视为对"受者"身份的全新定位，"技术革新中最关键的……是身份构建方式以及文化中更广泛而全面的变化"。③ 由此，技术应用、媒体制度、传播规范等均是以新闻内容为核心载体的价值体现，而"融合力"所内含的基于价值引导的关系建构也需要以媒体内容为其唯一载体，实现传播空间的广域流动与有效互动。

(三)"融合力"研究的意义：回到新闻

厘清"融合力"概念具有一定的研究意义。通过分析，将"融合力"概念

---

① 亨利·詹金斯. 融合文化：新媒体与旧媒体的冲突地带[M]. 杜永明，译. 北京：商务印书馆，2012：204.
② 彼得斯. 对空言说：传播的观念史[M]. 邓建国，译. 上海：上海译文出版社，2017：75.
③ 马克·波斯特. 第二媒介时代[M]. 范静哗，译. 南京：南京大学出版社，2005：25.

的相关要素逐一梳理出来，能有效防止该词的滥用与误用问题。

首先，"融合力"是媒体基于内容传播而表现的一种关系建构的能力。由此，"融合力"是一种交互性的主体关系集中体现在媒体身上的一种诉求，并非由媒体单方面决定的。那种诉诸媒体通过技术整合形式或内容生产流程改善而提升"融合力"的观点，是一种将"融合力"归为媒体的能力，而将复杂多元的社会互动简化理解的表现，从而忽略了在"媒介融合"中所内含的那种人的主体性与社会的多元互动关系架构。

其次，"融合力"的产生是人与社会的"价值共识"与"意义追求"驱动的人的主体性能量的外显化过程。这种内在的动量是媒体"融合力"形成的直接原因。如果缺失了这个关键性原因的思考，进行某种静态的、片面的、孤立的理解，则无法明晰其最终目的，从而将"人类命运共同体"与"共同价值"的价值目标作为表面性、浅显性的外在影响因素。

再次，"融合力"是一种以公共价值性为核心的社会信用资源的分配。这意味着资源的分配不是某些行政部门或社会组织能决定的，而是媒体基于公共价值精神的社会信任的获得程度来决定的。由此，这不仅需要媒体加强内容技术的更新与平台整合，实现社会层面的参与互动的有效进行，更需要媒体将社会信用放在首位，以公共价值为精神内核注入媒体内容之中，以实现基于内容的社会信用的建构路径。

最后，"融合力"是通过媒体内容作用于社会关系的，以期达到"和谐关系"的传播状态。由此，"融合力"必然在媒体的内容特征与关系形构中具有不同类型的表现方式。从内容角度而言，"融合力"表现为内容传播力与舆论引导力；而从关系角度，"融合力"可以具体为参与互动力与价值整合力。故而，"融合力"并非某种特定类型的力，那种将"融合力"与"影响力"并列的理解方式是有逻辑问题的。从这个意义上看，"融合力"应该是基于"融合"而具有的系统性的能力构成。

当前，我国媒体融合实践处于一个具有转折意义的时代背景下，这种转折预示了一个多元价值的整合可能性的实现，而增强媒体的社会信任是媒体"融合力"得以实现的基础。研究"融合力"问题可以为我们思考媒体融合实践中的问题与经验提供反思视角，把某些符合传播规律的部分加以保留，不符合"融合"理念的传播部分予以改变。通过对"融合力"进行理论梳理也有助于加深媒体对"融合"的理解，提升社会对媒体融合的实际意义与远期目标的认知程度，由此凸显基础性研究的现实意义。

二、媒体融合的现实路径：回到新闻

展望是从历史维度上对未来进行理性思辨的表现。回顾历史就是为了指导未来。移动互联时代，社会传播形态正朝着移动社交与多维互动方向逐步推进。传统媒体又将面临一次具有颠覆性意义的技术创新，是继续回到技术整合思维上的业务创新、渠道扩张、构建互动等方面展开媒体形态整合与内容呈现形式的更新，还是面对在深刻理解技术迭代发展中所遗留下的价值盲区，回到新闻的公共性内涵与主流价值建构层面上来，以一种重塑新闻"公共性""导向性"的方式搭建起社会意义与价值共识的传播桥梁，这对传统媒体而言注定又是一道难以定夺的选择题。

不管如何决断，效果评价的标准只能是"人与社会"。无论是技术维度的"融合"，还是放到"内容"层面来理解，其出发点均应是落在"媒体"与"人及社会"的关系建构上，思考可能产生的影响及社会文化与主流价值的形塑路径。从技术发展角度来看，技术赋予了人成为人的能力基础，"有了技术之后，人就变了，人就从进化的产物变成了进化和变革的生产者，就从现存世界的理解者变成了新世界的创造者"①。普通大众经由技术获得了一定程度的"传播权"，但这也暗示了一种分歧与对抗而导致的价值盲区的存在。技术无关意义，难以消除，个体执于一端，无法解构，而这正是媒体所需要承担的社会责任。

延续曾经那种"多媒体形态的整合"的"融合"实践路径，现实告诉我

---

① 保罗·莱文森. 思想无羁——技术时代的认识论[M]. 何道宽，译. 南京：南京大学出版社，2003：15.

们,这可能存在问题;还是壮士断臂般地破除技术思维定式,将"融合"实践的基础锚定在媒体主体性身份之上,以"新闻"搭建起多元社会意义的互动对话,将"融合"理解为社会共同文化与"价值共同体"形塑的意义内涵,这不仅需要媒体当机立断,避免迟疑坐困而错失转型机遇,更需要媒体回到"新闻"层面,将"新闻"本身所具有的时代价值内涵予以重新审视。

(一)"新闻"的另类回归:从"是真"到"求真"

新闻的回归喻示着一种主体性身份的转变,即从"报道者"向"引导者"的转变。在信息泛滥的时代背景下,关乎价值与意义的新闻报道正成为一种稀缺资源。社会大众普遍希望看到具有人文情怀与生命怜悯的传播内容,能与社会大众的生活意义联系起来的新闻报道。从技术角度来看,信息可以批量生产,而承载着一定意义解读与价值引导的内容,却难以通过机器制造。从逻辑层面推论,主体性表达与认识有关,而人本身的存在困境与传播关系的结构,暗示了人的认识必然是充满曲折坎坷的。在认识过程中,有情绪流露、有文化影响、有价值判断,而机器无法识别这种主体性认知过程的复杂性与反复性,也难以理解主体为求得一定认识目的中所蕴含的那种"内驱力量"与"奋斗意识"。

媒体"主体性表达"的"新闻回归"并非一种简单地将传统意义上的"新闻"再拿出来,而是立足于"价值与意义"理解层面上的一种"去其糟粕,取其精华"的扬弃过程。媒体所具有的客观记录的"报道者"角色,已无力应对这个"意义互动"与"共识构建"的社会目标,也无法仅凭"新闻信息"推动"信息社会"的发展。从这个角度来看,媒体"引导者"的身份转变就注定了"新闻"的回归是一次具有重构特征的"另类"回归。"新闻的重构"不仅关系到媒体主体性身份的定位,而且也是与媒体所承担的社会责任有关的,"重构"的核心逻辑就是将"新闻"原本的价值定位予以剖析,即将"新闻"所暗含的"新闻报道就是真实的另一种表述"的"本体论"思维,转换为"新闻是动态追求真实"的"过程论"思维,即从"是真"到"求真"的转变。

我们不否定"真实"在新闻中的核心价值逻辑,因为从社会的"意义交流与对话"中来看,这种对话与交流的基础就是"真实"。故而以新闻的"真实"作为基础,才能赋予新闻具有的"共同意义"与"良善发展"的价值功能。从这个角度看,我们需要新闻回归,是因为其本身所具有的"真实"内涵。但我们从传统意义上的"新闻"中也能感受到一种"独断主义"的特征,即"新闻就是真实的报道"。而这正是我们需要批判的地方,尽管新闻有真实内涵,但并非意味着它"就是真实"。在长期的新闻报道中,我们可以很清楚地看到这种武断认知的存在,以及这种认知逻辑背后所衍生出来的相关观念,由此也导致了传统意义上的"新闻"难以适应互联网思维所昭示的参与互动、共享传播的价值内涵。

(二)"求真"意识推动新闻生产结构转向

在此背景下,媒体要重新考虑人、媒体、信息之间的传统假设,并需要厘清融合理念的媒介生存逻辑。这必然会引发媒体的关于组织架构、传播框架、传播对象等一系列变化,并形成媒体产业合作、参与生产、开放共享、传受话语权相互作用的一种传播形态的更新。

1. 报道进程:在"过程"中导向"真实"

新闻"真实"的呈现,往往聚焦单个事情的报道,也就是对"是"的追求。真实与客观的价值理念,只能针对静止、孤立的具体事件进行描述,而无法实现从宏观上展现事物变动之中的动态过程。然而,事件是有其发生基础及因果变动联系的,中间有着复杂的因果链条与活动空间的场域因素的影响。比如,一滴很小的水滴,如果在雪坡上向下滚动,慢慢形成雪球,雪球越滚越大,最后导致灾难事故。但我们可能只会关注这个事故本身,却忽略了最初的那一滴水。从传播角度来看,"是真"虽然客观呈现,却无法宏观展现。

新闻强调5W要素,并形成特定的报道结构,如倒金字塔结构,让读者可感可信;凸显事物发生的注重细节性或凸显性事物的观察描述,让受众能"身临其境";注重使用能调动受众心理想象或感官体验的叙事手法,如词序、词类、句式等层面的考究……尽管"客观呈现"能更加真实地呈现出事物所在的时空位置,有助于大众快速了解事情发生的某些关键性因素,但问题在于,"客观"的目的是以"是真"为底层逻辑。为了达到"是",新闻只能针对事件的某个片段,即事情,然而蕴含于事物变动之中的因果联系以及其中难以归因的偶然性"变数",因难以统摄于"是"的逻辑规定,而被加以削减甚至忽略。不难看出,"是真"的表达是依赖"客观感"的营造,这本身就是充满逻辑矛盾的。

如果将新闻报道从"是真"调整为"求真",那么此种广域多维审视不仅不会引发社会大众的质疑,反而可能带来正面的传播效果。"求真"意识肯定了一种联系性的报道视角,为了使得报道接近真实,新闻需要将事件中的方方面面加以综合性的分析与思考,以求最大限度地"接近真实"。如同上例,新闻不仅要报道"雪灾事故",而且需要一路追踪,直到回溯到"那颗小水滴",将其中某些不可测定或暂时难以解释的因素呈现出来,以引导社会大众参与互动,进行多角度的探索求真。新闻不下"定论",将事件置于背景调查与宏观推论的层面,尽可能全面而立体地展现事件之后的背景资料与因果推论,指向事件的未来可能性,由此串联起"从过去到未来"的动态变动过程。从这个意义来看,"求真"式的新闻报道可能无法真正达到"真实",但却是我们社会趋向"真实"的最可靠途径,不仅不会引发误解,反而促使社会共同参与其中进行思考,价值导向的基础在过程中得以实现。

2. 传播角色:以"主体身份"引导"对话"

新闻报道提供"真实感受",即让受众觉得"是真的"。"客观感"的营造需要新闻抛开枝枝蔓蔓,精选事实;并以超然于外的"第三人"身份进行报道。由此,一方面,"上帝视角"之下的新闻,虽然客观,但难免冷漠,也使得新闻报道有一种难以接近的距离感。另一方面,倾向于对报道的人或物进行"贴标签"式的报道方式,通过"标签化"手段呼应大众的刻板印象认知,对人或物进行简单而浅表性的归类,以此来实现大众的"客观化"认知形成。客观化的描述让新闻似乎无所不能也不容置疑,导致了一种对"真实"定义的武断性与强制性。

如果说"上帝视角"中的新闻报道者就如同是一位"全能的上帝"一般"看似不在,却随处可见",那么在"求真"意识中,新闻必然需要转变为"凡人视角"进行报道。"凡人视角"下的新闻报道,因身份定位的差异,新闻报道局限性与视角的限制性被凸显出来。"求真"是一段追寻真实的过程,主体身份的局限意味着媒体无法从"上帝视角"将"真实"予以"客观呈现",而只能以人的身份去追问,去探寻,去查证。

从认识的角度而言,在事件的报道过程中,新闻只能在尽可能广的调查中,在足够多的背景及事件动态描述中,进行事件因果联系与核心症结的判断。这意味着,媒体的身份无法超脱于现实之外,"客观"也不是某种"感觉"的营造,而是尽可能"全面""公平"地呈现事件的相关材料,并在独立的基础上,以内容为核心引导社会公众参与互动,形构起关于事件性质判断的"对话场",从而实现从"真实讨论"到"价值凝聚"的引导。

可以说,媒体"介入"事件报道,进而"融入"生活意义中的价值对话,媒体的主体性意识在过程中被建构起来,而主体性身份的"可被识别"又赋予了媒体引导价值的内在能力素质,主体性身份又推动"过程"的持续发展。也就是说,以一种"现实而杂乱的生活"视角去追寻一种有秩序、有意义的世界,从而将那种"客观化"呈现出来的"真实片段"弥合在一种对意义的追寻之中,这只能由独立而自由的"主体"来推动。由此,对媒体而言,那种具有主观性的"我"不仅需要出现在新闻中,而且也必须存在于社会生活的意义追寻过程中。

3. 新闻时效:以"快速反应"推动报道"持续"

基于人的安全诉求与行为决策的现实需求,快速及时的报道成为衡量一个媒体是否专业的重要标准。可以说,"快"与"客观"是新闻媒体得以存在的逻辑基础。然而,在实践中,为凸显其专业化身份地位,也因竞争伦理的逻辑规训,媒体对"及时"倍加推崇。常言道,欲速则不达。有学者认为,新闻媒体求快的冲动往往动摇了新闻的真实性基础。然而,从另一个角度来看,"真实"的片面性为媒体的"求快"提供了滋生土壤。也就是说,正因为"是真"逻辑,报道"时效性"才有可能。

在新闻报道中,尽管已经发生了无数次求快而失真的"乌龙事件",但这并不影响新闻媒体进一步肯定时效性在新闻报道中的地位。从媒体层面而言,事物是"客观"存在的,是外在于人的生活,这意味着谁都有可能将其收入囊中,抢先一步就能占尽先机。无论是对受众的注意力抓取,还是对媒体影响力的攫取,"快速报道"利大于弊。"求快"带来的问题显而易见,却难以避免,其核心症结仍在于"是真"逻辑。由此,媒体陷入了一个重复论证的悖论之中,"求快"损害了真实,而"是真"逻辑又让媒体能够"快速报道"。

"真实"是一种实质性的存在,认识的局限性无法快速直达本质,"是真"意识下的新闻报道无法触及本质,只能停留在"看到"的感官描述之上。我们知道,"真实"并非客观描述而呈现出的某种"现象",要达到"真实"的目标,破除人的认识局限,必须以理性思辨修正经验判断、以全面调查取代感官体验、以持续跟进置换片断描述、以"融入"事情而非超然于外。从这个角度而言,新闻的"求真"意识的树立,少了盲目的自信,多了一分谨慎。由此,时效性就不再是新闻报道价值的衡量标准,而成为新闻媒体及时反应的行动要求。及时行动的报道要求,需要将新闻报道联系起来进行整体思考,从事件发生的初期的快速反应,到持续跟进,再到事件与社会的关联层面予以探究,将整个报道过程进行合理分配,持续推进报道进程的深入发展。由此,"求真"的新闻报道,不仅能快速反应,并且在持续推进的报道进程中,一步步引导着社会大众共同参与到对"真实"的探知过程中来,从而实现"既快又真"的新闻报道价值逻辑的内在要求。

4. 效果评价:从"信息到达"到"互动增强"

"是真"模式下的新闻只能以是否"到达"为评价标准。可以说,在底层逻辑的制约下,新闻效果只能从"生产—接受"的线性模式中进行衡量。因为,"是真"已然隐含了"不以人的意志为转移"的内涵,只需将这个"事实"传递出去,一个新闻过程也就结束了。在这个模式中,新闻的效果评价被区分为两个维度,受众的接受与信息的到达。从受众接受层面,媒体需要强化新闻的"可接受性",针对受众信息水平,注重新闻内容的易用性与可用性改造。从信息到达层面,传播渠道扩展与叙事形态升级是媒体关注的两个维度。与此同时,在内容"可识别性"的营造上,媒体青睐冲突性、极端性与反常性的事件,在表述的过程中侧重细节化描述,并充满暴力与性的暗示。

"到达"的思维也隐含了一种"家长式"的担忧,生怕社会大众在其他"非真"的信息下被误导。当互联网解构了传受关系结构,媒体受限于效果评价标准,为了让大众能尽可能接近新闻报道,又利用算法挖掘受众浅表性感官体验,并日益强化对网民阅读行为习惯的判断,强化叙事层面的技术应用。由于线性评价标准制约,媒体在面对读者流失及影响力下降的困境中,也只能在"传—受"模式中寻求突破,将问题归结为传播渠道与需求变化等外部因素,从而愈加强化叙事改造与呈现升级,由此落入一个不断重复的恶性循环之中。

一方面是媒体不断强化的"信息到达"的衡量,另一方面却是传统媒体陷入不断更新的恶性循环之中,从本质上看,就是"是真"意识与互联网价值逻辑之间的"不相容"。从"融合"的本质上看,新闻不应是静态的呈现,而应是关系架构的材料,关系结构也并非一成不变,而是具有动态发展与互动生成的特征。从此意义上看,"到达"只是一种主观的假设。"求真"意识之下,新闻内容应激发公众探寻"真相",从而在"过程"中展开"对话协商"的互动深入与持续。媒体无法仅凭量化意义的"到达"指标去衡量效果,而需要从新闻所调动起来的社会互动的影响范围和互动强度进行评价。

从"到达"到"互动"的转变,不仅关乎新闻内容的制作,更是对媒体如何依靠新闻内容激发互动、如何有效引导,进行整体上的构思。比如在2017年6月21日,新华社微信公众号的一则9个字的快讯爆红网络,而在这9个字的新闻下方却是将近1万条的评论留言,很多网友是被评论回复而圈粉的。这则新闻的一个重要提示就是"互动",有效互动能达到主体之间的意义互动,也能激发社会大众参与到新闻报道的过程中去。由此,媒体不仅要有"到达"所需的内容的精雕细琢,更要勤于互动,敢于互动,善于互动。

5. 内容功用：从"满足需求"到"激发追求"

"满足需求"是目前新闻传播活动的起点和终点。在当前的"需求"平面化、静态化认知的模式中却导致了一个极为严重的问题,即将人的丰富多元属性给片面化了。从某种角度来看,"需求"为导向的新闻报道忽略了人的意义追求目标,而将大量原本应该由媒体主导的"意义与价值"的话语空间拱手让与他人。自媒体及商业媒体以一种情感交流与同理心的价值认知深入到这个空间,俘获了大批用户。然而,对用户而言,一边是具有公共性的媒体愈发强调"需求"而导致的同质化与感官化的内容,另一边却是基于私利的商业媒体与自媒体,引诱大众参与到"生活意义"的探讨与互动中去。特别是在各种暴雷与丑闻之后,用户质疑情绪愈加明显,在极端情况下甚至对任何信息都感到怀疑,从而导致"只信自己"的"价值虚无"状态。

新闻媒体的"满足需求"其实应该肯定,在新闻活动产生之初,人的需求与人的生活意义是密切相关的,如及时通报危险的到来,帮助人们及时防范危险可能导致的生命及财产损失,是与人的"生存意义"相关的。但在新闻的发展进程中,特别是消费主义与媒体的媾和,"需求"与"意义"逐渐分离,因为生产的目的是需要快速消费,而"意义"却是需要时间积累的,由此,"意义"明显与消费主义不合,从而将"意义"抽离出去,而只留下"需求"。从此,新闻媒体就陷入了一个"为需求而需求"的单维度生产体系中,一方面愈加强调与注意力相关的"需求生产",另一方面,为保障生产的进程,逐步加强对"需求"的识别与判断。

"求真"意识的新闻活动却不能只关注"需求",或者说不能把"需求"作为媒体唯一的目标。"求真"意识的转变,必然使媒体无法回避"求"所内含的那种探索与互动的过程。因为"求"本身就意味着一种驱动性力量的存在，媒体展开对新闻的报道，并非一种武断性的以传受二元对立身份进行"满足需求"的价值逻辑，而是通过媒体的行动展开一种追寻探索的过程。在此过程中，由于主体性身份的变换，二元对立的传播架构被互动参与的价值场域所消解，而互动参与必然驱使媒体及社会大众以一种"共同体"的身份集合加入"意义追寻"。从这个角度来看，只要肯定了"求"的基础性报道力量，就必然会产生"参与互动"，也就无形破解了传统层面的二元对立，为"价值共识"的形成奠定了基础性力量。

6. 媒体关联：从"相互竞争"到"联合行动"

新闻媒体所具有的"是真"意识不仅表现在新闻内容的价值逻辑定位及传播对象认知上，而且还会导致媒体之间的一种竞争与对抗的关系结构。一方面，在"真实"呈现上，媒体均肯定其新闻报道"是真实的"，从而将其他媒体的报道视为"不真实"的；另一方面，由于将"事实"理解为人之外的客观存在物，谁先获得，谁就拥有所有权，"速度"与"独家"的追求也就在情理之中。不难看出，媒体之间更多的是竞争与对抗，而缺少了合作与互动。从经济角度而言，社会经济组织之间的竞争关系能够为用户带来实惠，但新闻媒体是关于意识形态的，是有内在的价值观规定性的。媒体之间的竞争很容易导致社会对于"真实"的不同视角，进而形成某种价值观隔阂，这与媒体的初始功能定位相违背。

值得一提的是，如果媒体之间没有竞争关系，也不存在关于"真实"的异议，那么媒体能否形成合作关系。从"是真"意识而言，媒体之间的合作关系也是不可能形成的。因为，在"是真"逻辑之下，只有两种可能，要么只有一种"真实"，要么都是"真实"的。一个"真实"也就意味着"绝对真实"，在此背景中，媒体之间只具有体制上的架构层次关系，而不可能合作。而对于后者，都是"真实"也就意味着媒体之间只能是竞争与对抗的关系。

然而，"求真"逻辑却必然要求媒体之间产生某种合作与互动。底层逻辑的转变意味着媒体视角之下"真实"不再是一种无关人性的客观对象，而是一个关乎人性发展的现实问题的"症结"。由此，报道出发点并不是"观察"，而是"行动"。这意味着，媒体的报道针对的不仅是"事件"，而且也包括其中所蕴含的各种因果联系与关键症结，是指向未来可能性的。这要求媒体在报道中持续推进对"真相"的追寻过程。事物是动态发展的，因果关系也是持续变动的。在报道中，媒体受限于背景资料与认识水平，只能诉诸合作，展开多维度、立体、分工合作的互动协商，这在无形中化解了媒体之间的天然对立壁垒，为媒体合作互动共同探寻"真相"奠定了基础。虽然，在认知中，不同媒体可能存在观点差异，存在某种"分离"的潜在因素，但这并不会导致"共同体"的破裂，因为互动协商的探索机制能够予以修正。"真实"未定，"求真"的过程反复曲折，并不会影响到新闻媒体共同目标的追求，反而会激发合作，从而促成社会合力参与到这个过程中来。由此，在"求真"意识下，媒体转变了"绝对对立"的主体定位，从而形塑出一种"和而不同"的共性关系形态。

三、"求真"逻辑与"融合力"建构

"我们已经被戏剧性地联系在一起。我们显露出来的自身信息极大地增加了社会可见度，使我们更容易找到彼此。"①互联网时代的技术力量已经赋予了我们更容易连接在一起的能力，这也为"人类命运共同体"的形成先期铺设了一条通路。尽管技术推动了传播结构的转变，为"共同体"的传播关系建构奠定了外部物质基础，但我们也必须承认，现阶段的技术力量并没有产生我们所设想的那种"价值共识"的良性交流与互动的形成。在社会多元价值对立与意义冲突的时代背景下，新闻曾经的光辉再次被人提起，人们呼唤一个公平、全面、积极、执着的媒体回归到"意义生活空间"中来，"承担着大众和机器无法达成的建构主流、化解分歧、引导共识、

---

① 克莱·舍基. 人人时代：无组织的组织力量[M]. 胡泳，等，译. 北京：中国人民大学出版社，2012：2.

传承价值与文明的重任"。①

(一)"求真"蕴含"融合"内涵

大众传播时代下,新闻所内含的"是真"意识为媒体带来了一种武断而高傲的"唯我论"表现。在此种意识基点上,新闻媒体的业务改进与传播转型均有一种"新瓶装旧酒"的问题。可以说,新闻"是真"意识主导的传播逻辑注定了媒体难以适应多元互动、意义协商的互联网传播生态中的"探索与追求"的价值内涵,更难以承担起上文所说的"传承价值与文化"的传播重任。通过对"媒介融合"进行回溯式的追查,我们发现,媒介原本就因人的交流诉求而天生被注入了一种能够"融合"的传播潜能,在"人为之人"与"人的集合"的互动碰撞中,产生了传播组织与新闻观念的不同向度的发展趋势与建构形态。在人与人的互动中,能引导人去探索生活意义的"求真内容"以及能够更大维度促进交流的"多元渠道"有可能激发出传播活动中所蕴含的"融合"潜能。在上文中,我们对比了不同传播主体的"内容"与"渠道",从而确定了传统媒体因其"公共性"属性能够成为"媒介融合"的行动主体。在这种思辨路径下,很自然就回溯到了传播新闻本身所具有"是真"的价值逻辑定位,但这种"价值逻辑"明显与"融合"所昭示的"意义共同体"相违背。正是这种相违背,使得当前"媒体融合"的进程屡屡受挫,举步维艰,因此有必要回到"媒介融合"中所具有的"求真内容"层面上予以理解。

一旦我们将"求真"意识作为新闻报道的价值基点,那么被"是真"压抑的"融合"内涵就能凸显出来。"求"是一种动态性的趋近过程,而"真"是一种从"社群真知"与"价值共识"层面理解的"意义融合",由此媒体不仅在"求真"意识中被赋予了一种追寻的动力,而且也找到了这种动力的目标,即"意义融合"。回到当前的媒体融合实践中来,我们也能推断出因为

---

① 蔡雯,翁之颢. 专业新闻的回归与重塑——兼论5G时代新型主流媒体建设的具体策略[J]. 编辑之友,2019(7).

"求真"意识注入媒体而显现出的"融合力"。这里需要澄清一下,"融合"并不等于"融合力","融合"是媒介天生具有的一种动能,这种动能因人而生;而"融合力"是施行主体外显的可以识别的一种有强弱关系,有发展向度的动力,这种动力必须由具体的主体来承载,并且可以从不同方面去理解、分析这种动力。

由此,将"求真"意识所具有的价值内涵进行深度剖析,将有助于我们比较全面地理解由其形成的"融合力"的不同向度的表现形态。目前有不少学者在思考主流媒体如何建构"融合力",并提出了一些有价值的思考,认为构建起强大的"融合力",才能引领媒体发展。但这种"融合力"从哪来的呢?其初始源头在哪?如何促进媒体发展?这些关键环节的缺失使得"融合力"更像是一个空中楼阁,难以实现。但如果我们能找到"融合力"的发生源头,就相当于为"融合力"的建构寻找了一块坚实的基石,由此,也就能理解"融合力"是如何形成以及如何变形的。

1. "求真"的"行动性"

"求真"意识具有"行动性"的属性内涵,可以从两个层面进行理解。一方面,"求"是一种行动的动态性呈现,是基于人的价值期望而产生的一种驱动性,比如我们常说的"追求""索求""寻求"等词语均包含着一种基于人的意向性的动机与冲动。但这是"力"应该是目标暂未达到而持续存在的,如果达到了目标,那么这种"驱动性"就会消失,故而"求"蕴含了一种缺失而未得的状态。另一方面,"求"具有过程性的内涵,强调基于目标的一种"追求"的过程。换言之,"求"意指持续推进。出于不同人的价值定位与目标设定,"求"的过程中可能会导致两种结果,在过程中逐步逼近价值目标,或者在动态持续中更新或改变其设定的目标。

从"求"中所蕴含的"行动性"的属性,我们不难推断出"求真"意识中具有的某些特征。首先,"求真"是动态性的价值追求过程,是由人的价值目标所注入的一种驱动性能量。其次,"真"与我们通常所理解的"真实"有本质差异。"求真"中的"真",理解为"真相"可能更为恰当些,"真相"是动态的、发展性的、主客互动生成的一种"真的体验"。如果是"客观真实",那么静态性的世界存在对象的"真实"就无法符合"求"所蕴含的动力要求,而过程性推动力量也将戛然而止,难以形成一种源源不断的推动能量。最后,"求真"中的"行动性"的属性也揭示了这种过程必定是基于互动协商意义之上的,是互动主体之间的动态性交互而产生的价值对抗与多元表达的行为方式。正是因为互动带来的动态性,"真相体验"可能各有不同,由此"求真"意识中蕴含了一种"对抗与协商"的意义内涵。从这个角度而言,"求真"不可能是一种科学主义层面的理解,因为社会的本质是人,而人是关乎意义与价值的,这种科学主义的客观认知思维难以在意义空间的主观倾向中起作用。

2. "求真"的"意向性"

结合"求真"的"行动性"的属性进行理解,可以发现"求真"中存在着一个隐含意义,就是"求"的过程永无止境,而且难以达到真正圆满的终点。因为,"求真"是以人的价值实现为目标的,而价值目标的确立却是基于不同社会语境与价值场域作用的,在人类的发展历程中,不同的社会文化背景下的"价值感受"是有区别的。从这个角度而言,"求真"是基于人的价值基点而进行的某种"意向性"的价值追寻过程。如果说"求"赋予动力发展基础,那么"真"就是意向性的最终目标,从这个结构关系来看,"求真"也可以被理解为"向真而求"。

"向真而求"是人的主体能动性所表现出来的因主体意向而产生的追求过程,人生来就是在"求存"中"求真"的,也是在"求真"中获得"求存"的基础。与此同时,"真"的内涵与外延会因不同语境而有所不同,故"真"也难以被定义为某种规定性标准,只能安放在特定"社会文化"层面才能找到"真"的基础,而社会文化语境并非一成不变。因此"真"具有双重内涵,即"理想性"与"现实性"两个层面。从"理想"的层面来看,"真"是一种"人"的价值目标,是基于人的价值自觉而产生的一种"理想"状态,因此,"真"难以达到,只能在人的无限追求中逐渐接近。从"现实"层面而言,在一个社会中的"真实"是否被认可，能否获得统一意见，这需要让全社会进行讨论与碰撞，由此形成具有共通性的"真实感知"的不断前行的动力条件。

基于上，"求真"意识应该可以从两个层面展开思考，一方面是因人而生的"求真"意向，这与人的发展与价值内涵有关，另一方面，"求真"又是特定社会的价值诉求的表达，这是与文化语境与社会价值观有关的。"求真"的意向性昭示了一种基于人的阶段性趋向特征，"真"只能在不断持续的过程中作为最终目的，虽然难以达到，却能无限接近，而社会文化语境下的"真"却可以通过主体之间的价值碰撞与话语互动而达到。从另一个角度来看，媒体的"求真"意识不可能达到"绝对真实"，但在互动中激发社会对"真实"的追求，并达到"现实层面的真"，就是媒体存在的价值基础。

3. "求真"的"价值性"

通常而言，谈到"价值"，一般涉及"是……"与"应当……"两个维度的判断，前者涉及对象状态的判断，后者则有关于道德伦理角度的判断。有人认为，"是什么"并不涉及价值判断，而是"事实"呈现，是客观世界本来呈现出来的状态，这种论调在大众传播学中有着较为普遍的影响力，认为新闻报道就应该采取全面、客观、准确等方式，尽可能地将报道对象"真实地"呈现出来。然而当我们换一种视角去观照，我们就会发现其中所存在的逻辑问题。从人的视角出发，同一事物呈现出来的状态在不同的人上面是有区别的。比如，对甲而言，"苹果是水果"，而对乙来说，"苹果是圆的"，而他们对苹果的描述都是"真的"。由此，在"是什么"的认知上涉及的是不同人的"选择"。从这个角度而言，"选择"才是决定"是什么"的一种方式，也就是说"选择"确定了"是真"的状态。

从传播维度来看，"是真"就是一种"选择权"的垄断，是由媒体或者相应社会组织来定义"什么是真"。而"求真"则是将"是……"的选择权交还给人，并鼓励大家参与到互动中来，这里就为主体性层面上进行"协商的选择"表达提供了空间。尽管"求真"不可能达到"真实"，但在"求"的过程中却将"求同""求善""求和"引入"求真"意识之下。可以这样认为，在互动协商中,"真"不仅是事实性的判断,而且也是关于"善"的讨论。因为在"求"的意向性之中,必然要将"共同体"作为基础性保障,对"真"的追求就是一种对"善"的追求。由此,"求真"意识不仅能激发社会参与互动的形成,还能构建出具有一定价值向度的社会群体,并能引导群体在探寻"真"的过程中实现"善"的目标。由此,"求真"意识不仅从实然层面构建起了互动参与的价值场域,而且从应然层面为互动树立起了价值目标。

4. "求真"本质上是一种"人性"内涵的彰显

"求真"意识并不是一种创新,而更像是一种回归,是从物的逻辑回归到人的逻辑,从外在客观视角回归到内在主观感受,从媒介所附加的功能性维度回归到媒介的原初性功用层面,从压制性的"选择垄断"回归到平等性的"协商互动"层面。"求真"中"求"的动态性内涵,就必须强调互动主体的主动性。"求"的过程,无法用冷冰冰的各种指标与数据予以呈现,也难以从"算法"中概念化的"群体画像"中进行识别。从某种角度而言,"人"的主体性身份才能保障"求"的动态发展与持续进程所需要的动力。客观世界是静态的,固定不变的,但价值主体的意义建构却是生动而活泼的。"真"并非某种亘古不变的客观状态,而是人去审视"意义空间"建构的识别与判断标准。从这个角度而言,"真"等同于主体性价值逻辑的"善",只不过"真"处于价值判断的前端,而后者则处于末端,将二者牵连起来的正是人的主体性。

由此可见,若缺失了"意义与价值"的判断维度,客观世界就失去了人的基石,那么传播也就失去了精神内核。与此同时,不同的主体有不同的趋向性,人是社会性的动物,这必然要求人能通过传播活动将自己纳入具体的社群,以互动协商的交往为途径去实现基于人的价值立场的自我实现,而"求真"的意向性与价值性内涵正是将不同主体纳入一个具有"共通性"的传播场域进行互动交流,由此,基于人的"融合"状态就在这个过程中逐渐发展起来了。基于上,"求真"的回归就是一种传播层面"人性"的回归。

(二)"求真"新闻的媒体"融合力"建构

正是"求真"意识的回归,才为新闻媒体注入了"融合力"。基于"人之为人"的意义追求而产生的"媒介"本身就因为人的意义追求而赋予了一种内在的"融合"能量,尽管步入"人的集合"时代之后,媒介的"融合"能量有强有弱,但从未消失。举个不太恰当的例子,尽管人类已经从火的时代发展到了电的时代,但无论是火还是电,其基础价值仍是基于人更好地生活,更便利地生活。火与电的形态不同,但其本源与实际功用是没有变的。由此,"求真"意识的回归,将"媒介"作为"融合"的内在能量注入媒体之中,媒体从而获得了现实"价值共同体"的"融合力"。

1. "求真"构建"融合力"的结构体系

基于上述"求真"内涵的深入剖析,并将这种"求真"意识置于互联网传播环境及媒体的现实层面予以思考,可以梳理出"求真"为媒体所注入的"融合力"的作用层面,即以"求真"意识中的"动态过程"与"社群真实"两个维度作为出发点,并在这两个维度的推进中,逐渐发展成为"内容传播

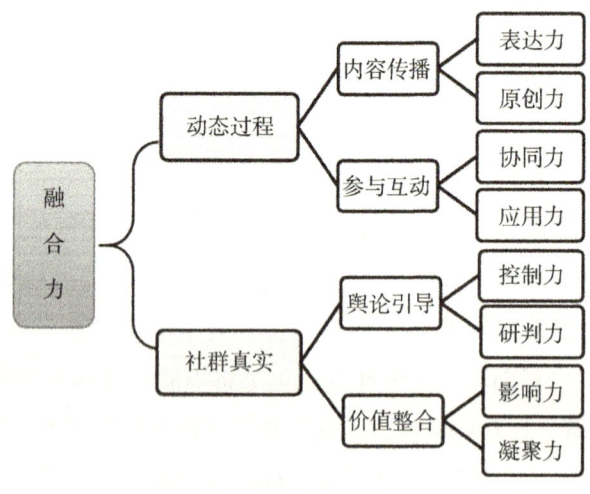

图 6-1 融合力结构体系图

力""参与互动力""舆论引导力""价值整合力"四个层面的"融合力"。而同样在上述两个维度上,这四个层面的"融合力"表现又可以继续细分出八种具体的"力"。由此,基于"求真"意识,构建出了两个维度、四个层面、八种应用的"融合力"的架构体系。如果我们将这个体系联系到国家"深度融合"的目标层面予以对照,会发现这些层面的"融合力"恰好与当前我国"深度融合"的媒体诉求与转型发展目标相符。

2. 动态性维度所产生的"融合力"

既然"融合力"是媒介内在"融合"能量的外显,根据上文我们的推论,"融合"应该包含两个方面的基础条件,即"求真内容"与"多元渠道"。在此基础上,"融合力"的结构也必然可以根据这两个方面进行推理。当然在实际传播中,这两个方面是互为因果的,也就是"求真内容"是以"多元渠道"为保障的,而"多元渠道"的形成也因"求真内容"的传播与互动而建构。由此,"求真内容"与"多元渠道"共同激发了具象层面的"融合力"的形成与发展。而落在具体的媒体层面上,新闻报道的"求真"意识也定然具有上述两个层面的内在影响。而我们将"求"与"真"作为理解新闻的"求真"意识的两个方面,也使得"求"与"真"均分别被注入了"内容"与"渠道"的推动性能量。

从"求"的层面来理解,这是新闻为报道真实而展开的一种动态性的追寻过程,而这种追寻必然需要落在"内容"及"渠道"层面加以具体化。从"内容"角度来观照这种动态性,表现为一种"内容传播力",而从"渠道"层面进行分析,又呈现为一种"参与互动力"。"内容传播力"又因"融合"所包裹的两个层面,可以具体分为"原创力"与"表达力",而"参与互动力"也可以分解为"协同力"与"应用力"。

(1)内容传播力

"内容传播力"是新闻"求真"意识中动态性特征所赋予"内容"的一种能力。这种能力关乎新闻内容是否具有传播动能,是否能在互联网的传播空间中流动起来,形成以内容带动社会大众共同关注"真实"的探寻,并加入此过程。因此，内容传播力不仅要保证内容具有一定的传播广度，即尽可能让更多人阅读和参与分享，也需要具有一定的精度，即能激发社会大众的心理共鸣，调动大众参与进来。由此可见，"媒介融合"的第一步便是需要理解基于内容而产生的广度与深度的社会调动与分享传播，从而让新闻内容成为连接社会的有利因素。从内容传播力的角度来看，要保障内容能流动起来，需要内容接收方能进行阅读并愿意分享传播，实现内容的二次到 N 次传播，这种素质可以定义为内容所具有的"原创力"；而要让内容能够让社会大众青睐，让内容能接近并激发社会大众的思考，进而参与到基于内容的共同讨论中来，最终形塑出一种社会共鸣，这就要求内容具有一定的"表达力"。

(2) 参与互动力

新闻内容要流动起来，要形成一定程度的广域与深度传播，将媒体与社会大众连接起来共同实现"追寻真实"的过程前进，不仅需要内容层面的原创力与表达力的推动，还需要在"渠道"层面中构建出一种多元参与，互动对话的空间形成。"融合"所内在要求的"多元对话"以达成"一致认同"的过程发展，从传播空间的渠道连接与主体间对话互动上对媒体提出了要求，在媒体与社会大众的关系上要形成协同性，尽量保证"追寻"目的的实现，在此社会与媒体是一致趋同性的合力关系；而且也需要媒体整合多种技术，以打通各个传播渠道之间的边界分割，实现尽可能广域地扩展这个传播空间的范围。由此，"融合力"中"参与互动"的形成源于两个层面的力，一种是协同追寻过程中的"推力"，一种是广域传播空间带动社会大众参与进来的"拉力"。在推力与拉力的共同作用中，媒体的"参与互动力"得以实现。

3. 社群性维度所产生的"融合力"

"求真"意识不仅强调新闻的一种动态追踪能力与持续报道跟进，也在报道目的上做了要求，即通过新闻报道能尽可能达到"真实"。在上文中，我们已经辨析了这种"真实"不是客观世界意义上的"绝对真实"，而只可能落在某种共同体中的大家一致认可的"相对真实"。从这个角度来看,"求真"意识的第二个特性就是"社群性",因为社群本身就具有"共同体"的内涵意义,而且是基于一定政治、经济、文化背景之下而构建出的一种"人的集合"形态。然而,不同的"人的集合"也导致了一种对"真实"的不同理解,进而产生某种意义的割裂与价值对抗。尽管这种对抗对社会带来巨大的不稳定因素,为不同的"人的集合"体的分离甚至分裂提供了动力。但从另外一个角度来看,作为社会共同意义与主流价值载体的媒体而言,其存在的价值基础与承担的历史使命,需要媒体能消弭分歧、引导共识,从而实现"人类命运共同体"的建构目标,最终达到宏观意义上的"媒介融合"状态,而这一切的基础动能都产生于新闻报道中所具有的"求真"意识。

为了化解对抗,消弭分歧,媒体需要具备两种基本的能力,即舆论引导力与价值整合力。"求真"意识为这两种能力的实现提供了社群的基础保证。在社群性的条件下,"求真"不仅需要持续推进,也需要适当加以控制,以免超出主流价值的范围,由此细化为控制力与研判力。与此同时,尽可能争取更多的人加入共同体,以实现共同体群体基数的增长,"求真"中所隐含的问题意识又必然要求媒体具有号召力与影响力,以此共同打造出一个具有强大价值整合力的媒体。

(1) 舆论引导力

在社会舆论发展中,公众的关注焦点往往与"真实"有关,以及与"真实感知"相关的"合理""道德""公平"等目标相关。那么在应对公众的关注焦点上,具有"求真"意识的新闻媒体就具有一种天然的优势,即与公众的目标一致,而有可能化解在舆论中的某些对立情绪。"求真"是媒体与社群共同作用的探索过程,在面对社会舆论类的新闻报道中,能够以社群为基础保障调节和控制这个过程,间接形成一种社会舆论的控制力。当然这种控制力的形成涉及很多因素,但核心的"求真"意识是其基础。另一方面,在"求真"中,基于对"真实"的理解,即一种社群的"真实感知",媒体必然需要先期对可能存在的不同群体的"真实观"进行了解,并将主流价值与这些观念对比,找到可以"融合"这些群体的价值基础,这也促使媒体需要加强对不同群体的分析与研究，从而为研判力的形成奠定基础。

(2) 价值整合力

"融合"的最终目标是实现"集合的人"的状态。"集合的人"是大写的人，它超越了个体的人与"人的集合"形态，是一种最为广泛的"共同体"，从而为实现"人之为人"的"自由的全面解放"价值诉求奠定基础。无论是"媒介融合"的宏观层面考量，还是媒体融合的微观层面实践，均需要指向基于"价值共识"而构建的共同体。从这个角度来看，媒体融合的最终目标是落在媒体所具有的价值整合力层面。媒体不仅需要通过内容构建其影响力，而且能通过长期的报道活动确定其自身所承载的主流价值，从而具有强大的社会凝聚力。影响力的基础是内容，是媒体在"求真"过程中，因符合大多数公众的价值基点而形成的内容的高度辨识性与可信度的表现。而凝聚力却是基于内容影响力，并通过传播空间中的广域与深度互动关系建构，从而形成的一种社会大众对媒体功能的社会寄托与价值期望。如何通过新闻报道来产生价值整合力，首先，需要明确"共同追求"并在报道中促使尽可能多的人认可；其次，应该在新闻报道中秉持公正、公平的原则；最后，在报道中应贯彻主流价值观的传播，让社会大众看到未来，更能看到创造未来的机会，激励大众参与讨论、争辩，调动大众对主流价值传播的参与与互动。

第七章 "人媒共生"视角下新闻回归的现实路径

基于"媒介融合"的推理，从人的主体性存在为理论出发点，通过对技术范式传播活动的"反思与质疑"，我们认为，重建人与社会"和谐发展"的传播结构与关系形态，最终达到"人类共同体"的传播建构是"媒介融合"理论的应有之义与价值目标。正是因为理论研判的基点从技术置换到人，从而为我们展开了一幅基于传播目的变迁的历史画卷，这与"媒介是工具"的技术乐观主义态度有着本质区别。尽管，在漫长的传播变迁历程中，新技术确实提供了某种提升"人性"的可能性，但这种可能性能否被人所牢牢抓住，仍是有待讨论的，换言之，让技术甘心服务于人的目标，理性与现实之间仍存巨大鸿沟。

人总是盲目乐观的，自以为能够控制技术或者"媒介"，实现自我的超越，然而现实却是，技术在步步紧逼，人的生活被逐渐挤压到方寸之间，这也进一步改变了我们曾经深藏内心的思维习惯，"技术专横跋扈地支配我们最重要的术语，重新界定'自由''真理''事实''记忆''历史'等词汇的意义"[1]。从这个角度而言，技术有超越"人性"的能动性，这也隐含着一个巨大的反讽，即媒介技术发展能把人的意志作为它的中介。在人与媒介复杂的关系形态中，媒介发展成为人的意志源泉，媒介被赋予了人格化的意志性，而人却成为这种意志实现的操作者与推动者，人被"中介化"

---

[1] 波斯曼. 技术垄断：文化向技术投降[M]. 何道宽，译. 北京：中信出版集团，2019：7.

了。人成为"媒介"的中介，意味着原本"无限的意义"被"有限的规定"所取代，意义被限定在狭小的方格之内。

一、"人媒同在"背景下新闻"在场"的现实紧迫性

5G 时代之下，技术之间的联动整合趋势更加明显，人类社会也将面临更为复杂的传播境况。在此种背景下，传播与人的关系将会更为紧密，人在网络节点中的作用也会愈加凸显。然而，回到技术视角，萦绕在人与技术之间的价值隔阂难以从本质上消除。技术的批量生产与可复制性，与人的主体性"精神层面"的表达，遵循着截然不同的逻辑范式，技术逻辑与生产有关，而主体性逻辑与认识有关。毋庸置疑，认识是有局限也是有盲区的，具有一种过程性的动态特征，而生产却需要抹灭异质性，消除差异化，从而为标准化生产提供基础。在认识过程中，有情绪流露、有文化影响、有价值判断，而机器内生的标准化要求不允许展现主体性认知过程的复杂性与反复性。技术越发展，人性越卑微。在技术威权之下，人被逐渐"奴化"，原本应以人为本的专业媒体却在逐渐迷失。

如果说"媒介融合"理论落脚点是"新闻"，那么从现实传播困境层面去观照，"新闻"陷入式微，也是传播生态恶化、社会价值冲突凸显的一个关键原因。从技术路径来看，传统新闻业所铸就的专业化边界早已被技术摧毁，与此同时，新闻媒体在与商业平台博弈的历程中，逐渐朝"市场"而去，却将构建价值、舆论引导、探索真知的内在价值要素抛却在后。由此，在传播语境中，技术触及不到的价值盲区正在逐渐放大，缺失价值引导的传播状况让人愈加迷茫，而丧失公信力的传播内容也让社会陷入一场无限质疑的逻辑怪圈之中……可以说，新闻的回归与重塑不仅关乎专业媒体的生存问题，更是当前"人媒共生""共同体建构""主体性价值发展"的现实基石。

(一)"人媒共生"还是"人媒对立"

从传播环境层面来看，互联网的普及，特别是 5G 技术的日益深入，

人与媒体、媒介的交织、勾连极为复杂，传播关系形态有可能步入一个新的发展时期。然而，发展的向度并不一定会如某些人那样认知的，"人媒共生"并不是必然会发生的。因为，如果干巴巴地将技术塑造的某种信息传递的广度与深度硬套在关乎意义与价值的传播空间之中，是无法理解"共生"所传递出来的某种内生式的价值内涵的。从这个意义而言，将历史维度的"人媒"关系变迁予以梳理，将有助于我们去理解当前人媒结构及其未来可能的发展趋向。

1. "人媒关系"的历史变迁脉络

文字的发明与普遍使用是传播发展中具有里程碑意义的重大转折点。在此之前，人与人的交流是"实时而在场的"。口语时期，传播活动依靠人的身体与意识的同时"在场"才能保障交流的顺利进行，而"实时"的传播参与也要求人的感官与思维同时在线，身体、意识、场域在内容流动中构建出具有整合式的传播关系形态。在此过程中，难以将主体与受者予以清晰而确定的划分进行识别，内容串联起参与传播的主体，人浸润基于内容的传播场中表达意义。"取效中的目的与价值，是人类实践之最重要的意义，是人与物界的终极。……人类的意义评价主导了意义的生成，这时候的意义，并非人对事物的获义意向性，而是要求事物转换，以符合意识的价值观。"[①]从这个角度而言，在口语时期，传受双方的"实时在场"与"平等互动"的基于意义的传播活动喻示着一种"同体"或"同源"的形态表征，即从人与媒介的关系层面来看，呈现出一种"人媒同体"的关系形态，人就是媒体，而媒体就是人。

伴随着文字的普遍使用，传播活动中，"不在场"的交流成为现实，"不实时"的互动成为可能，"人媒一体"的传播状态被文字符号所撕裂。文字所具有的抽象性、意指性的特征，把丰富立体的生活压缩到单一性、平

[①] 赵毅衡. 哲学符号学：意义世界的形成[M]. 成都：四川大学出版社，2017：24.

面性、抽象化的符号之中,这使得传播的"去时空化"特征日益明显,人与人的交流与互动开始逐渐分化开来。在口语时期,交流就是互动,而互动也是交流。然而,文字的出现却将传播"一体化"状态打破,因为文字能够跨越时空限定,人与人之间的内容表达与互动能够在不同时空之中展开,从而使得传播具有了分离性的特征。也正是在这个过程中,"人媒一体"开始分离。

"实时在场"传播活动的减少,将人的具体生活从传播中抽离出来,形成"由缺席主导在场的远距离交往方式并导致信任危机和后传统秩序的产生"。① 在现实中,人"既作为对社会存在的直接和现实享受而存在,又作为人的生命表现的总体而存在"②,传播中人的主体缺席致使人的社会现实性得到强化,而个体生命性意义却逐渐暗淡下来。文字发明以来,特别是印刷术之后的大众传播,人在传播中所呈现出的主体性愈加微弱,这也进一步将"人之为人"最为重要的"对痛苦反思"的意识逐渐从人的身上剥离下来,随之而来的是"虚假需求"的满足与幸福。由此,人们拱手将主体性的"自我认同"交给媒介,从而也就丧失了作为个体的参与传播、对话和互动的主体性与主体间性,逐渐"分化"的人媒关系开始形成基于主体性地位的传播"壁垒","人媒"开始隔绝。

"极其强大的教育和娱乐机器把他同其他人结合在一种麻木不仁的状态中,使他们不再萌生任何有害的念头"③,在这种"去时空化"的传播发展过程中,人媒明显具有不同的符号权力。随着大众传播的急速扩张,人与媒体组织掌控传播能力的差距愈加凸显,从而逐渐形构出基于不平等传播权力的"中心"与"边缘",至此,传播成为特定权力的外在表征。在大众传播的"第一媒介时代",传播成为隔绝传受的绝对分界线,传者生产内

---

① 胡翼青. 西方传播学术史手册[M]. 北京:北京大学出版社,2014:24.
② 马克思. 1844年经济学哲学手稿[M]. 中共中央马克思恩格斯列宁斯大林著作编译局,译. 北京:人民出版社,2000:84.
③ 马尔库塞. 爱欲与文明:对弗洛伊德思想的哲学探讨[M]. 黄勇,薛民,译. 上海:上海译文出版社,1987:73.

容，受者接受信息，逾越界限就意味着某种"失范"，必然要通过权力予以规制。"传播"一词，本意是关乎主体意义之间的关系形态与行为方式，然而权力的介入，传播中所蕴含的"凸显主体的行为(传)及其行为范围(播)，对象及其与主体的关系(包括主体的意义、多个主体之间互显的意义)显然被遮蔽"①，"报纸不再是传播和讨论其他人提出观点的平台，而是成为发表自己报道的渠道"，从这个意义上看，"人在其中变成了纯粹的信息消费者"，② 这也标志着一种传播中主体性的丧失与人的异化的开始。

互联网技术的发展导致原本相对固化的传播空间被打破，用户、新媒体、传统媒体同台竞技成为现实。技术成为消解传播边界的关键因素，曾经牢不可破的传播壁垒被技术逐渐整合起来。从形式上看，这种整合打破了大众传播时代中条块分隔的传播边界，似乎很容易让人理解为一种"颠覆"。毕竟从传播的架构上看，人与媒体不再是受制于权力分配下的"从属"关系，而是能够在同一个平台上相对独立地表达意见，具有一定平等对话的价值基础。然而，从另一个角度看，"同台竞技"也意味着不受约束的独立性。按理说，"同在"的基础是"信任"，然而在传播上，这种"同在"的基础却是技术逻辑之下的"竞争"。不同立场的主体，解释不同，视角不同，在社会问题上，常怀敌意，相互揣测，"人媒"之间又被价值高墙分割对立。与此同时，技术提供了"人媒同在"的物质基础，却无法左右人媒传播中的价值理念形成，人与媒体依照着不同的底层逻辑展开传播活动，人在网络中释放着个性激情，而媒体却延续着大众意识，人与媒介之间若合若离，媒介与人的界限仍然清晰。

有学者认为，"场景"时代的到来是人媒关系从"同在"到"共生"的转折点。场景是人与人、人与环境、人与事，乃至人和具有人工智能的机器等人工物之间，基于新的信息与媒介技术，可以虚拟或真实地实现智能性"超链接"，并建构起多方互动的数字化情境。很明显，将"场景"视为技术

---

① 黄卫星，李彬. 传播：从主体性到主体间性[J]. 南京社会科学，2012(12).
② 汤姆·斯丹迪奇. 从莎草纸到互联网：社交媒体2000年[M]. 林华，译. 北京：中信出版社，2015：265.

力量的生活化延伸是商业思维的渗透应用。"场景"在功能性、量化的分析倾向中被理解为"人与技术"的某种无缝联结状态,并推导出"人媒共生",实为一大误判。从人的生活情境中来看,任何"场景"必然有其特定的意义维度,基于意义的信息传播,是无法脱离人的现实存在与文化背景的。正因为"场景"无法脱离主体性维度,意味着我们对于"人媒"关系的理解应以社会生活中的意义建构为主导,将"场景"中的技术对象还原为具有完整人格的"生活中的人"。在"人媒共生"的理解上,缺失了特定历史与文化语境下生活意义的传播架构,是无法勾勒出现实社会化人媒关系的逻辑机理的。

2. "人媒共生"的两层意义:"人—媒介""人—媒体"

"共生"源于生态学术语,原指不同生物之间所形成的紧密互利关系。在共生关系中,一方为另一方提供有利于生存的帮助,同时也获得对方的帮助。从传播角度看,"共生"意味着传播主体处于同一生态结构之中,他们之间形成相互依赖、彼此有利的传播状态。这意味着,不同传播主体均有着内在的传播动机,即通过自己的"意义表达与求真行为"的生存诉求,最大限度地让生态圈中的其他主体产生有利于自己的结果。由此,在"共生"的关系架构中,必然会产生一种适应生态结构,主动改造环境,以塑就生态关系稳定与互利的诉求。

就传播主体而言,传播环境是在持续变化的,如果无法适应环境,将会减损自身所具有的"关系黏性"。当某一主体无法适应环境,无法跟上"互利"主体的改造步伐,"可被依赖性"减损到一定程度时,必然会被其他主体"替补",从而被"共生系统"所淘汰。不难看出,对于传播层面的"共生",主体应该以多维视角理解基于技术、政治、经济、文化等形构出的传播生态,针对性展开对其他共生主体的外部适应,以增强其"共生关系"的不可替代性。

随着 5G 技术的快速发展,"人—物—空间"之间的深度信息勾连与实时互动成为可能,这提供了"智媒"的发展基础与未来可能。围绕"万物皆媒，人机互动"的传播思考成为时下热点。然而，我们并不能将"人媒共生"概念的理解限定在"人机共生"的层面上，因为对"共生"原有的理论内涵而言，应是不同主体之间的"动态关系"结构调整，虽然我们无法排除，未来机器可能具有某种主体性意识，从而成为与"人"互动的"共生主体"，但从目前状况来看，机器尚不能成为特定主体参与"共生关系"的建构。从长远来说，我们也不希望机器获得"主体性意识"，毕竟对于整个人类社会而言，人被机器"奴役"的风险太高。

"人在创造、运用媒介的同时，始终与媒介处于共生状态，或是媒介的一部分，或直接扮演着媒介。"①"人媒共生"常被指称为"人与媒介"的关系形态。从历史发展而言，将"共生"限定于"人—媒介"层面来理解，失之偏颇。在原始时期，人就是媒介，而媒介也就是人。然而随着传播组织化程度逐渐提高，作为技术手段的媒介，从人的维度开始逐渐偏移到媒体维度，"人—媒"呈现出"经由媒介人与媒体"的关系调整。正因为媒体的加入，不能将"人媒共生"片面地理解为技术发展而可能导致的传播态势，否则难以识别生态圈下不同主体的传播意向与互利关系，而且也偏离了主体性存在的价值诉求与意义建构。这并不利于从现实困境中分析出内在的核心问题。如果将"人媒共生"的视角挪到人的主体性层面上分析，那么其理论内涵与外延则会紧紧依托人的认知趋向与价值诉求，而产生完全不同的理解向度。主体性逻辑以认识为基础，人的发展动力分别指向"我们如何求得社会变动的真相"以及"我们如何寻求到自己的生存价值与意义"。从这个角度而言，立足于传播生态环境，在人与人、人与媒体、人与社会、人与文化的共生互动中探寻"真相"与"意义"，应是"人媒共生"理论思辨的核心内涵。

当然，这并不意味着我们不需要去理解技术维度下"人媒共生"的发展态势。智媒时代为媒介注入了巨大的变动能量，人机协同、个性识别、定

---

① 杨柏岭. 作为文化的传播：人、媒介与社会关系的形上之思[J]. 现代传播，2020(8).

制推动、万物互动的传播态势在技术更新中逐渐清晰起来,这应是理解"人媒共生"的一个角度。但却隐含了一种焦虑:当机器承担了信息传播的工作时,人的价值与意义从何而来?在这种焦虑之下,"人媒共生"的第二个维度理应获得足够的重视,即"社会的人与媒体如何互利共生于这个万物皆媒的时代之下"。蒋原伦先生在若干年前说过:"在今天,不能设想在大众传播媒介缺席的情况下,人们怎么来组织社会生活,夸张一点说,大众传播媒介缺席会导致社会生活的瘫痪。"①虽说社会发展速度极快,今天的传播环境早已不是10多年前的样子了,然而媒体缺席的尴尬状况依然存在,而这种缺席导致的后果已不仅仅限于"社会生活的组织",而是更为严重的"社会意义的缺失"。

正是基于此,"人媒共生"应该从两层意义上去理解,其一是"人—媒介"的内生式的共生关系,其二是"人—媒体"的外生式的共生关系。前者,从人与媒介的关系形态上思考,虽然在特定历史背景下,媒介与人有过分离。但从宏观上看,媒介与人难以分割,媒介因人而生,人也因媒介而活,两者具有本质上的同源性。后者,也就是"人—媒体共生"。在人与媒体的关系上,"共生"有了一种动态互动的能量内涵,"互利"的"互动"行为才落到了实处,由此,不同关系主体的互动深入与发展或被"淘汰",有了思辨的基础。

3. "人—媒体共生"的价值内涵

从"共生"的概念来说,共生意指不同主体之间存在某种紧密的结构性。在这种紧密的关系中,因主体之间的互动而形构出若干关系特征。置于"人—媒体"共生的视域下理解,这种关系结构是依托于"人—媒介"的平台基础,或者说"人—媒介"所形塑出的传播生态环境之中。可以说,人与媒介之间的联通形态与空间特征,预设了不同主体的传播行为方式与关系形态。主体之间的行为方式能否符合生态环境的内涵,能否实现"共生",

---

① 蒋原伦:媒介文化刍议[J]. 天津社会科学, 2002(1).

并不是自然而然形成的。不难看出,"人—媒体"的"共生"理解,还只能是目前的一种主观设想或可能性判断,绝非定论。

从"共生"的主体行为特征层面去思考,"人—媒体共生"必然要求不同传播主体在同一生态环境下,互为主体以求整体效益,协同互动以求平等对话,灵活多元以求价值平衡。从人的认识维度而言,"真相"与"价值"是认识的出发点,也是人在社会生活中的行为趋向表征。其中,"我们"一词的内涵是无法用"受众""用户"或"网民"等线性思维模式去减损的。"我们"本身就意味着价值表达与关系确认,是主体性属性的社会性判断。技术架构出来的互联网为"我们"提供了表达的机会,而"我们"的表达欲望又催生着传统传播格局的变迁,"电影、电视,特别是网络传播等电子媒介通过诉诸视听,改变了传统媒介使用者的身份标签,将传播带入信息共享时代,改变了原有的社会结构"①。基于此,"互为主体"的传播结构调整是"人—媒体共生"的基础,而以"我们"为核心的传播表达是架构于主体关系之上的整体效益的潜在动力。

互联网的生态结构赋予传播主体以"主体性身份",这为主体之间的协同互动提供了基础。从"认识"的意义出发,人的认识受限于特定境况下的认知水平差异,故而在对象或自身的理解上,有不同的认识结果与理解倾向。传播本身就是人为了审视社会,寻找价值的产物。在不同主体之间,平等地位的协同互动不仅能保证传播互动的效益,同时,协同互动的频度与广度也是塑造主体之间"平等地位"的有力保障。"为社会中的每一个人(其中绝大多数人是传统意义上的'无权者')赋权,从而深刻地改变了社会的权力格局,促使我们重新审视社会治理的逻辑。"②由此,"共生"关系的实现与否,不仅需要主体性身份的确立,更需要从"人媒同在"传播境况之中,探寻基于生态结构之中不同主体话语权利体系与标准的建构。

---

① 陈力丹. 试看传播媒介如何影响社会结构——从古登堡到"第五媒体"[J]. 国际新闻界, 2004(6).
② 喻国明, 马慧. 关系赋权:社会资本配置的新范式——网络重构社会连接之下的社会治理逻辑变革[J]. 编辑之友, 2016(9).

不同主体的互动是需要遵循生态结构的内在素质要求的,即实现主体关系之间相适应,协调和统一的平衡状态。传播主体在信息流动、意义传递的过程中,以协同互动逐渐寻求到较为稳定的传播平衡支点。平衡,并非各个主体之间主体身份的绝对均等,或传播信息的量化评价,而是基于互联网生态逻辑,主体互动协同中达到的某种"价值感"的平衡。从这个意义来说,要保障互动中产生某种较为稳定的价值感或意义,就需要多元主体最大限度地参与到传播中来,相对便捷地进入具有公共特征的话语场,并以多样的方式进行表达。

(二)"人—媒体同在"境况下新闻"在场"的现实紧迫性

从历史维度梳理"人媒关系"的发展路径,口语时期尚难以严格区分"媒介""媒体"。文字时期以降,人不仅与媒介形成特定的关系,而且也存在历史背景下的人与媒体的关系变迁。如果缺失"媒体"维度的思考,单纯将传播关系理解为"人与媒介",则会落入"媒介工具论"的思维桎梏。由此,人的认识目的,即"理解我们的社会、理解我自身"的传播诉求,在"人媒关系"中被简化为一种"工具理性"逻辑,而丧失了"价值理性"的思辨。我们利用媒介更新着客观世界的认知,却将"认识我们自己"的大块意义领域悬置起来,因为工具难以关涉价值与意义。

当"客观世界"被技术化的媒介——呈现出来时,人的生活还值得想象吗?对每个社会中的具体人而言,生活是意义的源泉,互动是意义的途径。无论技术如何延伸,工具性的特征也无法帮助人们互动,去理解属于每个个体的生活意义。互联网赋予个体建构生活意义的可能性,而媒介却关涉客观性的外部世界,自相矛盾的传播建构导致出的分离、阻滞、断裂,正一步步将人推向无意义的价值虚无之中。从这个意义来看,人需要生活意义,需要生活之上的想象,也需要传播能将生活导向价值。这不仅需要人能理解技术范式的媒介,更需要引导意义的媒体帮助人们破除价值虚无,新闻理应"在场"。

1. 破除"茧房"需要新闻"在场"

美国学者凯斯·桑斯坦提出的"信息茧房",是指人们会根据自身的兴趣习惯性地关注特定信息领域,长此以往,从而将自己桎梏于"茧房"的传播现象。"信息茧房"不仅可能成为个人忽视社会问题、逃避矛盾的"避难所",而且也能成为个人脱离现实生活构建"虚假的意义"的"发酵池",更有可能成为群体非理性情绪极化表达的"助燃剂"。作为一种理论假设,"信息茧房"关注的是长期过程中信息偏食而可能导致的问题,故而难以在短期内予以印证。然而,伴随大数据、人工智能等技术的发展,算法使得个人的信息倾向能被准确匹配,"投其所好"成为现实。从长远来看,凸显感官需求、强化用户喜好的用户数据背后,定然耸立着大小不一的"信息茧"。

大数据时代下的算法技术是商业伦理与竞争生态的必然产物。从某种角度而言,算法是针对"用户"的,是增强"黏性"的技术手段,而人会如何面对生活,如何建构意义,并不是算法的目的。在算法逻辑之下,显性感官需求被凸显,数据成为区分不同群体的有效手段,刺激性、偏颇性叙事匹配人的注意力心理特征。虽然,从价值维度而言,技术平台的算法是有"原罪"特征的,然而,换到商业逻辑层面,算法是最大限度实现商业目的的有效手段。这意味着,我们用价值维度去约束商业行为,不仅难以奏效,而且也无法寻找到问题的症结所在。

技术在识别需求,谁来引导意义?算法之下,需求与爱好被区分,信息服务的"个性化"目的已经实现,但"个性化需求"无法承担起"共生意义"的价值目标,如果我们寄望算法能"改过自新",回到生活意义与价值建构层面上,则不免有些荒唐。从社会现实而言,无意义的生活与价值虚无的困境,很大一部分原因要归结为商业逻辑的媒介行为。在"虚假的个性化"之下的"茧房"所导致的问题并非信息匮乏或局限,而是意义生成的封闭性与对抗性。"意义"的问题,需要用"意义"的手段,这需要我们跳出媒介的工具理性制约,从"媒体"意义引导层面寻求"破茧"之法。

在"共生"的价值内涵中,提供不同主体较为稳定的价值平衡是其延续发展的基础,这意味着,在"人媒共生"的层面上,应该引入能主导价值、建构意义、具有公共属性的传播主体,加入"共生"思考的范围。"人与媒体共生于媒介环境之中",这应是破除"信息之茧"的前提条件。正是基于此,媒介以需求为指向,而媒体以意义为制衡,不否定需求,意义也不缺席,从而构建起良性社会发展的传播基础。由此,新闻不应"缺席"。

2. 形塑"共同体"需要新闻"黏合"

人与媒介以一种物理性的方式连接在一起。技术力量渗透人的生活,形塑出了人机传播的立体交互、跨时空、智能感知的"场景"传播时代。在互联网的交叉结构中,每个人都是信息传播的节点,每个人的生活都是信息交互的场所,从这个角度来说,人与媒介的边界开始模糊,人就是媒介,而媒介就是人。从宏观层面上看,在技术搭建的网络空间中,不同主体的价值表达十分活跃,价值观之间碰撞十分激烈,多元异质主体之间的意义隔阂呈现出"同一个空间,不同的世界"的荒谬场景。从微观层面而言,这种异质性主体之间的价值对抗,更为集中地呈现为人与媒体之间的"同在"而"不同频"的尴尬状况。由此,在"同在"的物理连接中寻求"同频"的价值共振,使"人媒共生"从价值逻辑上具有现实可行性,是摆在我们眼前的历史难题。

"同在"的基础是"媒介平台"与"文化背景",前者是不同主体得以传播的物质载体,后者是传播得以可能的语境基础。"同在"并非"共同体",而只是其得以成形的基础保障,也就是说,"人媒同在"只是"共同体"建构的前提条件。换言之,我们不能仅凭不同主体处于同一传播空间说着同一种语言,就认定"共同体"是真实存在的。从词义上看,"共同体"应该具有命运相连、休戚与共的价值特征,也就是说,"共同体"的建构关键在价值层面的共性识别,并能有效将这种"共性价值"传导入异质性多元主体之间,以价值引导串联起具有"共同"价值感的社会群体。在此基础上,"共同体"建构的关键就落在三个具体的维度上,即识别共性价值、搭建对话渠道、引导公共情感。

首先,共性价值是"共同体"存在与发展的价值内核与动力源泉。从人的主体性而言,人有"人之为人"的意义追求,也有社会中人的现实规定,由此在共性价值识别上,需要考量人的两个层面的意义范畴,既有主流价值观的传播建构,也应包含具体生命个体"自我现实"的价值冲动与引导。

其次,在现实实践中,如何搭建起不同群体的对话渠道,也就是将"交流与沟通"推入主体之间,这是"共同体"得以建构的重要保障。然而,有效对话的基础是"理解",而不同主体"同在"的现状又要求这种"理解"需要建立在"公共"之上。这意味着,不仅需要一个能串联不同群体,具有公共身份的主体参与其间,而且也能在"倾听"的基础上,主导起"公共意见"的评价表达。

最后,价值往往直观反应为一种情绪表达,从"共同体价值"层面而言,这种情绪应是具有"公共性"情绪倾向。从情感上看,"人之为人"的价值自觉,在特定时刻会展现为"由己及人"以及"感同身受",这种具有共性的情感体验能有效增进主体之间的理解与价值共振。然而,我们需要将此种"共情"情绪予以主导性、公共性的制约,主导性意指传播影响的有效性,而公共性能保障情感与理性并存。

不难看出,"共同体"的建构是需要"黏合剂"起作用的。从现实实践来说,能同时满足上述论证内在素质要求,具有公共内涵、能够引导社会、勾连意义互动的主体只能是媒体,而具体呈现只能是"新闻"。这并非意味着,只要是"新闻"就能够"黏合",这还需要媒体能在具体实践中逐步提升自身对"共同体"的认知理念,不仅能深入人的共性价值诉求,理解主体的思维逻辑与表达特征,而且能以一种"人格化"的表达,将"公共理性"的引导目标诉诸"公共情感"予以展示出来。更为重要的是,媒体应放下身段,以平等的身份参与到主体间的价值互动中去,主导"公共性对话"的沟通逻辑。

3. 彰显"主体性"需要新闻"引导"

技术的发展为人类的现实生活带来了便捷与自由，却也将人的主体性价值以技术的手段予以剥离占有，技术俨然成为人类现实意义的"造物主"。人经由技术认识世界，而技术则经由人统治世界。人的认识依靠技术得以实现，这意味着，人将其主体性意义附着于技术，并在持续互动中，将意义的主导性从人出让给技术。在这个过程中，技术逐渐获得了意义层面的主导权，使其能够超越其自身工具性的内在制约，"机器意识"得以成为可能。从这个意义而言，技术发端于人的存在目的，却极有可能反过来压抑人的存在本身。在此种背景下，我们面对"技术逻辑"意识下主体性价值认识困境、人与人的逐渐疏离的原子化境况、人的社会性价值自觉逐渐被侵蚀的现状，既需要肯定技术的工具性意义，又需要破解主体性所面临的现实困境，这必然需要我们能够在超越性基础上树立起某种"中心"，跳出技术逻辑范式，超越个体性具体意义的范围，从而敦促技术驶入正轨，引导社会人回归价值与意义，这是我们急需解决的现实问题。

从主体性的认识维度而言，人在现实生活中需要不断澄清"我们所在的世界"与"我如何认知自己"这两个向度。人不仅需要以一种"真实而全面"的方式去理解对象，也需要以"反思与质疑"的手段来肃清发展中的思想障碍。可以推论，"理解与反思"应是人的认识过程的本质规定。然而，认识中的本质规定却与技术逻辑范式相矛盾，对于技术而言，人的反思与质疑，不仅无用，反倒有害。量化的总体性并不需要人的总体性存在，人在总体结构之中变成碎片，只有需求，而无意义。不难看出，将人从碎片化的空间中解救出来，仍然需要一个能凌驾技术逻辑之上，以"公意"对抗"众意"，以"意义"扭转"需求"，具有某种信仰表达与社会号召力的主体，对技术逻辑予以价值制衡，从这个层面上看，"在场"的新闻应是目前行之有效的途径。

从主体的社会性层面，人与人的社会联系不仅关涉信息互动，也隐含着"共享价值"建构与认同的问题。也就是说，人的主体性，不仅表征为人与自身的关系,也需要通过"价值认同"实现人的社会化。媒介技术的智媒化、数字化的发展倾向显然在逐步抑制互动协同的关系形态,这使得人"变成一些孤立的原子",人与人的"联系越来越仅仅由他们所结合进去的机械过程的抽象规律来中介"。[①] 人们沉浸媒介幻象,逐渐疏离现实世界,在现实关系互动中,也变得越来越冷漠。不敢想象,当人与人、人与社会的现实联系断裂,主体性彻底沦为技术的附庸之后,人类面对的世界会变成何种模样。正因为此,在巨大社会危机的可能性背景下,捍卫"人类尊严",引导"幸福生活",促进"自由发展",突破"技术黑洞",是具有现实意义的。从现阶段的传播发展来看,目前这个任务理应落到"新闻"身上。

在当前时代背景下,媒介技术深入现实,将生活以"景观"呈现出来,在"个性化"与"适者生存"的商业逻辑下,不同"景观"之间,及其所包裹的个性化仿佛被拉倒了"竞争场"之中。德波认为,"景观的在场是对社会本真存在的遮蔽"[②],人的主体性意义被排挤。从这个层面而言,在"适者生存"与"个性化"的共谋之中,"占有"与"独特"就是其表征,由此,人从协同互动中异化为某种"竞争自觉",即把他之外的人当作对手甚至敌人,由此,生活的意义成为一种"展示"或"凸显",人的本真被幻象掩盖,"尊严"的价值被"炫耀"的快感所取代,人站到了人的对立面。

认知是具有社会性意义的,必须在"共同体"的建构中实现其内在的一致性。"建构"意指赋予意义,从而使内在机理有序化。意义针对的是人自身,而有序则与人所存在的世界有关。建构的同时也就是解构的开始,无论建构何种意义,必然需要以特定历史背景的意识形态为基础。由此,"意义建构"也就意味着"技术解构",打破技术逻辑施加在人和社会之上的"竞争枷锁",将人拉回到"对话与互动"的场域,回到"共同价值"动态生成的关系链条之上来。这不仅需要人的价值自觉的重构,更需要社会,特别是媒体予以良性引导,促使人成为更加丰富、自由和自主的个体。

---

① 卢卡奇. 历史与阶级意识[M]. 杜章智,任立,燕宏远,译. 北京:商务印书馆,1995:151.

② 居伊·德波. 景观社会[M]. 张新木,译. 北京:商务印书馆,2017:总序.

二、"人—媒体"共生下新闻"在场"的逻辑向度

"人媒共生"是我们期望的良性传播关系架构，然而"人媒同在"的现状又让这种期盼蒙上了一种不确定的因素。人与媒体乃至整个社会均被技术潮流冲入同一个传播空间，形式上具有了某种"共生"的特征，却在实质上，不同主体各自分有不同的意义诉求与价值目标，又让这个"同在"的传播空间充斥着一种撕裂、孤立、对抗与各自为政的现状。在此传播境况下，"共同体"的基础性条件，即破除群体壁垒、联结异质主体、彰显人的价值，因新闻的缺席，而失去了"共生"所要求的价值平衡的可能性。从这个意义而言，新闻"在场"不仅是必要的，而且也是迫在眉睫的。

从现实维度来看，可能有人会提出质疑，新闻媒体并未缺席任何报道，不存在"缺席"一说。然而，从"人媒共生"的传播设想到"媒介融合"的现实实践，新闻明显没有承担起"公意"理性表达及主流价值引导的社会职责，也没有融入异质性主体之间的意义互动与真实追求的动态过程，更没有超越技术逻辑范式展开社会意义层面的反思与质疑。从这个意义上看，新闻虽说一直都在，却并不"在场"。然而从辩证法的层面去理解，被技术遮蔽的同时，也意味着解蔽。从"共生"价值内涵之中，在技术无法企及的意义盲区，在异质性主体的沟通引导之中，"新闻"获得了时代背景之下的不可替代性，与此同时，"媒介融合"的现实实践的落脚点与突破也为"新闻"奠定了独一无二的传播基础。由此，我们可以乐观地预见，"新闻"必将重获生机，"在场"地推动历史进程。

技术的快速发展，正在改变传统意义上的时空关系，然而技术到底会深入或渗透到何种程度，如何重塑传播关系等问题，我们只能从历史变动及认知经验中予以粗略推论。未来充满了各种不确定性，历史上许多技术手段虽然始于功用目的去满足某些需求，然而最终却成为社会变革的导火索，这是当时人们始料未及的。技术在大多数情形中，如人所盼望，在沿着设定的路径发展，但也存在难以预想的某种"不确定性"，正是因为此种

"不确定性",使人类对技术爱恨交织。比如互联网,它让我们得以在信息海洋中自由驰骋,然而各种虚假的、道听途说的信息充斥空间,又让我们更加难以了解这个世界。技术的"不确定"让我们必须谨慎地思考与之相关的社会生活范围,特别是在"泛媒介化"的现实中,审慎地思辨新闻将以何种形态"在场",是极为重要的。

(一) 新闻"在场"的两种回归思考及逻辑差异

从传播活动的技术范式与价值范式两个层面来看,新闻回到互联互通的话语互动之中,应该有两种方式。其一,以数字技术发展逻辑,从生产流程、信息分发及效果评估的一系列组织架构展开对旧有新闻理念的重构或调整,使其能符合技术趋势之下的传播变迁。其二,从价值建构的目的维度,从人与社会的意义建构之中去思索新闻的"价值导向"与"关系联结"功能重塑,使其符合主体性意义追寻与共同体价值形塑的内在逻辑规定。虽然两种维度均肯定新闻需要"回归"到现实传播空间中来,然而"回归"理解的向度的差异必然会导致关于"新闻"本质属性及其衍生概念的理解差异。

两者的"回归"逻辑具有本质上的差异。前者以当下技术生态环境为核心,指明"新闻"应该符合时代技术背景及技术生态结构,从新闻理念层面"颠覆式"重构数字传播逻辑。后者则从传播的"本源目的"入手,强调新闻应该回到对人与社会的理解,展开关于传播中遮蔽或掩盖意义生成的逻辑批判,"否定"技术逻辑、"批判"商业伦理,以反思为内涵推动新闻理念"回归"到人的维度上去。从目前业界实践来看,新闻的"颠覆式重构"似乎更符合社会发展现状,在"用户思维""体验经济"的影响下,关注视角更倾向于新技术更新新闻应用以及数字技术可能导致的传播变革。

具体而言,两种视角中的"在场"探索是有不同的理论切口的,"重构"是从新闻去理解传播,具有一种"递进式"的发展认知,而"否定"是从传播去观照新闻,强调以反思与否定"超越"目前的生产逻辑。前者关注新闻活动中专业性内容的社会传播,以及与该定位相关的一套新闻观念建构与组织架构形塑，具有一种新闻"递进式发展"的认知倾向；而后者指向"目的"角度，以传播的原初性目的为评价基准，否定新闻的现实目的，从而把新闻活动放在一个宏大视野中，以此衡量在新闻活动中新闻目的与"元目的"之间的各种价值偏差与调适过程。从这个角度而言，两种视角下的新闻理解是具有不同逻辑向度差异的。

1. 本体属性上的差异

探讨"新闻是什么"以及"新闻应当是什么"，并基于此发展出一系列与之相应的价值认知。这必然需要我们抽丝剥茧般地将"新闻"予以回溯，秉要执本地找到新闻产生与发展的"活水源头"。然而，"回溯"的效果如何，能否识别出"本根"，这与我们观照事物的认知倾向有极大关联，因为视角会影响到审视的视域范围与方向，这也意味着凭借不同的理论认知，"新闻"呈现出来的本体属性有着巨大的差异，甚至在不同视角下的"新闻"会自相矛盾、相互冲突。

依循新闻传播活动"递进式"发展的视角，首先会将新闻视为新闻专业化传播活动的产物，即从新闻机构的特殊性去规制新闻活动的独特性。从媒介发展来看，新闻活动是一个逐渐从"混沌"到"规范"的发展过程。也正是在这个过程中，"规范化"的新闻发展渐次建构出了专业化的新闻意识与内容观念。在新闻的专业化过程中，与之相关的一套知识技能、伦理道德、制度规范等观念进一步区分出新闻活动的独特领域，进一步加强了新闻的专业化特征。基于此，对于新闻的价值认知，即"新闻应当……"的判断，就只能框限于专业化身份所建构起来的社会威权性与阶层性，而由此发展出来的一套价值认知，先天就被打上了不平等的烙印。可以说，无论我们如何为今天的新闻谋划破局出路，只要仍延续着"递进式"的理解视角，就不可避免地落入权力意识设置的陷阱之中，无论这种权力意识是基于政治还是商业。

传播是人与人、人与社会之间交流互动的总称，人才是传播的主体。新闻活动也应该隶属于传播，换言之，新闻活动就是人与新闻，人通过新闻进行交流互动的活动。将人的主体性提出来，就决然不能回避因人而生的"反思"与"否定"的能量因素。新闻活动的组织机构、内容观念、叙事语态、传播关系之中，"否定"性的基因随处可见。这种"否定"的产生源头是"人的目的"。从新闻内容意识发展来看，并非一成不变，而是具有反复性和质疑性的发展过程，从宣传到信息、从内容到商品，新闻的专业化过程的底层价值逻辑一直在变化。而这种变化一方面是基于新闻的专业化观念的制度环境的不同而产生的不同，另一方面就是社会大众基于传播目的的"否定逻辑"而带动的一种新闻反思。

2. 身份定位上的差异

"递进式"发展观肯定新闻内容的逐步专业化，在这种专业化进程中，新闻媒体的职业伦理与规范也渐次建立起来，从而奠定了新闻媒体在整个传播活动中所具有的独特功能属性与身份地位，由此也确定了媒体在社会发展中所具有的不可替代的位置。尽管从媒体发展的内部视角来看，这种观点是符合逻辑的，但是这种符合逻辑是需要划定时间界限的，因为从新闻媒体初创到大众化时期，确实是职业化倾向愈加明显，然而再将视角延长，我们也能看到，在互联网时代中，新闻媒体的职业化进程并不顺利，而且面临极大的职业生存困境。从这个角度来看，这种从新闻媒体的内部去考察变迁的做法面临着难以自圆其说的尴尬境地。

从人类传播活动的整个发展历程来看，新闻的职业化进程与整个人类传播史比起来，时间并不算很长。然而，当我们将"否定"纳入考察对象时，就会看到新闻的职业化并非一种自然而然发展出来的某种社会组织，而是受权力、政治、经济等层面的外部力量影响的。在大众化时期，新闻媒体所确立的职业化规则与伦理观念人为地在社会传播活动中划定了专业性边界，而边界的存在意味着新闻的职业化是一种"二元对立式"的身份确定。然而，在步入互联网时代之后，这道边界纷纷遭到社会大众的解构，开始趋向于融合的"去边界"过程。由此，根据"否定式"思维观察，有理由相信新闻边界会逐步被消融。

3. 社会作用上的差异

"递进发展"必须要肯定新闻具有正面的社会作用，强调新闻活动本身的进步会带来社会发展的同步更新，也带来人类的进步，这与新闻媒体专业性定位是相关的。通过将新闻活动视为推动社会发展的重要因素，由此认为新闻在人类社会未来发展中的重要性必然只会增加，不会降低，从而将新闻视为人类传播史中不可替代、不可或缺的重要组成部分。然而，我们稍加思索，不难发现其中存在的逻辑问题，这种思路似乎陷入重复论证的问题之中，即用新闻的逻辑肯定新闻的重要性，而缺失了其他维度的考量。新闻是否对社会产生正面影响，从历史来看，恐怕难以说清楚，而且，从当下的传播环境来看，新闻是否与人的主体性觉醒带来了人的发展，似乎也无法立论。可见"递进式发展"逻辑存在难以解释的传播现象。

互联网所形塑的未来的传播环境，使人的传播权利获得了极大提升。在此种背景下，新闻的存在困境已经充分说明了其本身所具有的某种负面效应，如果我们将这种负面效应归因于其他层面去思考，等于在为新闻目前存在的困境找借口，而不敢直面问题。跳出媒体去看媒体，更能从超脱性的视角中获得有价值的观点。从历史角度来说，尽管新闻在某些时候对社会发展产生过正面影响，但很难说其促成了人的发展。因为，在传播过程中，新闻媒体更多的是为某些组织的利益服务，而很少从人的"全面而自由"的发展层面去定位。而从"否定"角度来看，目前新闻碰到的困境恰好说明了一种"否定"性力量的作用。

4. 传播对象上的差异

"递进式发展"的新闻活动是一种逐渐专业化的进程，这也意味着，专业化内容的传播必须有能支撑专业性界定的内容受体。随着"媒介技术"的发展与"新闻观念"的更新，传者与受众之间的边界被逐渐树立起来，边界的存在促使媒体将社会大众作为一种对象去观察，去寻找他们身上具有的某种共性特征，"我们关注新闻……只能由我们，乃至全人类共有的特性来解释"①。基于此种认知倾向,受众似乎被理解为一种"容器",而新闻就是能够逐渐填满这个"容器"的材料。共性意味着无差别和可复制,"事实上,一切都是通过机器批量的生产今天的世界仿佛是由饼干模机器造出来的,这个机器按照现成的形式生产着我们周遭的一切东西,危险在于我们每个人也在变成这种机器的产品"②。

然而,"网络开创了一个大众成为广大的受众和大众成为最广大的传者的时代"③,传受角色的互换与异位成为现实,而从"递进式发展"观念去加以理解,却难以说通。因为新闻活动的专业化过程就是不断强调分隔与独立的过程,而传受角色的混沌状态明显与这种专业分隔的逻辑不符。从人类传播史来看,人的主体性意识一直在尝试突破"人的集合"的传播权垄断,因为两者的传播诉求是有本质差异的,人需要通过交流以实现人的"全面而自由"的状态,而"人的集合"却基于政治或商业的需要,以实现传播效果的最大化。由此,在传播过程中,"否定"意味着一种对抗与话语的争夺,而传播正是在这种不断"否定"中获得发展动力的。

(二)"客观性理念"的规训与超越

新闻理念是特定历史背景下实践向度的思考产物。上述两个维度的理解模式,从表面上看,似乎依循截然不同的路径,然而从新闻本体论角度上去审视,却不约而同地汇聚于"客观性"的讨论中来。可以说,关于"客观性"及"客观性理念"的认知是当今新闻改革路径中的核心命题与思辨中心。从现实研究来看,大多数学者均肯定在技术逻辑背景之下新闻正"承受着无法避免的伦理挑战,即客观性原则遭到破坏"④的观点,然而,在如

---

① 米切尔·斯蒂芬斯. 新闻的历史[M]. 陈继静,译. 北京:北京大学出版社,2014:8.
② 江思图. 克尔凯郭尔:丹麦黄金时代的苏格拉底[M]. 田王晋健,译. 北京:华夏出版社,2018:105.
③ 丁柏铨. 浅议网络传播规律[J]. 中国地质大学学报(社会科学版),2017(6).
④ Pauly, J. J. The New Journalism and the struggle for interpretation[J]. Journalism, 2014(5).

何处理"客观性"的认识上却存在较大争议。有主张"颠覆"与"破坏"的，认为新闻应该"全面服膺数字技术和数字信息生态的逻辑"，新闻主动性地"'介入'有可能取代'客观'成为未来新闻专业理念的内核"。① 也有学者认为，新闻重构不是"对既有新闻理念、价值和实践模式的颠覆，而是对传统新闻标准的补充"。② 还有学者主张"兼顾"，在坚持"客观性理念"的同时，也不能排除参与的主动性，新闻"不仅要客观提供信息，也要动员受众参与，从而准确地描绘真实世界"。③

1. "客观性理念"的三重结构

基于上述观点，学者论述中的"客观性"涉及若干不同层次的意义，鉴于此，有必要将"客观性"理论予以适当梳理，厘清其中所掺杂的认知倾向及衍生理念，从而为新闻回归澄清思想障碍。"客观性"作为新闻专业主义的核心理念，发端于西方廉价报刊时期，在实践过程中，受自然科学与经验主义影响，新闻报道逐渐形成"由没有偏差的陈述而赋予特征的一种科学取向"④，"运用现代社会科学的方法和新手段采写新闻，以保证新闻报道的准确和客观"⑤。由此，"客观性"成为新闻写作的核心理念，"新闻是单纯的纪实，意见必须与新闻明确分开"⑥。

方法论层面的"客观化"认知，也逐渐开始指涉为一种关于"专业化身份"的叙事表征，在实践中逐渐形构出"事实与价值分开的一种专业信念和

---

① 常江，田浩. 从数字性到介入性：建设性新闻的媒介逻辑分析[J]. 中国编辑，2020(10).
② 王辰瑶. 论"建设性新闻"适用性与可操作性[J]. 中国出版，2020(8).
③ MCINTYRE K, GYLDENSTED C. Constructive journalism: An introduction and practical guide for applying positive psychology techniques to news production[J]. The Journal of Media Innovations, 2017(2).
④ 费斯克. 关键概念——传播与文化研究辞典(第二版)[M]. 李彬，译. 北京：新华出版社，2004：190.
⑤ 甘惜分. 新闻学大辞典[M]. 郑州：河南人民出版社，1993：82.
⑥ 施拉姆. 报刊的四种理论[M]. 中国人民大学新闻系，译. 北京：新华出版社，1980：71.

道德准则"。① 由此,新闻"客观性"可以区分为"客观方法"与"客观理念"两个层面,前者是新闻报道的方法论约束,后者则标示出新闻媒体的"专业性"定位与职业操守准则。与此同时,从社会语境层面观照,新闻媒体作为西方思想的产物,不可避免地受到西方社会逻辑的影响,哈克特认为,作为"一种话语实践的开放性时空结构"②,新闻客观性与资本主义商业逻辑、技术发展、国家意识之间存在机制上的联系,形构出"一种理念、假设、实践与制度的集合体——客观化体制"③。

通过学者们精辟的分析,我们可以识别出关于"客观化理念"的三重结构。从微观上看,"客观"是一种叙事要求,仅仅陈述事实,而不能夹杂主观判断,是新闻报道的基本要求。在中观维度上,"客观性理念"作为职业性的意识内核,强调独立而平衡地呈现新闻报道,在实践中,"客观性"也能成为媒体参与社会事件的"身份铭牌"。从宏观上看,"客观性理念"又意味着一种社会体制中媒体的社会功能内涵,是在西方自由主义理念的框架之下,媒体的"客观事实"报道以及由此而形塑的专业化意识与身份定位,新闻"客观性理念"不仅上升为新闻专业主义的核心要素,从社会层面来看,更是作为西方"民主制度"的"象征性词汇"而被公布于众。

通过对"客观性"所蕴含的三个维度的梳理,我们发现"客观性理念"不仅仅是叙事手法的表征,也是媒体专业化地位的保障,更是特定社会制度运行的内在逻辑产物。从这个意义来看,"客观性理念"并非纯粹地意指人与世界之间的认识关系,更多的是一种专业性边界的维护策略,并规训于资本主义的意识形态之下的一种权力意识。福柯认为,权力并非一种战略,而是一种策略,"它的支配效应不应被归因于'占有',而应该归因于

---

① 黄旦,孙藜.新闻客观性三题[J].新闻大学,2005(2).
② 罗伯特·哈克特,赵月枝.维系民主?西方政治与新闻客观性[M].北京:清华大学出版社,2005:198.
③ 罗伯特·哈克特,赵月枝.维系民主?西方政治与新闻客观性[M].北京:清华大学出版社,2005:序言.

调度、计谋、技术、动作"①。由此,"客观性理念"中所推崇的"报道与意见分离"原则本身是有商业烙印的。早期对抗专制主义的"客观",在商业逻辑与经济扩张的路径下,俨然又成为压制"真实"的主要力量,客观成了"'戴着科学面具'的虚无的'伪善'"②。

不难看出,新闻"客观性"有着无法回避的内在逻辑谬误,这种内在矛盾性常常表现在"客观真实"与"主观建构"之中。李普曼认为,新闻只是"对已经显露头角的那方面的报告"③,并没有将社会事件中的真相呈现出来。新闻以"客观性理念"为其"专业性"背书,提供"客观真实",以纠正"假象",然而,在很多事情上,"客观性"所呈现的"真实"从来都不是客观的。"客观对象"往往与人的生活联系极为紧密,这也意味着"事实"不仅有着时间维度的变动性,也有着主观认识层面的选择与解释,新闻"客观"下"真实"常常是"经主观加工之后的客观性叙述"的技巧性产物。从这个意义而言,"客观的真实"其实就是主体在认识过程中的一种选择性理解的产物,无论这个主体是人,还是媒体。

2."客观性理念"对建设性新闻"介入"的逻辑规训

在当前意义互动与价值对抗的传播语境中,"客观性理念"所内含的媒体专业身份之上的形式化、自我保护的冲动,是无法将"本质真实"呈现出来的,只能如同镜子一般映照出"真实的影像"。在一定程度上,"作为理念的客观性"蜕化成为"客观化技巧",媒体以"客观"宣称自己的无可替代的社会地位,从而使"客观"成为横亘在"求真意识"与"真实影像"之间的一堵高墙。在数字化语境中,主体性的"求真意识"及"求善诉求",表现为基于价值认同的主动性追求,然而媒体仍在"客观性"的逻辑规训下,坚持传受(用户)关系的结构维持不变,这两者本身就具有天然的逻辑矛盾。可

---

① 福柯. 规训与惩罚[M]. 刘北成, 杨远婴, 译. 北京: 三联书店, 1999: 28.
② 罗以澄, 胡亚平. 挑战现实理性构建浪漫真实——解读新新闻主义的价值观及其叙事结构[J]. 现代传播, 2004(2).
③ 李普曼. 公众舆论[M]. 阎克文, 译. 上海: 上海人民出版社, 2002: 166.

以夸张地说，肯定价值追求就必然要超越"客观理念"的逻辑约束，肯定"客观理念"就必然以价值虚无为代价。

为应对数字化发展，"建设性新闻"作为一种"新"新闻，强调在"坚持新闻核心功能"①实现上，将积极心理学引入新闻生产，将解决问题作为核心报道目标。新闻应以积极的主体性"介入"的社会事件，建构起开放性的话语交流，从而超越"客观性理念"的内在逻辑规训。"介入"作为主观的方法，以全面调查及积极引导指向社会事件报道，在一定程度上超越了传统新闻理念中"客观"的方法，但这并未形成对传统"客观化理念"的直接"破坏"与"颠覆"。从传播角度而言，主体性"介入"明显受到媒体身份的限制，传受关系的二元结构并未破除，而且"介入"事件的报道是如何把握特定"语境"中社会公众对事件的价值感知的，建设性新闻并未给出令人信服的答案。从这个角度而言，"介入性"本质上不具备超越"客观性"的逻辑机理，反而像是媒体为应对时代变迁而不得不作出的让步，其实质仍是因循新闻"客观性理念"的逻辑。

另一方面，"介入"混淆了"客观方式""客观理念"与"客观化体制"之间的内在区别。主观性报道以主体性"介入"替代"客观"，但这仅仅表现在叙事方式层面上的超越，是一种局部意义上的"去客观化"。这并未触及媒体的专业化身份的消解，更不用说超越商业逻辑与技术范式之下的"客观化体制"。从主体性层面而言，"介入"是媒体主动参与到社会事件之中，积极引导公众，以实现解决问题的目标，然而媒体主体性行为之中却并未留给人主体性活动空间，在参与互动的框架下，人是如何"介入"媒体报道的，建设性新闻语焉不详。从某种意义上看，新闻的"介入"将人排除在外，平等对话与自由互动的现实传播逻辑被忽略，而且也没有考虑现实社会中所存在的文化语境与现实国情的意义互动特征与价值倾向。由此，"介入"更像是一种想象，一种对传统"客观性理念"的调适的假设。

---

① 晏青，凯伦·麦金泰尔. 建设性新闻：一种正在崛起的新闻形式——对凯伦·麦金泰尔的学术访谈[J]. 编辑之友，2017(8).

3. 反思与否定：超越"客观性理念"

主体性的意义建构过程原本就具有"反思"的内涵，阿多诺认为，"认识论的反思的主导倾向是越来越把客观性回溯到主体"①。新闻作为人类建构世界的一种主体性实践活动，从本质上看，应是包含着丰富且多元的主体性价值诉求与生活意义建构的，孤立静止地"客观描述"出一幅"世界地图"不仅无助于人性价值的张扬，反而是对人性的一种钳制，一种异化。"客观性"将具有总体性的人分裂为整体的局部，德波认为"纯客观性的拜物教式表象，掩盖了人与人、阶级与阶级之间的关系特征"②。从传播上看，超越"客观性"也就意味着回归到人的总体性获得了逻辑基础。人是有价值追求的，需要在社会语境的"价值共识"中寻求生活意义的确定性与独立性。也就是说，人的总体性回归是无法从微观层面的"客观事实"中获得逻辑张力的，只有从宏观层面确立了人的先在性，将建构于资本主义商业逻辑与技术形态下的"客观性"予以"否定"，才有可能实现"新闻客观性"的真性社会力量。

对"客观性理念"的"否定"并非意味着对新闻的彻底"去客观化"。人的认识的两个维度，即认识"我们所处的世界"与"我自身"的内在诉求，决定了"真实"在主体性发展中的基础性作用。可以说，在意义世界崩塌的背景下，"求真"不仅不会减弱，反而愈加迫切。实际上，我们"否定"的是强加在人们头上的那种"既定的客观性"，而非人在生活意义中的"追求的客观性"。正是因为人的主体性存在不能让"真实"缺席，所以对"客观性理念"予以"否定"并不是从"消解""颠覆"意义上思考，而是要"超越"。

"人的先在"逻辑的确定，是"超越"的前提。如果说传统"客观性理念"是从"客观到主观"的建构过程，即由"客观呈现"衍生出"客观理念"，那么在"人的先在"逻辑上，"追求的客观性"理念的建构则是从"主观到客

---

① 阿多诺. 否定的辩证法[M]. 张峰，译. 重庆：重庆出版社，1993：173.
② 德波. 景观社会[M]. 张新木，译. 北京：商务印书馆，2017：附录.

观"的推演轨迹。换言之,肯定人的主体性、肯定生活意义的建构性、肯定文化语境的现实性,在此基础之上,"新闻客观性"才有了切实可行的社会理念基石,由此,"客观"并非表征为一种对待性的叙事方法,而是具有推动"求真"发展,联结多元主体,保障参与互动,实现"价值认同"的"客观性过程"。

从本质而言,"过程"的意指也就意味着"客观性"因人的存在而被赋予了一种探求"真实"的内在动力。由此,新闻也被赋予了一种主动性与能动性的主体性意识,使其具有跳出孤立静态的"事实呈现"的观念束缚,从而使基于"求真"意识的"价值引导"的社会功能有得以实现的可能。在新闻报道过程中,要保障"过程"的持续与稳定,不仅需要新闻能积极"介入"事件报道,更为关键的是,公众能主动"介入"新闻生产。在双向"介入"的动态作用下,"新闻客观性"才有了"从事实到价值"的逻辑张力。从这个意义而言,"新闻客观"是受制于公共性、交互性、平衡性、协同性的逻辑制约的。由此,"客观化的过程"的理念认知,不仅为主体性的参与协同预留出了互动空间,也为新闻"介入"社会事件,以生活意义为指向的"问题解决"提供了主体性身份保障,更为新闻的"价值引导"功能实现提供了内在动力。

(三)新闻"回归"的逻辑向度

对新闻"客观性理念"予以反思的根本原因,是希望通过这个核心概念指认出"新闻重构"认知中的某种不适宜,也希望进一步澄清新闻"如何在场"的逻辑思路。因为,只要不否定传统新闻理念中"客观性"这个核心概念,不对这个概念予以反思与质疑,新闻的"重构"就只能停滞于形态上的调整,而无法实现"超越"。互联网技术的发展,对新闻来说,绝非是工具性的延伸,而是导致了整个传播生态结构的转换,最为凸显的特征便是人的主体性获得了前所未有的发展机遇,这是传统新闻业不曾面对的,这一变动决定了新闻"在场"的途径只能是一种全面反思之下的"否定",打破瓶瓶罐罐的束缚,探索"人媒共生"逻辑之下的新闻改革路径。

1. 从"信息"到"道路"

对于"是什么"的探究关乎新闻回归的逻辑基础。通过思辨,"是什么"具有两个维度的规制性:现实表征与价值内涵。也就是说,"是什么"的判断不仅规定了新闻的现实呈现,也会因"是"的本质规定推论出"应当"的价值逻辑。源于人认识自然的内在诉求,以及转借信息论中信号的可预见性理论,即信息是物质性而非意义性的存在,"信息"逐渐成为新闻理论大厦的基石。信息论认为,"一个符号越是不可预计,它所传达的信息就越是丰富"①。基于此,信息数量与信息密度,以及信息不关涉意义的物质性特征,均成为新闻理论发展的重要内容,由此,也在信息论的基础上,划分出了"真实、准确"的客观化要求,以此来减少主观判断的成分。从信号的传递发展为信息传播,传播主体、受体、渠道成为必不可少的新闻生产的逻辑构成,也正是在这个过程中,"规范化"的新闻发展渐次建构出了专业化的新闻意识与内容观念。

现代新闻理念成形的核心来源是资本主义,在资本主义早期,新闻作为一种有力的"武器",是对抗旧统治者的一种权力抗争的外在表征。其基本逻辑是以自由为基础,以独立为保障,以客观为准则。然而随着发展,西方所标榜的"独立媒体"越来越集中,资本对媒体的控制力越来越强。不难看出,"自由"已成为资产阶级反抗专制的重要名义,而当其取得胜利之后,却转变为一种新的压迫。"自由"形塑出的"个性"又在商业化逻辑之中予以消解。商业逻辑以受体或消费者为对象,以"需求"的调动为核心。在"新闻是商品"的认知中,精神性、主观性、价值性的内涵就被天然排除在新闻内容之外,也在此过程中,新闻呈现出去意识形态、弱化社会责任、强化受众需求、提升内容生产效率的传播调整。

可以说,无论是"信息"还是"商品",新闻理念的底层逻辑均具有"抑

---

① 约翰·费斯克. 关键概念——传播与文化研究辞典[M]. 李彬, 译注. 北京:新华出版社, 2004:139.

制意义"的内涵,然而现实的传播境况却急迫需要"意义"的加入,"对世界的理解"以及"对自身的理解"是无法仅凭"客观描述""满足需求"来达到的。基于此,在现实境况之下的新闻谋划破局,只要不打破"信息"的去意义化以及"商品"的去主体化的理解倾向,传统新闻的内核就没有改变,就无法实现真正意义上的"重构与颠覆"。

换到从"否定"的视角去看,这意味着我们需要超越"信息"与"商品"的理解,跳出具体历史背景下的新闻变迁,回溯到传播的"元目的"层面予以考察。信息模式从人与世界二元分离的潜在逻辑出发,割裂人与生活的生成性意义,而商品模式从受众或用户的需求角度出发,将人的主体性进行静态的片断处理。显而易见,信息或商品的本体规定,新闻注定缺失了"宏观图景"与"历史视角",与此同时,缺失了人与社会的整体视角,新闻也无法立足于特定文化背景与政治语境,无法承担"共同体"建构的历史使命。不难看出,否定的对象正是"信息"与"商品",而否定的目的是重塑新闻的"历史视角"以及从总体性上呈现社会的"宏观图景"。在此基础上,新闻承载着意义与价值,引导社会立足生活,解决问题,为"共同体"的建构提供价值逻辑的引导。从这个意义而言,新闻在"否定"中成了一条"道路",从"共同体建构"到"全球化传播",再到"跨文化交流",传播根本目的及核心议题的转向塑造了新闻的历史意义与现实实践的逻辑向度。

2. 从"介入"到"融入"

数字技术的快速发展,促使新闻理念及具体的新闻生产机制快速"转型",以适应新的传播环境及文化形态。"人—媒体共生"的建构目标以及意义与价值传播的日益强化,也需要新闻予以正面回应,正视传统新闻理念的价值逻辑错谬。因此,基于数字的技术逻辑便有了两种向度的新闻价值逻辑思考:其一,新闻的专业性模式能否建立在数字技术的价值逻辑之下;其二,新闻的形态如何超越技术逻辑的限制或制约。无论是"技术驱动新闻",还是"新闻超越技术",互联网语境中弥漫的"意义诉求"与"价值冲突"均受到重视,特别是我国,现实维度的新闻理念转型或重构的思考，都是基于此作为价值推论的逻辑出发点。

"意义与价值"的传播活动被肯定，意味着曾经新闻所秉持的"旁观的逻辑"在新的传播生态中被突破了。如果说"旁观"指称的是不需要人的"传播理性"，那么互联网中弥漫的意义焦虑则迫使新闻业必须重新思考传播之中的感性化、情绪化、价值化的传播合理性。与此同时，我国对新闻媒体的舆论监督与引导功能历来就极为重视，在"共同体"的整体框架及"党与人民的喉舌"的本质规定之下，新闻媒体积极主动地参与到"意义与价值"的领域之中，也具有现实紧迫性。由此，"介入"事件本身，建设性地引导社会情绪，解决实际问题的报道理念也具有了时代意义。

"介入"强调新闻主体能动性应该得到加强，从旁观式的客观呈现中脱离出来，积极而主动地介入新闻事件的报道过程中，以此"将积极心理学和其他行为科学的技巧运用到新闻流程和产品，致力于创作卓有成效、引人入胜的报道"①。不难看出，"介入"的新闻主体性，分别指向两个维度的考量：如何呈现事件；如何影响心理。在事件的报道上，"介入"提供了一种方法，即弱化报道之中的冲突性、负面性、反常性的"病态模式"，介入事件，更准确和全面地进行报道。从受众心理的引导上，"介入"意味着一种情感层面的表达，以新闻技巧或传播策略实现对受众积极心理的激励与鼓舞。比如，在负面的报道中，记者可以"介入"，"通过唤醒新闻故事里的某些情感实现的，比如希望"②。建设性地"介入"可以视为新闻媒体对传统报道理念的一种修正或调整，以更加平衡的方式扭转"反常性"的"新闻迎合模式"，强化传统新闻伦理中"公平而负责"的媒体社会形象。

"介入"作为一种努力，提出了一种方法，让新闻在延续其核心功能的同时更有效地提供信息，平衡地报道世界。然而，从主客二元的角度来看，"介入"并没有脱离传统新闻理念中所固有的"信息"与"商品"的内在

---

① 晏青，凯伦·麦金泰尔. 建设性新闻：一种正在崛起的新闻形式——对凯伦·麦金泰尔的学术访谈[J]. 编辑之友，2017(8).
② 晏青，凯伦·麦金泰尔. 建设性新闻：一种正在崛起的新闻形式——对凯伦·麦金泰尔的学术访谈[J]. 编辑之友，2017(8).

约束,虽然有学者认为,"'介入'则有可能取代'客观'成为未来新闻专业理念的内核"①,但是"新闻"所认定的对象仍然是消费者或用户,从本质上看,新闻并未扭转"迎合模式"所导致的巨大商业压力。其次,"介入"意味着新闻主体具有某种"积极的主动性","主动性"的提升能让新闻超越静态的世界图景,即从"已知"的事情中延展到"未来"的可能性,赋予整体视角参与世界的解释,然而"主动性"并非等同于"主体性",新闻仍然存在与现实意义生活相对超脱的身份定位,并且在"主动引导"之中,缺失恒定的"主流价值"基础,这种引导的可行性究竟如何,难以预料。与此同时,如何超越商业与政治组织的权力制约,实现新闻参与世界解释中真正意义上的"主动性",也是目前值得探讨的地方。最后,"后真相"背景之下的非理性表达,具有"情感诉求"与"价值认同"的传播表征,传播效果的量化评价机制无法衡量基于情绪的"共振"。"介入"如何通过报道实现"情绪共振",进而产生宏观意义上的"价值认同",也并未给出行之有效的方案。

  传播生态的核心逻辑与传统新闻具有本质性差异,"价值与意义"的内在传播逻辑也是对新闻生产范式的"颠覆",对"事实"的报道基础的"破坏","介入"作为一种媒体的被迫性的生产理念调整,是一种环境压力与职业边界的结构性妥协的产物。在"人—媒体共生"的逻辑路径中,"介入"难以构建生态结构下的新闻主体性意识,这导致"价值引导"中的"情感共振"与"价值认同"失去了主体性基础。从"否定"的视角出发,"否定"本身就意味着一种"自我反思",在新闻层面上,这种"否定"意味着生产理念、主体身份、传播目的的一种全面反思。在融合趋势下,新闻机构与职业边界应由一种"人格化"的主体性身份所涵盖,从而在传播中建构起能为社会识别、具有稳定的价值内涵的"人性"特征,从而使其能以主体性而非组织性的身份,加入意义互动,这为新闻的"融入"提供了身份的可能性。从另一个层面而言,"融入"的可能性又形成一种报道层面的制约性,即无法以

---

① 常江,田浩. 从数字性到介入性:建设性新闻的媒介逻辑分析[J]. 中国编辑,2020(10).

"上帝视角"对世界进行解释，因为"人格性"的身份是无法超越生活去观照世界的。由此，"过程性"的动态报道成为"融入"的重要特征，"过程"意味着一种探索、一种努力，也是一种期盼。与此同时，"过程性"的报道也是新闻问题意识与社会职责的集中体现。"过程"并非意味"问题"必然能被找到症结，但是正是这个"探求"的过程，使新闻具有了一种社会凝聚的潜在动能，而这也正是新闻"价值引导"的核心基石。

3. 从"西方视角"到"中国国情"

新闻回归的现实思辨并非仅从数字技术维度予以考察，而是将新闻理解为特定语境中的传播实践，以及媒体自身所具有的社会结构及文化属性的内涵，从传播生态平衡及价值导向的角度去理解新闻"在场"的逻辑过程。换言之，在新闻的"回归"之中，我们应该适当调低"工具性"的技术理解与追捧，应该从"语境性"中强化对新闻传播的文化背景、现实国情、情感特征、价值取向、社会互动层面的理解。从这个层面而言，对于新闻的传播形态重构与组织结构调整，不应该被视为对传统新闻理念的一种"颠覆"，因为新闻在公共意识的形成与演变过程中所扮演的角色是无法用技术维度加以理解的。"传播的根本目的在于意义的共享，而意义产生于一定的语境之中。在传播过程中，某一行为的意义并不是固定的，离开了语境，对意义的解释便是不完整的。"[1]正是基于此，对于新闻"回归"，绝不能简单地从形态上的技术更新与架构调整层面推进"意义"的建构与引导，切实回归到新闻传播的语境中，回到中国社会政治与文化环境中来，才有可能实现"在场"。

在我国，1815 年的《察世俗每月统计传》常被视为中国近代新闻业的开端。从那时起，西方文化思想对中国的影响不断增强，报刊作为一种"武器"的认知激发了中国知识分子创办的热情。1872 年，《申报》创刊，新闻的商品属性予以明确。报纸要想生存，内容上就必须符合读者的要求。

---

[1] 胡翼青. 西方传播学术史手册[M]. 北京：北京大学出版社，2014. 85.

1902 年,《大公报》在天津创办,"新记"时期,标榜"四不主义"(不党、不卖、不私、不盲),重视言论工作,承载着"文人论政"的新闻理念。1921 年,中国共产党成立之后,马克思主义新闻观就成为革命报刊的指导方针。延安整风之后,"党报理论"得到进一步确立。由此,中国新闻观念长期处于上述四种观念的互动博弈中,新闻作为舶来品引入中国之后,在历史文化语境与当时中国具体的政治理念中,报刊不仅具有"宣传"作用,也能成为"赢利"手段,更承载着特定"价值"目标与社会"理念"的重要功能。

20 世纪 80 年代,在我国改革开放、市场经济转型过程中,新闻的商品属性逐渐受到重视,虽然在"事业单位、企业经营"的二元结构中,新闻媒体的本质属性没有改变,然而在"受众需求"的导向中,新闻传播的效果评价逐渐被"量化",导致其在"质性"上的价值引导维度逐渐弱化,从而在实际报道中逐渐偏离马克思主义新闻观,忽略中国传统文化语境下的价值感受,背离社会互动的群体关系维系与主体性引导的传播目标。然而,技术的发展却没有留给媒体足够的"反思"时间。在追逐技术更新的历程中,从传播渠道的扩张,到受众需求的识别,甚至在生产流程与呈现手段上,媒体所面对的是整个新闻模式的重构。由此,新闻的社会弊端也愈来愈凸显。部分媒体为了生存,丧失底线,沦为畸形竞争中的牺牲品。

在此背景下,延续"技术范式"之下的"重构",显然难以切实回到新闻"导向性"的价值目标上来。作为党和人民的耳目喉舌,新闻如果丧失凝聚共识、构建良性舆论的能力,则无法承担起引导社会形成"合力"的功能。由此,跳出西方新闻观念的束缚,反思西方新闻理念,特别是"信息商品"的观念,贯彻马克思主义新闻观,重新肯定新闻生存的语境环境与国情特征,思索报道中的"建设性"与"引导性"的价值目的,从现实层面而言,是极具紧迫性的。基于此,新闻的"回归",无法诉诸某个人,或某个群体,某种技术应用来实现,而应该在深刻理解文化语境、我国国情、媒介生态的基础上进行自我质疑式的"反思"。

中华文化的核心和精髓可以概括为两个字——"和合"。就词义上看,"和"是一种价值状态的表述,指和谐、和平、祥和;"合"是一种方式或手段,指结合、合作、融合。显然,相较于西方文化的对立与冲突特征,中国文化更注重社会过程、认识过程、思维过程的调和,兼容并包,阴阳调剂,冲突是暂时的,而终极则是"整合性"的。"万物负阴而抱阳,冲气以为和",阴阳的激烈碰撞是和的前提,这是万物的本质,而"礼之用,和为贵"以"和"为人伦关系的良善之基。显然,在中华文化的视域中,无论是儒家所推崇的"立德、立言、立功"的自我价值实现,还是道家所彰显的"清静无为,顺其自然"的在世态度,均成为民族性格和民族精神的重要来源。

冯友兰先生认为,中国文化的精神基础是伦理,不是宗教,这标示了中国文化与西方文化具有根本上的不同。在文化语境下,伦理注重社会关系结构及调和关系的规则,是现实性的存在理解,而宗教则是人现实之外的精神寄托与终极关怀,本质是超越性的。这种本质上的不同意味着中国文化更注重现实价值维度的判断,在日常事务理解上倾向于实用性、功利性的理解,也常常倾向于价值维度"善恶好坏"的判断。在现实生活中,"人生一世,草木一秋",告诫人们在生命中有荣华,也有失意。"白驹过隙",人要珍惜当下的时光。人的"在世性"身份,决定了中国文化偏向于当下的体验与感悟。从上述意义而言,中国文化以"和合"的价值理念,落实于生活的价值理解与现实关系建构,从整体寻求个体的存在基础,而个体又是整体性的分有呈现,这明显不同于西方文化的理解和认知,"西方的'线性思维'崇尚使经验割裂的局部事物,却否定起着整合作用的自我"①。

从历史发展来看,春秋至民国的两千多年的发展中,中国长期处于分分合合的动态过程,而中华文化与汉族意识的价值观念却让中国成为世界上唯一一个没有"间断"的文明形态。1840年后,形势急转直下,在很短的时间内,中国急剧沦为落后贫穷的半殖民地半封建国家,任由外国列强宰割。在民族危亡的关键时刻,传统知识分子担负起救亡图存的社会责任,

---

① 胡翼青. 西方传播学术史手册[M]. 北京:北京大学出版社,2014. 85.

借报刊广泛宣传政治主张，以"启民智，造新民"的宗旨鼓吹变法自强。虽说，从报刊史的角度来看，王韬、梁启超、章太炎、胡适、陈独秀、毛泽东、邹韬奋、张季鸾等一批新闻人串联起中国近代的新闻变迁。然而，实质上却是一批先进知识分子利用报刊阐发政治主张，抒发爱国情怀的思想碰撞过程。中国的命运，在报刊中得以呈现。尽管在近代中国，商业报刊仍占有一席之地，然而真正产生社会影响，推动中国发展，不是资本主义逻辑的报刊，而是具有价值向度、刊载政论文章的舆论宣传工具。

中华人民共和国成立后，特别是改革开放以后，媒体被赋予了新的社会角色，在商业逻辑中，媒体发展迅速。然而，在新时期中国特色社会主义的建设理念、中华民族伟大复兴的建设目标、人民美好生活的现实诉求之下，新闻媒体面临严峻的挑战。一方面，商业逻辑阻碍媒体正确理解人民"美好生活"的现实价值诉求，使其逐渐与现实生活拉开距离，在互联网生态性结构中失去本应占据的位置；另一方面，竞争意识致使媒体难以形成传播"合力"，在社会价值引导上无法团结一致，导致媒体的社会影响力与公信力大打折扣，在舆论引导中无法承担起应有的职责。由此，在现实社会的报道中，新闻媒体在"党报理论"与"市场逻辑"之中艰难平衡，呈现出明显的"头痛医头，脚痛医脚"的舆论引导倾向。

媒介生态结构也同样会影响新闻"在场"的可能性基础，这在前述章节已有较多论证，此处不再赘言。从我国新闻实践的历史维度与文化语境来看，新闻是有文化基础的，是特定意识形态的表征，新闻不仅需要满足个体的"信息需求"，也需要在文化背景下，为人民提供有深度，能引发社会性讨论的思想观点，更需要在新时期下，担当党和人民的舆论机关，引导人民在价值自觉与意义建构中承担社会责任。从这个角度而言，新闻业不应停留于专业化"术"的维度，把新闻理解为某种机械的、缺乏主观能动性的信息生产"机器"，因为在"术"的理解思维之下，新闻是无法具有"反思"内涵的。只有把"术"上升到"道"的层面，突破传统传播学的经验束缚，以更广阔的视角、更立体的观念从整体上把握社会变迁与价值发展背后的思想动态，才有可能破除西方视角带来的局限性。

三、新闻"回归"的价值基础与现实路径

"在今天,'存在的片断化'使得任何一种试图以概念方式来掌握总体存在的想法都化成了泡影,同时也使得那种寻求关于世界之系统知识的统一科学成为不可能。"①回到今天这个时代,特别是在"媒介融合"的背景下,适应技术逻辑的"递进式发展"视角产生了两个困扰媒体的问题:其一,难以跳出媒体看新闻生产,因为专业性的身份定位已经限制了媒体接纳包容其他传播活动的可能性,从而导致"两张皮"的新闻生产现象;其二,难以真正深入人的精神层面去思考问题,因为新闻的潜命题便是"受众",他们只有"需求",没有"意义追寻"。从这个角度而言,媒体基于专业化身份,只能被动地被技术所牵制,而不断"发掘"与"满足"受众需求。可以说,媒体越强调专业化身份,越重视"需求满足",也就离"媒介融合"越远。

当然,我们并不是完全否认"递进式"发展观所表现出来的某种合理性。但是如果仅仅奉"递进式"发展观为圭臬,甚至武断地将其视为新闻活动历史演变的唯一可能性,就等于将复杂而动态的新闻传播活动进行片断式、静止式的理解,这不符合社会与传播活动的发展规律,也无法整体而全面地反映新闻活动中所内含的价值理念。故而,有必要引入"否定式"发展观展开对新闻活动的理解,回到"人类之间的传播交流"这个宏观维度去洞悉"否定与反思"进程中所包含的人的意义追寻与价值互动,进而为融合背景下的新闻"回归"提供价值理念更新的探索维度与具体表现。

(一)人的回归:新闻"在场"的价值基础

人基于"意义追寻"的传播目的参与互动,并以其为评价标准对社会层

---

① 道格拉斯·凯尔纳斯蒂文·贝斯特. 后现代理论[M]. 张志斌, 译. 北京:中央编译出版社, 1999:293.

面的传播予以权衡,正是在这种主体性意识的价值权衡中,形塑出了"否定与反思"的价值评价内涵。因为从"求真"角度而言,人对于呈现于前的各种观念、事物必然进行着一种基于主体性意识的价值考量,这"不仅意味着把观念相互关联起来,它还意味着肯定这一关联是正确的和真的,换句话说,在否定判断中,它还意味着拒绝这种关联并把它当作错误的和假的……我们从中不但看到把各种观念以某种关系统合起来的理智要素,而且还看到肯定或否定这一关系的意志要素"①。人的价值判断与人的经验活动及心灵感受相关,是具有个体差异性的,但从传播中来看,无数个体的判断意志汇集到一点,必然会形成具有社会"共通性"的价值判断表达。从这个层面来看,对传播中交流互动而形构出的"共通性"价值评价进行理解与梳理,才能澄清弥漫于新闻转型之上的那层浓雾。

1. "人"的回归是新闻回归的必要基础

在数字化趋势之下,传受的最后状态就是融为一体,难以分割。"受众"不见了,并不是意味着新闻内容的"对空言说",反而是赋予了新闻更为丰富的意义生产与价值互动的可能性。因为,从最理想的状态来看,新闻成为联结社会关系的"活动因子",在流动中将最大限度的主体勾连起来,从而为"价值共同体"的形成提供基础力量。从这个角度来看,"媒介融合"的关键并非"物理性"的关系联结,而应该是以新闻作为融合的"化学催化剂"。从远期而言,传受的融合必将促使媒体通过超越自身获得新的发展能量,因为曾经得以安身立命的基础已不复存在,只能采取一种颠覆式的转型手段才能获得生存的希望。这似乎有点类似于海德格尔所谓的"向死而在"的意义内涵,"在'向死而在'中寻找真实性,也就是说,在对死亡和界限的肯定中寻找真实性"②。

---

① 文德尔班. 文德尔班哲学导论[M]. 施璇,译. 北京:北京联合出版公司,2016:123.
② 莎拉·贝克韦尔. 存在主义咖啡馆[M]. 沈敏一,译. 北京:北京联合出版公司,2017:417.

"受众"的消失，新闻生产的逻辑基础也不复存在。在大众媒体时代，新闻内容的价值均是根据"想象"中的受众群体加以判断的，可以说，新闻的价值判断就是受众的需求识别与身份特性分析，是一种权力的表达，因为任何判断"都要对生产媒体文本过程中所涉及的权力关系做一番探询"①。步入数字化时代后，曾经作为价值评价最为关键的一环的缺失意味着传统新闻生产已经失去基石。在此种背景下，如何对新闻内容的价值进行评价，从哪些维度来建构新闻价值评价体系，如果失去了对新闻内容的评价，就失去了内容生产目标与媒体把关对象，进而影响到媒体的主体性意识的建构。由此，新闻价值评价不仅关乎媒体融合转型的成败与否，更与媒体的生存基础息息相关。

2. 人的"否定意识"为新闻"否定式发展"提供动力

人是有判断力的，只要有判断存在，就有肯定或者否定产生，这是自然而然的内生性的意志因素所决定的，而非外部的影响。相对而言，"受众"是一群没有思想、没有灵魂的人的集合。"受众"的消失，也意味着新闻媒体所具有的能够抵御"否定性"质疑与对抗的壁垒坍塌了。在大众传播时代，无论针对专业主义精神的缺失，还是"迎合模式"的商品化倾向，都因"受众"这个抽象概念，媒体才能够抵抗社会层面的各种质疑与否定。从某种意义而言，正是因为"受众"的存在，媒体才能有恃无恐。"受众"只是对象的抽象化，不具有人格属性，"受众成员总是处于变化之中，而且缺乏任何自我意识；他们不受任何规范和准则的制约，却受外部力量的驱使……受众与大众媒体之间的关系也是非人格的"②。媒体无论采取的是一种傲慢的态度，抑或一种相对和蔼的行为，只要有非人格的受众存在，就难以真正撼动其生存基础。然而，互联网的价值逻辑却逐渐将非人格的受

---

① 利萨·泰勒，安德鲁·威利斯. 媒介研究：文本、机构与受众[M]. 吴靖，黄佩，译. 北京：北京大学出版社，2005：86.
② 丹尼斯·麦奎尔. 受众分析[M]. 刘燕南，等，译. 北京：中国人民大学出版社，2006：9.

众排除在传播之外,而将具有主体性意识的人推到了媒体面前。人格化的主体的加入使媒体曾经具有的天然抵御"否定"的壕沟被逐渐填满,从而被注入基于人的"否定性"能量,这使得媒体的颠覆性转型与重构具有真正意义上的可能性。

可以想象的是,当这种"否定性"能量被引入媒体,首先面对的就是对新闻的价值评价。因为人的"否定性"判断是一种"主体的意向性行为,并从此引申出人的认知判断和价值判断"。① 从这个角度来看,人的价值判断必然会首先展开对新闻价值评价的一种审视与思辨,这种审视的对象是新闻内容,并从新闻内容层面展开对媒体的专业主义价值、媒体的人格特质、新闻报道目的等角度的综合性的批判,而这种批判的基础是人对"确定性"的探索,无论是"善",还是"真",或者其他的某些理想,都是人"对普遍的、不变的和永恒的东西的既有倾向"②。"确定性"不仅是人的主体性的探寻目的,也是具有人格特征的媒体所需要追寻的。人一旦进入媒体之中,媒体也就被注入了生命活力而具有"类主体"的意识,具有了人的目标。故而,人与媒体需要共同面对新闻价值评价改造的任务,而非某个人或某个媒体能单方面决定的。改造主体的"共同性"从宏观层面决定了新闻价值评价重构的社会"公共性"基础是牢固的,也使新闻价值评价具有了"价值共同体"的意义内涵。

3. 在"共同协商"中更新新闻价值理念

人的加入,使新闻价值评价的改造与重构具有了"共同性"基础,但是也正是这种"共同性"基础决定了新闻价值理念重构绝非一朝一夕便能完成,因为"共同"本身就意味着协商与互动;另一方面,人对"确定"的追求是动态的持续进程,这意味着价值评价建构具有面向未来的特征。由此,新闻价值也不可能是一种"定论",而是受到具有动态发展的观念变化与意

---

① 万俊人. 现代西方伦理学史:下卷[M]. 北京:北京大学出版社,1992:17.
② 杜威. 确定性的寻求[M]. 傅统先,译. 上海:上海人民出版社,2004:17.

义互动影响的,因为人是"在对事物所产生的后果的认知指导之下",来构成可评价的对象,并且"这个变化是从回顾过去变为瞻望未来的一个转变"。① 不难看出,新闻价值的理念重构是伴随着新闻实践活动而动态发展的。然而,这并非意味着没有基础。人的价值实现需要在意义追寻中进行持续不断的价值互动,需要人与"人的集合"能在对话与互动中发展出一种基于"公共性"的价值关系联结,从而将"认识"从个体维度提升到"共同体"维度予以展开。因此,基于对待性的关系维度的"公共"价值认知能成为新闻价值评价的基础与依靠,不仅为重构提供有效的基础动力,而且也为评价体系提供了一种"纠偏"权衡。

互联网所形构出来的传播渠道与话语空间,使主体的交流与互动具有"在场"的属性。私人生活空间与公共话语空间因泛在媒介而呈现出一种重合与交叉,主体的对话与互动无时无刻不处于一种"场景化"的环境作用之下,而意义与价值判断也因场景的泛在而让主体具有了一种情景化的视角。从传统价值评价来看,欲望与需求容易被识别,通过对新闻活动的传播结果进行经验化的观察,媒体能将内容与结果进行对比,从而转化为基于需求的价值认知。然而,经验性观察却难以针对"在场式的"传播展开,因为它是持续变动的,除非我们能截取出某个横截面,但这种"样本"难以涵盖"在场"的传播整体性。故而,泛在的"在场"基本宣告了基于兴趣的新闻价值评价的失效。在今天的传播环境中,"所有的评价和所有的评价判断都发生在遍及行动着的个人相互联系的世界以及与环境关系的正在进行着的生活过程的情景之中"②。情境传播中,需要将互动与参与的调动与激发因素予以重点考察。"场景"的存在,需要媒体不能将传播视为一种观察对象,而应该浸入其中,与基于"生活情景"与"互动情景"的人共同去体验、去感受、去理解,在具有差异性的情景空间中探寻出一种具有普遍规范效力的价值原则与伦理规范。

---

① 杜威. 确定性的寻求[M]. 傅统先,译. 上海:上海人民出版社,2004:274.
② 塞森斯格. 价值与义务[M]. 江畅,译. 北京:中国人民大学出版社,1992:63.

由此，从上述分析来看，技术力量无法担负起"媒介融合"的重任，因为人的主体性已不可避免地正在崛起，人的理智与意志必然促使主体利用工具，而非沦为工具的"奴隶"。要想实现"融合"还是只能回到新闻这条路上来。新闻回归的现实途径，无论是专业主义核心价值，还是媒体主体性意识，或者新闻"求真"的意义传播，均集中地内聚于新闻内容本身之中，也就是只有新闻内容才能承载这种观念、信仰、意义、价值。换言之，只有明确了新闻内容所承载的价值内涵，新闻才能真正地实现回归，其前提是我们能够认可"人的回归"所内含的逻辑张力。

(二)新闻"回归"的现实路径

如前所述，肯定了"人的回归"也就为"新闻的回归"奠定了价值基础。在互联网生态逻辑下，新闻的"回归"具有本质属性、身份定位、文化语境的转换与调整。"道路"的内涵标示出了新闻的功能属性，"融入"生活则规定了新闻的影响场域与现实可行的作用空间，而"中国国情"的新闻理念基础更是将新闻限定在特定历史背景、符合文化语境、洞悉传播生态逻辑的一种社会实践活动之中。从这个角度而言，新闻的"在场"实践重构了人、社会、媒体、历史之间关系结构的底层逻辑基础，通过媒体主体性意识的形塑，从叙事上体现关于生活问题议题的对话与互动基础，以更为广阔的视野及相关信息数据还原此种困惑的生活基础与根本症结，以富有"理性化情感"的文本引导社会个体参与事件的观察与思考，从而为积极而稳定的"意义共振"奠定基础。

1. 从生活中聚焦问题：内容介入社会事件

新闻媒体的"主体性人格"意识的存在，赋予新闻文本超越单向度静态呈现模式的内在可能，由此将具有人格特征的能动性、动态性、探索性、意义指向性注入叙事文本，从而将新闻拉回到关于主体性存在的现实生活境况中，以现实困惑或社会问题为切口，凸显新闻推动社会变革的目的性过程。这意味着，媒体应该注重新闻文本的内在素质要求，凸显主体性意识,以"我们"的身份定位为前提,将叙事文本作为承载着互动与参与的"生活困惑与现实问题"的表达,从而介入社会事件,激发起个体参与社会变革的热情。毋庸置疑,这种转变的基础是新闻能理解传播生态中蕴含的意义生成模式。

从内容层面而言,新闻应该通过报道呈现出清晰可识别的社会议题,以及与议题相关的一系列问题或"问题群",将关乎"问题"的新闻思考以过程性的方式展现出来,并置于文化语境与主流价值基础上,思辨"问题"的本源与破解的路径。也就是说,在报道前,社会议题的选择需要落实到新闻对"生活"层面的理解之中,并以"问题"作为切入生活的现实维度,从而将新闻视角聚焦于"当下"以及"未来"的时间向度上。人是社会化的存在,生活是人的这种社会化关系的现实实践,"正是在改造对象世界的过程中,人才真正地证明自己是类存在物"[①]。生活世界的关系性特征意味着新闻应摒弃"需求"的线性思维,将人在基于自身发展与社会关系结构中的"困惑及问题"集中展现出来。

生活问题的议题选择意味着新闻的出发点是"我们"而非对待性的"受众",媒体以生活问题介入社会事件,会因"我们"的内在规定建构起时间与价值维度的思考逻辑,即通过现实(是什么)与理想(应该是什么)之间的差距现状,思考从过去到未来的向度,并形成当下行动的思辨。从生活中聚焦问题,清晰体现了促使新闻"在场"的价值逻辑规定。可以说,在缺失社会事件相关数据调查及网络空间多元互动的过程中,新闻是无法"介入"事件的。这也意味着,前期相关数据的分析,关涉生活困惑的调查与访谈(并非新闻采访意义上的先有问题,然后寻找答案,而是从学术意义上展开的社会调查与以理解为目的的对话),以聚合的信息内容,排列组合出社会层面真实存在的"生活困惑"中的意义特征,是新闻内容"介入"社会事件、"融入"意义互动的前提条件。由此,相关事件的信息收集与分析,多

---

① 马克思,恩格斯. 马克思恩格斯选集:第 1 卷[M]. 中共中央著作编译局,译. 北京:人民出版社,2012:57.

元视角下关联数据的多样式排列,文本中"问题"呈现的广度与深度,使可期待性的文本价值得到释放。

底层逻辑的转换导致了新闻关注生活现实。这使得新闻对社会议题的介入更加多元而富有深度。围绕生活"困惑"展开的调查与分析,会为社会事件呈现出更为立体的多元视角,基于对话的情感体验与理性分析又为报道注入了生命深度,这意味着"问题"的现实行动路径更为清晰。与此同时,因信息数据的排列组合形式更为多样,"问题"并非静态而孤立地呈现出来,而是社会关联结构中的一环,基于调查与对话而凝练的新闻报道思路也能在持续互动中更有效地触及"问题"核心。

从传播生态角度而言,"介入"并非单向度的,也就是说新闻能够"介入"报道,同理,社会事件的对话互动过程也会"介入"新闻。这种"被介入性"体现在三个方面:

其一,"报道"是多元互动的结果,也是开始。具体社会议题的产生因互动而形成,随后的"报道"又能形成"问题导向"的互动。互动导引报道的可持续,也意味着"报道"本身难以局限在定量、定型、定调的文本之内。在议题之中,因互动的频度与深度呈现一系列的报道文本,且因互动的向度有异而引出"问题"视角,彼此关联,各有角度的文本随互动过程而不断更新,由此报道的文体特征难以据传统新闻学规定而区分,也难以从预判的角度,以"先入为主"的方式为文本填充材料。

其二,新闻的报道过程应该处于自我修正与价值调适机制的限制之中。在关于社会议题持续而高频的互动之中,新闻的文本在社交媒体中勾连起不同群体的意义碰撞,这使得基于互动的自我修正成为新闻报道过程的有机组成。但并不是随波逐流、人云亦云的缺失方向的"修正",而是在"主流价值观"制约的前提之下随问题向度而进行的价值观阐发与引导手段的"调适"过程。"问题"呈现出多角度性与"价值观"引导的本源性,是新闻报道文本两个维度延伸且相得益彰的动态过程。"问题"的多角度性展现为"价值观"的正本清源提供现实维度的样本,而"价值观"引导又为"问题"的现实可行的解决提供基础保障。

其三，新闻的人格化特征在报道过程中得以显现。在"意义生成"的传播结构中，新闻参与意义互动的前提条件是新闻与人均有主体性意识，在传播中，一个无生命的机器无法把握信息流动之中情绪表达背后的价值向度与意义诉求。由此，在"主流价值"既定的前提下，新闻应该展现出人性的特征，以此实现从"灌输"到"感化"的新闻更新，扭转引导困境。持续关注社会问题，充分参与社会讨论，在互动中，有基于详细观察与思考的理性的声音，也不能缺失对互动中偏离价值的感性的批判与呐喊。由此，新闻以一种"理性的呐喊"参与到互动之中，以人性化的哀伤、喜悦、愤怒、彷徨、兴奋的情绪表达激发社会讨论，从而在报道中展现出鲜明的人格化特征，这不仅能保障"价值中心"的形成，也是凝聚"社会情绪"的有效出口。

"从生活中聚焦问题"的新闻报道颠覆了传统新闻理念的核心逻辑，也导致新闻文本的叙事形态与话语意图从"客观性描述"的束缚之中解脱出来，新闻不仅需要"主动性"地参与到事件之中，而且也需要"主观性"地表达态度与意见。在主体性意识之下，新闻文本实际上关联起与之相关的个体、媒体、社会参与协同的过程，推动主体间对话与意义发展，并且将社会的视角拉回"生活问题"，思索解决的可能性途径。从这个意义上看，新闻的本质其实是社会互动的"载体"与价值整合的"道路"。

2. 从过程中关注真相：行动导向未来可能

在互联网的传播空间中，新闻实际上扮演着"推动者"的角色，在不同社会主体中推动人、媒体、社会之间的信息循环与价值互动的发展过程。在"人—媒体共生"的结构中，新闻成为"共生"逻辑中"互为主体"的联结因素，并且在互动与对话中，推动社会朝向事件"问题"可被解决的方向发展。在这个过程中，媒体以"人格化"的主体性特征，在报道的纵深发展中，向着"社群真实"的方向前进。因此，在互联网语境下，不同主体对新闻事件进行充分且深入，并且均能以"主体性"身份参与文本的阐释与思辨，在持续对话中"共同"形成针对社会事件的"真实认同"，就成为新闻报道的基本传播目标。

新闻报道的呈现形态与其内涵的新闻理念受到两个维度的冲击：其一，技术发展为新闻提供了不断扩张的传播范围，也因数字技术应用，为新闻形态提供更多的呈现样式；其二，不同主体在关于社会事件持续互动的对话中，新闻报道所坚守的传统理念的基石已被消融。因此，在具体新闻报道中，如何适应新的技术形态变迁，使之契合技术规制之下的传播规则，挖掘数字技术服务新闻传播的潜能利用，如何在新闻理念上更新出一套能被社会及媒体人士所接受和认同的"新闻理念"，使其服膺"主流价值观"统御之下，能够形成新闻传播的话语体系与专业意识的表达，成为当前较为紧迫的研究任务。

技术的不断发展，不仅扩宽了新闻分发与内容影响的时空范围，也意味着新闻的呈现形态获得了持续调整的动能。时空范围的扩宽意味着更为多元的主体得以可能加入互动对话，也因异质性主体的加入，在一定程度上，新闻形态的调整也具有一种内在异质性，即新闻的专业化叙事规则与异质性主体的信息接受之间的某种不相符性。专业化的文本边界是新闻作为专业化存在的话语表达，然而从本质而言，专业性更应该体现为一种价值理念的表达，是"包括一套定义媒介社会功能的信念，一系列规范新闻工作的职业伦理，一种服从政治和经济权力之外的更高权威的精神，以及一种服务公众的自觉态度"①。由此，"构成一个职业最重要的东西就是被大多数成员分享的'价值'，即使这些观念没有被明文规定出来"②，在新闻形态层面，不应过于强调与其他文体之间相区别的一套专业话语结构与控制形态，而应从普遍认知的价值层面重构新闻的核心理念。

"人媒共生"的价值预期，意味着新闻必然要参与进来。然而，新闻文

---

① 陆晔，潘忠党.成名的想象：中国社会转型过程中新闻从业者的专业主义话语建构[J].新闻学研究，2002(4).

② Claude-Jean Bertrand, Media Ethics and Accountability System, New Brunswick, New Jersey: Transaction Publisher, 2000: 36-37. 转引自吴飞：新闻专业主义研究[M].北京：中国人民大学出版社，2009(28).

本叙事内在的异质性之间的冲突又影响着新闻在社会事物中的报道深度与广度。这种异质性集中反映在"客观报道"与"主观表达"之间，也就是说，如何理解"客观"，成为消弭异质性的关键。在传统媒体时期，媒体"意识到新闻报道中的'主观'，从而要求事实与价值分开的一种专业信念和道德准则"①。"事实与价值"分开的要求，体现为在新闻报道中"超然于事实之上，用自然科学的观察—实验的方法来报道社会事物"②的理解。这意味着，"客观"理念中所包含的专业信念与道德内容，被文本叙事层面上的"描述的客观性"所掩盖，故而导致"是真"的逻辑谬误。

意义因人而生，数字生态结构使人建构起系统性的意义空间成为可能，"拥有的整体意义一方面在于触动心灵的特定感觉和脉动；另一方面，'我'的范围也得以扩展，超越这些客体的外在，进入它们的内在"③。从这个角度而言，新闻应服务于人的意义追寻目标，如果不考虑生命意义与生存价值的传播内涵，报道只能作用于"物"的层面，而不可能是"人"。由此，新闻以"人"为目的而"介入"，意味着"描述上的客观"已失去了存在的基础，但这并不是"客观"的全面否定，而是在"介入"的主动性与主观性之中，重构"认识上的客观性"理念。在此基础上，新闻的核心价值并非追求"物"的呈现，而是与异质性主体一道去追求全面而客观的"真实"。由此，"客观"在这里体现为一种"追求真实"的过程与"全面呈现"的努力。新闻在报道中有冲突，有质疑，有倒退，也有成长，这是因探索过程的复杂性与动态性而导致。与此同时，在报道过程之中，主体性的情绪表达与心理感受在不同报道阶段，引导社会情感共鸣，从而凸显出新闻的"人格魅力"。虽然，报道过程的动态性可能导致报道进程反复，但是在总体性的"主流价值观"与"追求真实"的目标性之中，新闻能够适当消解因负面报

---

① 黄旦，孙藜. 新闻客观性三题[J]. 新闻大学, 2005(2).

② 邵志择. 新闻客观性原则：态度和方法的悖谬[J]. 新闻与传播研究, 1997(1).

③ 理查德·大卫·普列斯特. 我是谁？如果有我，有几个我？[M]. 钱俊宇，译. 北京：社会科学文献出版社, 2016：350.

道而产生的愤怒、敌意、对抗的情绪，从而引导社会朝向未来的可能性路径的探索中去。

在"过程"中，引导的核心是如何理解"报道过程"与"引导过程"。传统理念是将其截然分开的，然而在主体性互动的作用下，这两者呈现出"一体两面"的特征，也就是说，报道与引导存在同源性的基础。从这个意义来看，媒体的新闻行为能否获得较大的社会互动，能否切实将"问题"层面的互动持续推动，进而实现"在问题追踪中引导价值"，其核心便是落在关于"过程"的理解及其相应的报道行为选择层面之上。根据事件发生的时间，对于媒体而言，存在着基于事件变动的时间链条，即从过去到未来。引导的目标性决定了新闻必然是要面向未来的。"未来"是在时间链条之中价值期盼的一种可能性判断，相对于"过去"和"现在"，"未来"赋予一种思考和创造的能动性的意义内涵。从人的主体性发展而言，"未来"意味着"当下"为之努力、为之拼搏的意义建构。从这个意义而言，新闻以主动性行为推动报道过程的发展，应该立足"当下"的事件展现，在调查与对话中回溯"过去"，思辨变动中的因果关联，并指向"问题"；在对话协商中，在"双向理解"即主体之间的交往行动上，① 逐步厘清"未来之真"。

3. 从互动中引导价值：新闻融入意义建构

与大众传播逻辑不同，互联网中的传播活动有四个显著特征：开放性、体验性、交互性、联结性。基于互联网而逐步形成的传播生态结构，消融了传受角色的价值预设，呈现出一种广域维度的"意义与知识合作生产、问题解决的共享"空间。在此背景下，如果我们认定媒体具有"共生"的现实可能性，就必然需要从"互为主体"及"整体多利性"层面重塑新闻报道的生产流程与价值衡量准则，从而以新闻作为"人媒共生"逻辑的实践载体。无论"融合"，还是"共生"，其蕴含的真实含义是要消除横亘在"我们

---

① 哈贝马斯. 交往行动理论：第 1 卷[M]. 洪佩郁，蔺青，译. 重庆：重庆出版社，1994：135.

与他们"之间的那条鸿沟,而技术逻辑和大众传播却是肯定鸿沟存在的价值,或者说,鸿沟的存在就是媒体运作的前提条件。传统媒体"不是传播和讨论其他人提出观点的平台,而是发表自己报道的渠道"①,正是"我们与他们"之间存在的那段遥不可及的距离,才能为传统意义上的大众新闻报道披上"无可替代"的身份外衣。

新闻传播所指向的"受众",在数字媒介时代下早已消失,取而代之的是"公众"——能接受解读,也能传播制作,更能表达欲望与价值的一种信息主体。这种主体并非"用户"意义上的理解,而是基于社会事务发表意见、表达态度,并能通过对话互动形构生活意义的主体。由此,传统新闻所理解的到达与接受的概念,应该置换为新闻所导致的影响范围与深度的判断。"接受"意味着量化的评价,好比商家销售物品,而"影响"意味着质化的思考,犹如"一石激起千层浪"中水波的涟漪。从"影响"角度而言,新闻应该主动调适价值评价而服从这种逻辑,从广度与深度层面建构出参与协同的新闻互动,进而引发充分对话的意义生成的过程。参与协同与充分对话的传播过程意味着,新闻不仅需要"就事论事",也需要"就事论理",更需要"就人论事"与"就理论理"。新闻通过"介人"社会事件,多维度展开"论"的表达,为意义协同的"融入"奠定对话互动的基础。

参与协同式的新闻模式,标志着"媒体主导"生产模式的没落。从具体文本来看,传播出去的新闻也就意味着关乎此篇新闻的生产结束,然而从整个事件的报道过程来看,新闻的结束也意味着开始。互动之下的新闻文本,持续影响着社会公众的认知判断与情绪表达,从而实现最大数量社会个体的情感"共振"与价值"共鸣"。有学者认为,在互联网逻辑下,"媒体主导模式"已然被"用户主导"的生产模式所取代。然而,从"融合"或"共生"的价值逻辑之中去理解,"用户主导"仍然具有二元性的线性思维特征。"媒介信息生产主体呈现节点式、网络状分布,信息流通则体现为以生产

---

① 汤姆·斯丹迪奇. 从莎草纸到互联网:社交媒体 2000 年[M]. 林华,译. 北京:中信出版社,2015:265.

者为核心的社群传播模式"①,但"以生产者为核心"并非特指"用户",媒体在其中也同样是生产者。由此,从互动对话的导向性来看,应该是"内容主导模式"的开始,新闻"介入"事件,公众"介入"新闻,在"互为主体"的持续互动中,新闻文本成为凝聚"对话式意义协同"的集中表征。

从传播上看,"内容"不仅是互动与对话的基础,也是互动的结果,而从意义层面上看,"内容"是主体性意义生成的动态性表征,也是澄清与建构"共同价值"的过程。简而言之,"内容主导模式"就是"价值主导模式"。"内容主导"与"媒体主导"之间最为显著的区别便是如何理解"互动"。前者强调内容是互动的结果,为了保障良性的互动,媒体应基于社会情绪与价值研判展开背景信息收集,回应公众疑惑,进行深度调查,并且指向"未来"。在媒体追求真相、多方证实、平衡客观的新闻报道过程中,"互动与对话"更具理性,由此激发出来的"价值趋向性"也能引发社会情绪的"共振"与"共鸣"。

"媒体主导模式"下,"互动"常常被理解为报道之后所产生的某种社会"关注",与"内容主导"的"互动中推动报道"有本质上的不同。正因为注重将报道的目的理解为一定数量的"关注",媒体在社会事件中常常倾向于凸显性、反常性的断言式报道。从"共生"逻辑来看,这种缺失调查、遗漏背景的"断言"报道,无法从本质上激发"互动"的持续推进,反而消解了社会公众与媒体对话的渠道,导致媒体被排除出"共生价值"的逻辑范围。在时下的传播语境中,"媒体主导"的新闻报道在缺失社会情绪与困惑研判、缺少社会事件前因与调查核实的基础上,不仅难以实现"对话与互动"的意图,也将"价值引导"功能拱手让出,这不能不令人叹息。

"价值引导"功能的实现途径与前提基础建立在"对话与协同互动"的新闻生产之中,媒体不仅对社会群体的价值趋向与现实困惑应有足量的研判与思考,也应该在总体上预判社会事件的可能向度,特别是在关乎基本生

---

① 彭兰. 网络的圈子化:关系、文化、技术维度下的类聚与群分[J]. 编辑之友,2019(11).

命意义的公共事件中，关切"人与事"之间的意义关联与演变逻辑。从"共生"的传播逻辑而言，事件本身的客观全面的呈现、传播语境下事件关联意义与现实困惑、变动的背景信息与原因推论、未来的可能影响与现实行为思辨，是主动性"介入"社会事件的新闻报道为社会公众提供的"介入"新闻的通道。也就是说，新闻不仅应该公平呈现"事实"，也应该将其"背景与原因"予以核实论证，与此同时，将"事实语境化"理解，呈现出事实之上的多元意义解读与价值倾向。由此，新闻的能动"介入"为公众的新闻解读、评论转发、价值表达提供多维度参与生产的入口，从而将新闻报道引导至"事件—问题—症结—未来可能—当下行动"的价值互动层面上来。正因为"价值互动"在新闻文本中的有序展开，才为媒体"融入"意义提供可能，进而实现"价值引导"的社会功能。

主要参考文献

（一）书籍类

1. 吴飞. 新闻专业主义研究[M]. 北京：中国人民大学出版社，2009.
2. 托克维尔. 论美国的民主：下[M]. 董果良，译. 北京：商务印书馆，1988.
3. 胡塞尔. 欧洲科学危机与超验现象学[M]. 张庆熊，译. 上海：上海译文出版社，1988.
4. 胡翼青. 西方传播学术史手册[M]. 北京：北京大学出版社，2014.
5. 哈贝马斯. 交往行动理论：第一卷[M]. 洪佩郁，蔺菁，译. 重庆：重庆出版社，1994.
6. 彼得斯. 对空言说：传播的观念史[M]. 邓建国，译. 上海：上海译文出版社，2017.
7. 埃里克·麦格雷. 传播理论史———一种社会学的视角[M]. 刘芳，译. 北京：中国传媒大学出版社，2009.
8. 亨利·詹金斯. 融合文化：新媒体与旧媒体的冲突地带[M]. 杜永明，译. 北京：商务印书馆，2012.
9. 马克·波斯特. 第二媒介时代[M]. 范静哗，译. 南京：南京大学出版社，2005.
10. 保罗·莱文森. 思想无羁———技术时代的认识论[M]. 何道宽，译. 南京：南京大学出版社，2003.
11. 克莱·舍基. 人人时代：无组织的组织力量[M]. 胡泳，等，译. 北京：中国人民大学出版社，2012.

12. 罗杰·菲德勒. 媒介形态变化：认识新媒介[M]. 明安香，译. 北京：华夏出版社，2000.

13. 奎恩. 融合新闻报道[M]. 张龙，侯娟，曾嵘，译. 北京：北京大学出版社，2015.

14. JENKINS H. Fans, Bloggers, and Gamers: Exploring Participatory Culture[M]. New York: New York University Press, 2006.

15. 凯尔纳. 媒体文化——介于现代与后现代之间的文化研究、认同性与政治[M]. 丁宁，译. 北京：商务印书馆，2013.

16. 曼纽尔·卡斯特. 网络社会的崛起[M]. 夏铸久，王志弘，等，译. 北京：社会科学文献出版社，2001.

17. 詹姆斯·罗尔. 媒介、传播、文化——一个全球性的途径[M]. 董洪川，译. 北京：商务印书馆，2012.

18. 延森. 媒介融合：网络传播、大众传播和人际传播的三重维度[M]. 刘君，译. 上海：复旦大学出版社，2015.

19. 保罗·莱文森. 新新媒介[M]. 何道宽，译. 上海：复旦大学出版社，2012.

20. 杨祖陶，邓晓芒. 康德《纯粹理性批判》指要[M]. 北京：人民出版社，2001.

21. 赵毅衡. 哲学符号学：意义世界的形成[M]. 成都：四川大学出版社，2017.

22. 蒂姆·德维尔. 媒介融合[M]. 白金汉：开放大学出版社，2010.

23. 马歇尔·麦克卢汉. 理解媒介：论人的延伸[M]. 何道宽，译. 南京：译林出版社，2011.

24. 安东尼·吉登斯. 为社会学辩护[M]. 周红云，等，译. 北京：社会科学文献出版社，2003.

25. 蒋晓丽，石磊. 传媒与文化：文化视角下的传媒研究[M]. 北京：华夏出版社，2008.

26. 曾戈提塔. 中介化：媒体如何建构你的世界和生活方式[M]. 王姗姗, 译. 上海：上海译文出版社, 2009.

27. 费孝通. 中华文化的重建[M]. 上海：华东师范大学出版社, 2014.

28. 雷蒙德·威廉斯. 文化与社会：1780—1950[M]. 吴松江, 张文定, 译. 北京：北京大学出版社, 1991.

29. 德尔默·莫兰. 现象学：一部历史的和批评的导论[M]. 李幼蒸, 译. 北京：中国人民大学出版社, 2017.

30. 佛莱德. 主体性的黄昏[M]. 万俊人, 朱国钧, 译. 上海：上海人民出版社, 1992.

31. 哈罗德·伊尼斯. 传播的偏向[M]. 何道宽, 译. 北京：中国人民大学出版社, 2009.

32. 赫伯特·马尔库塞. 单向度的人：发达工业社会意识形态研究[M]. 刘继, 译. 上海：上海译文出版社, 2008.

33. 保罗·莱文森. 莱文森精粹[M]. 何道宽, 编译. 北京：中国人民大学出版社, 2007.

34. 雷吉斯·德布雷. 媒介学引论[M]. 刘文玲, 陈卫星, 译. 北京：中国传媒大学出版社, 2014.

35. 林克勤, 严功军. 认知传播学论丛：第二辑[M]. 成都：四川大学出版社, 2016.

36. 罗伯特·洛根. 理解新媒介：延伸麦克卢汉[M]. 何道宽, 译. 上海：复旦大学出版社, 2012.

37. 弗兰克·韦伯斯特. 信息社会理论[M]. 曹晋, 译. 北京：北京大学出版社, 2011.

38. 乔治·米德. 心灵、自我与社会[M]. 赵月瑟, 译. 上海：上海译文出版社, 1992.

39. 丹尼尔·贝尔. 资本主义文化矛盾[M]. 赵一凡, 等, 译. 上海：三联书店, 1989.

40. 肯尼思·J. 洛根. 关系性存在：超越自我与共同体[M]. 杨莉萍, 译.

上海：上海教育出版社，2017.

41. 鲍德里亚. 消费社会[M]. 刘成富，全志刚，译. 南京：南京大学出版社，2006.

42. 尼尔·波斯曼. 技术垄断：文化向技术投降[M]. 何道宽，译. 北京：中信出版集团，2019.

43. 莎拉·贝克韦尔. 存在主义咖啡馆[M]. 沈敏一，译. 北京：北京联合出版公司，2017.

44. 马丁·布伯. 我和你[M]. 杨俊杰，译. 杭州：浙江人民出版社，2017.

45. 赫伯特·甘斯. 什么在决定新闻[M]. 石琳，李红涛，译. 北京：北京大学出版社，2009.

46. 埃姆·格里芬. 初识传播学[M]. 展江，译. 北京：北京联合出版公司，2016.

47. 林文刚. 媒介环境学思想沿革与多维视野[M]. 何道宽，译. 北京：北京大学出版社，2007.

48. 文德尔班. 文德尔班哲学导论[M]. 施璇，译. 北京：北京联合出版公司，2016.

49. 保罗·莱文森. 人类历程回放：媒介进化论[M]. 邬建中，译. 重庆：西南师范大学出版社，2017.

50. URBAN WM. Valuation, Its nature and Laws[M]. Court：The Open Court Publishing Company，1909.

51. 杜威. 确定性的寻求[M]. 傅统先，译. 上海：上海人民出版社，2004.

52. 利萨·泰勒，安德鲁·威利斯. 媒介研究：文本、机构与受众[M]. 吴靖，黄佩，译. 北京：北京大学出版社，2005.

53. 丹尼斯·麦奎尔. 受众分析[M]. 刘燕南，等，译. 北京：中国人民大学出版社，2006.

54. 理查德·大卫·普列斯特. 我是谁？如果有我，有几个我？[M]. 钱俊宇，译. 北京：社会科学文献出版社，2016.

(二)论文类

1. 蔡雯,翁之颢. 专业新闻的回归与重塑——兼论 5G 时代新型主流媒体建设的具体策略[J]. 编辑之友,2019(7).
2. 黄旦,李暄. 从业态转向社会形态:媒介融合再理解[J]. 现代传播,2016(1).
3. 徐天博,余跃洪. 媒体融合的发展脉络与主要逻辑[J]. 中国社会科学报,2019(4).
4. 胡翼青. 重塑传播研究范式:何以可能与何以可为[J]. 现代传播,2016(1).
5. 宋昭勋. 新闻传播学中 Convergence 一词的溯源及内涵[J]. 现代传播,2006(1).
6. 郭毅,于翠玲. 国外媒介融合概念及相关问题综述[J]. 现代出版,2013(1).
7. 黄楚新. 深化媒体融合需多方合力而为[J]. 青年记者,2019(5).
8. 陈昌凤. 未来的智能传播:从"互联网"到"人联网"[J]. 学术前沿,2017(3 上).
9. 陶喜红. 2006 年传媒发展研究综述[J]. 当代传播,2008(1).
10. 刘宏,孟昭瑞. 对媒介融合的反思[J]. 东南传播,2016(2).
11. 黄卫星,李彬. 传播:从主体性到主体间性[J]. 南京社会科学,2012(12).
12. 喻国明,等. "个人被激活"的时代:互联网逻辑下传播生态的重构[J]. 现代传播,2015(5).
13. 彭兰. 新媒体传播:新图景与新机理[J]. 新闻与写作,2018(7).
14. 人民日报评论部. 筑牢主流,摒弃"虚无主义"——我们需要什么样的历史观[N]. 2015-08-10.
15. 彭兰. 万物皆媒——新一轮技术驱动的泛媒化趋势[J]. 编辑之友,2016(3).

16. 杨柏岭. 作为文化的传播：人、媒介与社会关系的形上之思[J]. 现代传播, 2020(8).
17. 蒋原伦. 媒介文化刍议[J]. 天津社会科学, 2002(1).
18. 陈力丹. 试看传播媒介如何影响社会结构——从古登堡到"第五媒体"[J]. 国际新闻界, 2004(6).
19. 喻国明, 马慧. 关系赋权：社会资本配置的新范式——网络重构社会连接之下的社会治理逻辑变革[J]. 编辑之友, 2016(9).